Introduction to Business Information Technology

비즈니스 IT의 이해

윤철호

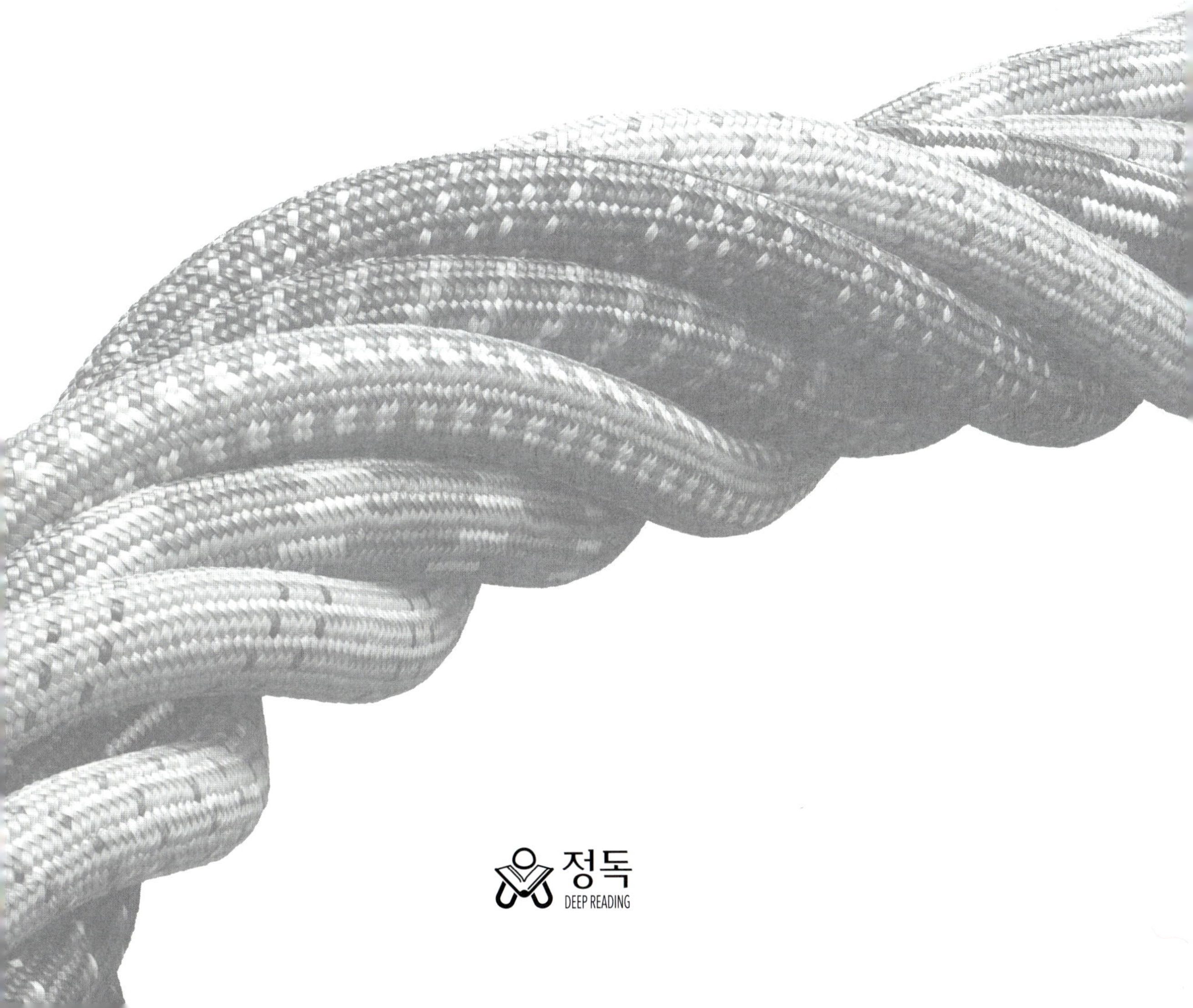

정독
DEEP READING

비즈니스 IT의 이해

머리말

오늘날 기업 환경은 디지털 기술의 고도화와 산업 구조의 급격한 변화로 인해 그 어느 때보다 불확실성과 복잡성이 커지고 있다. 인공지능, 클라우드, 빅데이터, 사물인터넷, 모바일 플랫폼 등 다양한 정보기술(Information Technology, IT)은 기존 산업의 경계를 재정의하고, 새로운 비즈니스 모델의 등장을 촉발하며, 개인의 일상 및 사회 전반에 구조적 변화를 야기하고 있다. 이러한 변화 속에서 기업이 지속 가능한 경쟁력을 확보하기 위해서는 IT의 본질과 기능, 그리고 비즈니스 운영에의 적용 방식을 체계적으로 이해하는 능력이 필수적이다. IT는 더 이상 특정 기술 전문가의 영역에 머무르지 않으며, 조직의 전략 수립과 운영 효율성 제고에 필수적인 지식 기반으로 자리매김하고 있다.

본서는 이러한 시대적 요구를 반영하여, 비즈니스 관점에서 IT의 전체적 구조와 흐름을 학문적/실무적으로 고찰할 수 있도록 구성되었다. 단순한 기술 소개를 넘어, 기술의 진화가 기업의 운영 및 전략에 어떠한 영향을 미치는지 분석함으로써, 기술과 경영 간 상호작용을 심층적으로 이해하는 데 목적을 두었다.

1. 비즈니스 IT의 전체 구조 조망

PART 1은 IT의 기본 개념을 기초로 하여 하드웨어, 소프트웨어, 데이터베이스, 네트워크, 기계학습 및 인공지능 등 핵심 기술 요소를 체계적으로 정리하고 있다. 이러한 구성은 IT를 처음 접하는 독자에게 기술의 상호 연계 구조와 기능적 의미를 한눈에 파악할 수 있도록 돕는 데 목적이 있다.

현대 정보시스템은 복잡한 기술 요소들이 상호작용하는 체계적 구조를 지닌다. 하드웨어와 소프트웨어의 역할 분담, 응용프로그램과 데이터베이스의 개발 및 활용, 네트워크를 통한 연결과 인터넷 기술의 확장, 기계학습 기반의 다양한 인공지능 기술 등은 독립된 개념이 아니라 비즈니스를 위한 통합적 기능을 수행하는 구성요소들이다. 따라서 비즈니스 현장에서 요구되는 분석적 사고를 갖추기 위해서는 이러한 요소들을 단편적으로 이해하는 것을 넘어, 기술 전체를 시스템 관점에서 포괄적으로 해석하는 능력이 필요하다.

2. 비즈니스 정보시스템의 기능과 활용 분석

PART 2는 기업 운영의 핵심을 이루는 정보시스템을 중심으로 비즈니스 IT의 실제적 활용을 탐구한다. 거래처리시스템(TPS), 경영정보시스템(MIS), 의사결정지원시스템(DSS), 전략정보시스템(SIS)은 조직의 운영 효율성과 의사결정의 질을 향상시키기 위한 기업 운영의 핵심기능이며, ERP·CRM·SCM과 같은 전사적 시스템은 기업의 자원 배분과 프로세스 통합에 중요한 역할을 수행해 왔다. 또한 전자상거래, 모바일 비즈니스, 4차 산업혁명 기술 기반의 스마트 비즈니스는 기업이 고객과 시장에 접근하는 방식에 근본적 변화를 가져왔으며, 이는 실무적으로 새로운 기업전략을 제시하고 있다. 기술의 발전 속도는 매우 빠르지만, 그 변화의 방향성과 기본 기능을 이해한다면 비즈니스 환경 변화에 대한 해석과 대응이 가능하다. 본서는 이러한 관점에서 IT와 비즈니스 연계성의 본질을 탐구하고자 한다.

3. 디지털 시대의 윤리, 보안, 책임성

디지털 기반 사회로의 이행은 기술적 편의성뿐 아니라 다양한 윤리적·사회적 문제를 동반한다. 개인정보 보호, 디지털 격차, 컴퓨터 범죄, 소셜미디어 윤리, 인공지능 윤리 등은 현재 학계와 산업계 모두에서 중요한 논의의 대상이며, 정보보안 기술은 이러한 위험 요소를 최소화하기 위한 필수 영역으로 자리 잡았다.

본서는 IT 윤리와 정보보안을 독립된 영역으로 구성하여 기술 발전의 이면에 존재하는 사회적 책임과 제도적 논점을 균형 있게 고찰하고자 한다. 이는 기술 활용의 효율성과 함께 기술의 사회적 영향까지 고려해야 한다는 현대 정보사회의 필수적인 방향을 반영한 것이다.

4. 학문적 및 실천적 의의

이 책은 다음과 같은 학습자 및 실무자에게 유의미한 학문적 가치를 제공할 것이다.

- 비즈니스 전공 학습자: IT의 구조적 원리를 이해하고 IT와 경영의 상호작용을 학문적으로 분석하고자 하는 독자
- 기업 실무자 및 관리자: 디지털 전환(Digital Transformation)의 흐름 속에서 필요한 IT 지식을 체계적으로 습득하려는 실무자
- 혁신 및 창업 준비자: 기술 기반 비즈니스 모델의 구조와 전략적 의미를 분석적으로 이해하고자 하는 예비 창업자
- 일반인: 디지털 기술이 실제 비즈니스 운영에 어떤 변화를 만드는지 이해하려는 독자

기술은 끊임없이 변하고, 새로운 개념과 서비스가 지속적으로 등장하는 시대이다. 그러나 기술 변화의 속도에 흔들리지 않기 위해 필요한 것은 기술의 기본 원리와 구조에 대한 정확한 이해가 필수이다. 본서는 학생과 실무자 모두가 비즈니스 IT의 기반을 학문적/실무적 관점에서 체계적으로 이해하고, 변화하는 디지털 환경을 주체적으로 해석할 수 있는 능력을 기르는 데 도움이 되고자 한다. 독자 여러분이 본서를 통해 기술과 비즈니스를 통합적으로 사고하는 관점을 형성하고, 미래의 연구·실무·혁신 활동에 활용할 수 있는 튼튼한 지적 기반을 마련하기를 기대한다. 마지막으로 이 책의 출간을 위하여 적극적인 도움을 주신 도서출판 정독의 김중용 대표님과 세심한 편집을 맡아주신 심성보 이사님에게 감사를 드린다.

2025년 11월

저자 윤철호

차 례

PART 1

비즈니스 IT

제1장 비즈니스 IT 개관

제2장 하드웨어 기술

제3장 소프트웨어 및 운영체제

제4장 응용 프로그램 개발 기술

제7장 기계학습과 인공지능 기술

PART 2

비즈니스 정보시스템

제8장 비즈니스 정보시스템

제9장 전자상거래와 e-비즈니스

제10장 모바일 비즈니스와 스타트업

제12장 IT 윤리와 정보보안 기술

PART 1

비즈니스 IT

CHAPTER

01

비즈니스 IT 개관

학습목표

1. 비즈니스 환경변화와 IT 역할에 대하여 이해한다.
2. 비즈니스 IT 및 구성요소에 대하여 설명할 수 있다..
3. 비즈니스 IT의 발전 흐름에 대하여 설명할 수 있다.
4. 비즈니스 IT의 전략적 역할에 대하여 이해한다.
5. 비즈니스 IT 전문가 역량에 대하여 이해한다.

1. 비즈니스 환경 변화와 IT 역할

오늘날의 비즈니스 환경은 과거에 비해 훨씬 더 복잡하고 역동적이며 예측 불가능한 특성을 띤다. 산업 내 경쟁자, 대체재, 고객, 공급자 등 전통적인 경쟁 요인 외에도, 기술의 급속한 발전, 글로벌화, 그리고 불확실성의 증대와 같은 새로운 요소들이 기업의 경영 환경을 근본적으로 변화시키고 있다. 이러한 변화는 기업에 새로운 기회를 제공함과 동시에 기존의 전략과 운영 방식을 재검토하고 혁신할 필요성을 제기하고 있다.

1.1. 기술의 발전

기술의 발전은 현대 비즈니스 환경 변화의 가장 핵심적인 요인 중 하나로 자리잡고 있다. 특히 디지털 기술의 발전은 디지털 파괴라는 용어로 설명되고 있다. 디지털 파괴(Digital Disruption)는 단순히 기술이 향상된다는 의미를 넘어, 새로운 디지털 기술이 기존 시장 질서와 비즈니스 모델을 근본적으로 무너뜨리고 재편하는 현상을 의미한다. 이러한 변화는 기존의 지배적인 기업들에게는 심각한 위협이 될 수 있지만, 새로운 기술을 선제적으로 도입하고 활용하는 기업들에게는 커다란 기회로 작용한다. 실제로 인공지능, 머신러닝, 빅데이터, 클라우드 컴퓨팅, 사물인터넷(IoT), 핀테크와 같은 혁신적인 기술을 바탕으로 넷플릭스, 에어비앤비, 아마존과 같은 기업들은 전통적인 산업 구조를 뒤흔들며 업계의 선도자로 부상했다. 이처럼 오늘날 기술 혁신은 곧 기업 경쟁력의 핵심 요소로 간주되고 있으며, IT를 얼마나 효과적으로 활용하느냐가 기업의 성패를 가르는 중요한 기준이 되고 있다.

1.2. 글로벌화

글로벌화(Globalization)는 단순히 국가 간 무역이 활성화되는 차원을 넘어, 경제, 문화, 기술, 인재, 자본, 정보 등이 전 세계적으로 실시간으로 연결되고 상호작용하는 복합적이고 동시다발적인 현상으로 진화하고 있다. 특히 초고속 인터넷과 웹 기반 정보기술의 발전은 새로운 시장에 대한 진출 기회와 글로벌 소싱을 통한 비용 절감 등 다양한 기회를 제공한다. 그러나 동시에, 글로벌 경쟁자들이 국경의 장벽 없이 자국 시장에 쉽게 진입할 수 있게 되면서 경쟁 심화라는 위협도 함께 가져오고 있다. 현실적인 사례로는, 국내 이커머스 시장에 알리익스프레스(Alibaba)와 테무(Temu) 등 중국계 플랫폼이 진출하여 초저가 전략을 앞세운 가격 경쟁을 촉발하고 있으며, 이는 기존 국내 기업들에게 큰 도전 과제가 되고 있다. 이처럼 글로벌화는 기업에 기회이자 위협으로 작용하며, 기업들은 변화하는 글로벌 환경에 IT를 이용하여 민첩하고 전략적으로 대응할 필요가 있다.

1.3. 불확실성의 증가

오늘날 비즈니스 환경에서 가장 두드러진 변화 중 하나는 불확실성의 증가이다. 과거보다 예측이 어려운 사건, 급격한 변화, 복잡한 상호작용이 급증하면서 기업은 전략 수립, 의사결정, 운영 전반에 있어 더욱 신중하고 유연한 접근이 요구되고 있다. 대표적인 예로는 팬데믹, 지정학적 갈등, 기후 위기, 공급망 붕괴 등의 예측 불가능한 변수들이 있으며, 이는 기업의 경영 환경에 지속적이고 심층적인 영향을 미치고 있다. 이러한 불확실성에 대응하기 위해, 기업들은 IT 기술을 핵심 대응 수단으로 활용할 수 있다. 빅데이터 분석과 AI 기반 예측 모델은 복잡한 데이터를 정량적으로 해석하고 미래 가능성을 예측함으로써 보다 정확한 의사결정과 전략 수립을 가능하게 한다. 또한, 클라우드 컴퓨팅 등의 IT 인프라는 기업이 신속하고 유연하게 전략을 조정하거나 새로운 프로세스를 도입할 수 있도록 지원한다. 결과적으로, IT는 불확실성을 통제하고 민첩한 대응을 가능하게 하는 전략적 자산으로서 활용이 가능하다.

상기와 같은 비즈니스 환경의 변화 속에서 IT의 중요성은 그 어느 때보다 커지고 있으며, 단순한 지원 역할을 넘어 전략적 자산이자 경쟁력의 핵심 요소로 자리잡고 있다. 즉, 기업이 빠르게 변화하는 시장과 고객 요구에 대응하고, 효율성을 높이며, 혁신을 주도하기 위해서는 IT의 적극적인 활용이 필수적이다.

2. 비즈니스 IT 개념 및 구성요소

2.1. 비즈니스 IT 개념

비즈니스 IT는 기업의 전략적 목표를 달성하기 위해 정보기술과 정보시스템을 활용하는 것으로 단순히 컴퓨터와 소프트웨어를 사용하는 것을 넘어, 비즈니스 프로세스의 효율화, 의사결정 지원, 고객가치 및 경쟁력 창출 등 경영 전반에 IT를 전략적으로 접목하는 활동을 포함한다.

비즈니스 IT의 근간인 정보기술(Information Technology, IT)은 정보를 생성, 저장, 전송, 관리 및 처리하는 데 사용되는 모든 기술을 의미하며, 컴퓨터 하드웨어, 소프트웨어, 통신 장비, 데이터베이스, 네트워크 등 다양한 구성 요소를 포함한다. 정보기술을 기반으로 한 정보시스템(Information System, IS)은 조직이 필요한 정보를 효율적으로 생성, 처리, 저장, 분석, 전달하여 전략적/운영적 목적을 달성할 수 있도록 지원하는 통합된 시스템으로 컴퓨터 기반 기술뿐만 아니라 사람, 절차, 데이터 등도 포함한다.

2.2. 정보기술의 구성요소

정보기술의 구성요소인 하드웨어는 컴퓨터 시스템의 물리적인 부분으로, 중앙처리장치인 CPU와 메모리, 하드 드라이브와 같은 저장 장치, 키보드, 마우스 등의 입력 장치, 그리고 모니터, 프린터 등의 출력 장치들이 포함된다. 소프트웨어는 컴퓨터 시스템에서 동작하는 프로그램으로 운영체제와 응용 프로그램 등을 말한다. 운영체제는 컴퓨터 하드웨어를 관리하고 컴퓨터 하드웨어와 응용 프로그램 간의 인터페이스 역할을 하며, 응용 프로그램은 사용자가 일상적으로 사용하는 프로그램으로 사무용 프로그램인 오피스, 웹 애플리케이션 등이 있다. 데이터베이스는 구조화된 데이터를 저장하고 관리하는 데 사용되는 시스템으로 정보를 효율적으로 관리하고 검색하는 데 활용된다. 네트워크는 컴퓨터와 다른 기기가 서로 통신할 수 있도록 해주는 기술로 근거리 통신망(LAN), 광역 통신망(WAN), 인터넷, 무선 통신 기술 등이 포함된다.

- 하드웨어(Hardware): 중앙처리장치인 CPU와 메모리, 저장 장치, 입력 장치, 출력 장치 등

- 소프트웨어(Software): 운영체제와 응용 프로그램 등
- 데이터베이스(Database): 데이터를 저장하고 관리하는 시스템
- 네트워크(Network): 근거리 통신망(LAN), 광역 통신망(WAN), 인터넷, 무선 통신 기술 등

2.3. 정보시스템의 구성요소

시스템은 하나 이상의 공통 목표를 달성하기 위해 각 구성 요소가 서로 상호 작용하는 전체로 구성된 개체들의 집합으로 정의된다. 따라서 IT를 기반으로 한 정보시스템(Information System, IS)은 정보의 효과적인 저장, 처리, 배포 및 통신을 위하여 제공하는 기술 및 인적 자원들의 집합으로 정의할 수 있다. 일반적으로 정보시스템은 [그림 1.1]에서와 같이 하드웨어, 소프트웨어, 데이터베이스, 사용자 및 네트워크의 다섯 가지 요소로 구성된다.

이미 앞에서 정보기술의 구성에서 기술한 바와 같이 정보기술은 정보시스템의 기술적 측면을 말한다. 따라서 정보기술에는 사용자를 제외한 하드웨어, 소프트웨어, 데이터베이스 및 네트워크가 포함된다.

그림 1.1 정보시스템의 구성

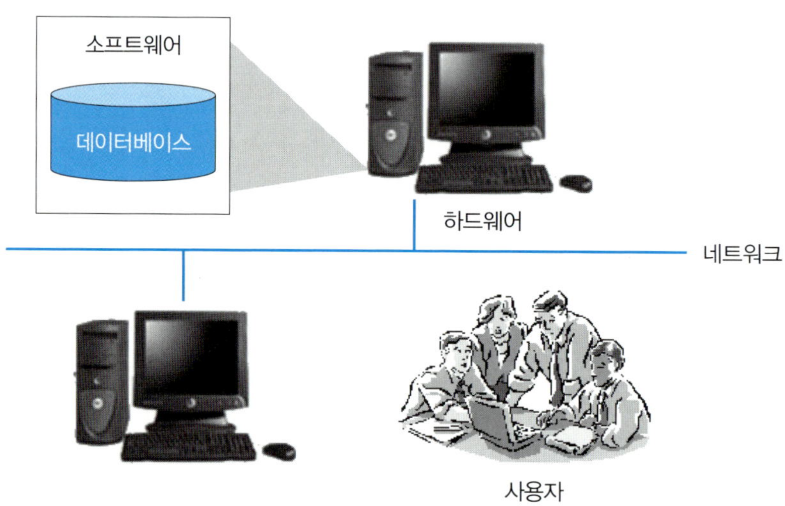

3. 비즈니스 IT의 발전 단계

비즈니스 IT는 기업과 사회 전반에 지대한 영향을 미치며 꾸준히 발전해 왔다. 각 시대별 주요 특징과 기술 혁신을 중심으로 비즈니스 IT의 발전 흐름을 살펴보면 다음과 같다.

3.1. 메인프레임 시대

메인프레임

메인프레임(Mainframe) 시대는 1950년부터 1970년대까지 대형 중앙처리 장치(CPU)를 기반으로 다수의 단말기를 연결해 동시에 많은 사용자와 작업을 처리할 수 있는 대형 컴퓨터인 메인프레임을 기반으로 IT를 활용한 시대를 말한다. 이 시기는 본격적인 기업 정보화의 시작기로 중앙집중형 구조, 대용량 처리 능력, 고비용과 같은 특징을 가지고 있다.

중앙집중형 구조는 모든 데이터 처리와 저장이 중앙 서버인 메인프레임에서 이루어지는 컴퓨팅 구조로 사용자들은 자체 연산 능력이 없는 터미널을 통해 접속하여 작업을 수행하였다. 메인프레임은 많은 계산 작업과 다중 사용자 요청을 안정적으로 처리할 수 있는 대용량 처리 능력을 갖추고 주로 회계, 급여 처리, 재고관리 등 반복적이고 계산량이 많은 업무에 사용되었다. 이 시기 메인프레임은 도입 및 유지 비용이 매우 높고 전문 인력이 필요하였으나, 비교적 안정성이 뛰어나 정부, 대기업, 금융기관 등 자본이 풍부한 조직에서 사용되었다.

메인프레임의 기술적인 특징은 펀치카드, 배치처리, COBOL/Fortran 등의 프로그래밍 언어들의 사용이다. 펀치카드는 데이터를 구멍 뚫린 카드 형태로 사용자가 직접 타자기처럼 카드를 작성하여 사용하는 입력 장치이며, 배치처리(Batch Processing)는 일정량의 작업을 모아서 일괄처리 방식으로 오늘날과 같은 실시간 처리는 불가능하였다. 이 당시 Fortran(공학용), COBOL(상업용) 등 고급 언어가 등장하며 프로그래밍 가능성 확대되었으며, 자기 테이프/디스크 등이 대용량 데이터를 저장하는 물리적 매체로 활용되었다. 이 시대의 주요 컴퓨터는 IBM의 System/360 시리즈로 기업용 컴퓨터의 표준으로 자리잡았었다.

3.2. PC와 클라이언트 – 서버 시대

PC와 클라이언트 – 서버 시대는 1980년대부터 1990년대까지는 개인용 컴퓨터(Personal Computer, PC)의 등장과 보급, 그리고 클라이언트 – 서버 모델의 발전으로 정보기술의 대중화와 분산화가 본격화된 시기이다. 메인프레임 기반의 중앙 집중형에서 분산형 구조로 이동하여 기업과 개인의 정보 활용 방식이 근본적으로 변화한 중요한 전환기가 되었다.

PC와 클라이언트 – 서버 시대에는 워드프로세서, 스프레드시트, 데이터베이스 프로그램 등이 등장하면서 문서 작성, 재무 계산, 데이터 관리 등의 업무를 수작업 대신 PC로 처리하게 되면서 업무 효율이 비약적으로 향상되었다. 아울러 기업의 모든 부서와 개인 직원이 각자의 PC를 갖게 되면서, 데이터 입력과 처리가 분산되면서 네트워크의 필요성을 증대시키는 계기가 되었다. 초기 PC들은 대부분 독립적으로 작동하였다. 따라서 각 PC의 데이터와 프로그램이 서로 공유되지 않아, 데이터를 옮기려면 플로피 디스크를 들고 다녀야 하는 불편함이 있었다.

PC의 한계를 극복하기 위해 등장한 것이 '클라이언트 – 서버' 구조로, 이 구조는 네트워크를 통해 여러 컴퓨터가 연결되어 서로의 자원을 공유하는 방식이다. 클라이언트(Client)는 사용자에게 서비스를 요청하는 컴퓨터로 일반적으로 사용자가 직접 사용하는 PC, 스마트폰 등을 의미하고 서버(Server)는 클라이언트의 요청에 응답하여 데이터나 서비스를 제공하는 컴퓨터로 대용량 데이터 저장이 가능하고 복잡한 연산을 처리하는 중앙 컴퓨터를 의미한다. 클라이언트 – 서버 방식은 모든 중요한 데이터와 애플리케이션은 강력한 성능을 가진 중앙 서버에 저장되는 중앙 집중식 데이터 관리를 기반으로 [그림 1.2]에서와 같이 클라이언트가 네트워크를 통

그림 1.2 클라이언트 – 서버 구조

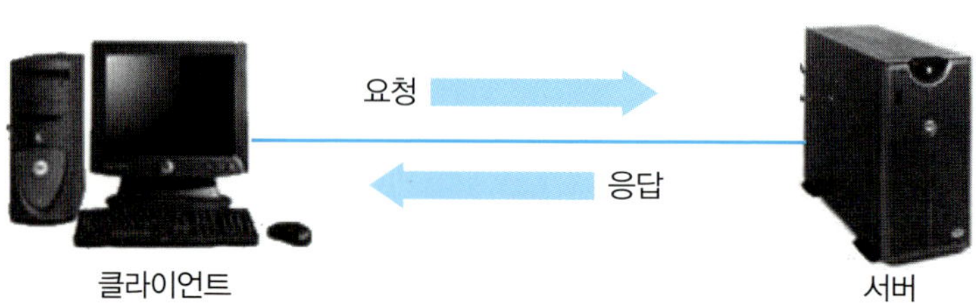

해 서버에 데이터나 특정 기능을 요청하면 서버는 요청을 처리하고, 그 결과를 클라이언트에 다시 전송하는 구조이다.

클라이언트-서버 구조는 데이터가 중앙 서버에 모여 있기 때문에, 모든 직원이 최신 데이터를 공유할 수 있고, 데이터 중복 및 오류가 줄어들고 보안 관리도 중앙 서버에서 일괄적으로 할 수 있어 해킹이나 데이터 유출 위험을 줄일 수 있다. 또한 고성능의 고가 장비인 서버는 소수만 구축하고, 상대적으로 저렴한 장비를 개인용 PC인 클라이언트를 사용함으로써 메인프레임에 비하여 전체적인 시스템 구축 비용을 절감할 수 있었다. 아울러 소프트웨어 업데이트나 관리도 중앙 서버에서 일괄적으로 처리할 수 있어 유지보수가 용이해졌다.

3.3. 인터넷과 웹 기반 시스템 시대

인터넷과 웹 기반 시스템 시대는 1990년대 초부터 2000년대초까지의 인터넷(Internet)의 급속한 확산과 함께, 월드와이드웹(World Wide Web) 기술이 등장하여 IT의 대중화를 촉진한 시기이다. PC와 클라이언트-서버 구조가 확산되면서 네트워크의 기반이 다져졌고, 그 위에 '웹'이라는 강력한 플랫폼이 올라가면서 IT는 새로운 국면을 맞이하게 되었다. 기업은 정보 공유, 커뮤니케이션, 마케팅, 거래 등을 인터넷을 기반으로 수행하기 시작했으며, 이는 곧 전자상거래(e-Commerce)와 디지털 경제의 태동으로 이어졌다. 이 시기는 인터넷의 대중화, 웹 기반 정보시스템 구축, 그리고 전자상거래 확대로 특징지어진다.

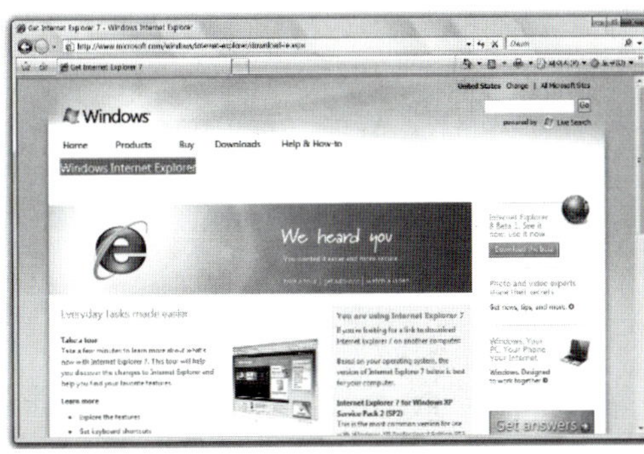

인터넷 익스플로러

인터넷의 대중화는 넷스케이프, 인터넷 익스플로러와 같은 웹 브라우저의 등장으로 일반 사용자도 손쉽게 웹 정보 접근 가능해지고, 전화선 기반 모뎀에서 ADSL, 케이블 모뎀과 같은 고속 인터넷로의 전환이 이루어지고, 이메일, 웹사이트, 채팅, 커뮤니티 서비스 등 인터넷 기반의 서비스들이 폭발적으로 증가하면서 실현되었다. 인터넷 기술의 발전은 기업들의 웹 기반 정보시스템 구축을 촉진하였다. 기업들은 인트라넷(Intranet), 익스트라넷(Extranet)을 도입하여 내부/외부 파트너와 연결하고 기업 내부의 비즈니스 정보시스템을 웹 환경에서 구현하였으며, 고객응대, 내부 문서관리 등을 온라인에서 통합적 구성하여 운영하기 시작하였다. 또한 웹의 발명은 전자상거래를 확대시키었다. 소비자 중심의 비즈니스 모델(B2C), 기업 간 거래(B2B) 등이 웹을 통해 이뤄지고 쇼핑몰, 온라인 은행, 온라인 여행사 등의 산업이 급성장하여 쇼핑, 예약, 금융거래 등이 온라인에서 가능해졌다.

인터넷 덕분에 지리적 경계가 무너져 작은 기업도 전 세계 고객을 대상으로 제품을 판매할 수 있게 되었고, 반대로 외국 기업의 경쟁 위협에 직면하게 되었다. 소비자들은 웹사이트, 검색 엔진, 온라인 커뮤니티를 통해 제품 정보를 스스로 찾아보고, 비교하고, 구매 결정을 내리기 시작했고, 기업은 일방적인 광고 대신, 고객에게 정보를 제공하고 소통하는 방식으로 마케팅 전략을 바꾸었다.

3.4. 모바일과 클라우드 컴퓨팅 시대

모바일과 클라우드 컴퓨팅 시대는 2010년대 이후는 스마트폰, 태블릿 같은 모바일 기기의 보편화와 함께, 클라우드 컴퓨팅(Cloud Computing) 기술이 급속히 발전한 시기이다. 이 시기부터 기업과 개인은 언제 어디서든 데이터를 저장하고, 접근하고, 처리할 수 있게 되었으며, 이는 비즈니스 활동을 실시간화, 유연화, 확장 가능하게 만들었다.

아이폰

2007년 아이폰 출시를 기점으로 스마트폰은 단순히 통화 기능만 하는 휴대폰을 넘어, 인터넷 접속, 앱 실행, 멀티미디어 재생 등 PC의 기능을 손안에서 구현하는 '개인용 휴대 단말기'로 진화하였다. 터치스크린, 고성능 프로세서, 가속도계, GPS 등 다양한 센서가 탑재되면서 사용자의 경험이 혁신적으로 변화하였다. 또한 빠른 속도의 무선 통신 기술 발전은 언제 어디서든 인터넷에 연결하고 대용량 데이터를 주고받을 수 있게 했으며, 5G는 초고속, 초저지연, 초연결성을 제공하여 모바일 환경의 한계를 더욱 확장하고 있다. 애플의 앱스토어와 구글의 플레이스토어가 등장하면서 수많은 개발자들이 다양한 모바일 애플리케이션을 개발하고 배포하는 거대한 생태계가 형성되어 사용자들에게 무궁무진한 편의성과 엔터테인먼트를 제공하고 있다. 오늘날 기업들은 웹사이트나 서비스를 개발할 때 PC 버전보다 모바일 버전을 먼저 고려하게 되었고, 모바일 앱은 고객과의 핵심 접점이자 비즈니스의 중요한 채널이 되었다. 스마트폰을 이용한 상품 구매가 일반화되면서, 쇼핑은 시간과 장소의 제약을 받지 않게 되었으며, 간편 결제 시스템의 발전도 M-커머스 성장에 기여하였다. 페이스북, 인스타그램, 트위터, 카카오톡 등 모바일 기반의 소셜 미디어와 메신저가 대중화되면서 기업의 마케팅, 고객 서비스, 소통 방식이 변화했다.

모바일 서비스에 대한 백엔드 기술로 클라우드 컴퓨팅이 적극적으로 활용되고 있다. 클라우드 컴퓨팅은 인터넷을 통해 서버, 스토리지, 데이터베이스, 네트워크, 소프트웨어 등 컴퓨팅 자원을 서비스 형태로 제공하는 모델로 마치 전기나 수도처럼 필요할 때마다 사용하고 사용한 만큼만 비용을 지불하는 방식이다. 기업은 고가의 IT 인프라 구축 및 유지보수 비용을 절감하고, 사용량에 따라 유연하게 비용을 지불할 수 있으며, IT 담당 직원들은 인프라 관리 대신 핵심 비즈니스에 더 집중할 수 있게 되었다. 또한 새로운 서비스를 개발하고 배포하는 데 필요한 시간을 획기적으로 단축시켜, 시장 변화에 민첩하게 대응하고 경쟁 우위를 확보에 기여하며, 초기 자본이 부족한 스타트업(Startup)도 클라우드를 통해 대기업 수준의 인프라와 기술을 활용하여 아이디어를 빠르게 서비스로 구현하고 시장에 진입할 수 있게 되었다.

3.5. 인공지능과 디지털 전환 시대

ChatGPT

인공지능과 디지털 전환 시대는 2020년대에 들어서면서, 기업과 사회 전반이 인공지능, 빅데이터, 사물인터넷(IoT), 블록체인, 클라우드 등 첨단 기술을 활용해 기존의 운영 방식을 근본적으로 재구성하고 있는 시기이다. 이러한 흐름을 디지털 전환(Digital Transformation)이라 한다. 인공지능은 인간의 학습, 추론, 지각 능력 등을 컴퓨터 프로그램으로 구현한 기술이다. 특히 최근 몇 년간 머신러닝(Machine Learning)과 딥러닝(Deep Learning) 기술의 발전, 그리고 방대한 빅데이터와 고성능 컴퓨팅 파워의 뒷받침으로 인공지능 기술은 비약적인 발전을 이루었다. 단순 반복 업무를 AI 기반 소프트웨어 로봇이 대신 처리하여 인적 오류를 줄이고 생산성을 높이는 로봇 프로세스 자동화(RPA)가 활용되고, AI가 방대한 데이터를 분석하여 인간이 발견하기 어려운 패턴과 인사이트를 도출하고 이를 통해 기업은 시장 예측, 고객 행동 분석, 리스크 관리 등에서 더 정확하고 신속한 의사결정을 내릴 수 있게 되었다. 또한 ChatGPT와 같은 생성형 AI의 등장으로 텍스트, 이미지, 음성, 영상 등 새로운 콘텐츠를 스스로 생성하는 능력을 통해 콘텐츠 제작, 교육, 마케팅 등 다양한 분야에 파괴적인 영향을 미치고 있다.

인공지능을 근간으로 하는 디지털 전환은 단순히 최신 IT 기술을 도입하는 것을 넘어, 디지털 기술을 활용하여 기업의 비즈니스 모델, 운영 프로세스, 고객 경험, 그리고 조직 문화를 근본적으로 혁신하는 과정을 의미한다. AI의 발전은 이러한 디지털 전환을 더욱 빠르고 광범위하게 확산시키는 핵심 동력이 되고 있다. 이를 통해 오늘날 기업은 디지털 기술을 통해 기존의 물리적 제약을 넘어 새로운 가치를 창출하고 있다.

3.6. 미래 정보기술 흐름

미래의 정보기술 흐름은 양자 컴퓨터, 신경망 컴퓨팅 그리고 생체 인식 기술로 특징지어지고 있다. 양자 컴퓨터(Quantum Computers)는 양자 역학의 원리를 이용하여 데이터를 처리하는 컴퓨터로 전통적인 비트(bit) 기반의 디지털 컴퓨터와는 다르게 0과 1을 동시에 갖는 큐비트(qubit)라고 불리는 양자 비트를 사용하여 정보를 처리한다. 따라서 병렬 처리 능력이 뛰어나고 처리 속도가 빨라 암호 해독, 빅데이터 분석과 같은 특정 유형의 문제를 해결하는 데 효과적이다. 신경망 컴퓨팅(Neural Computing)은 인간의 뇌를 모방하여 동작하는 컴퓨팅 시스템으로 이러한 시스템은 머신러닝 및 인공지능 분야에서 활용될 수 있으며, 학습 및 판단 능력이 뛰어나고 문제 해결 능력을 갖추게 될 것으로 예상된다. 생체인식 기술은 지문, 홍채, 얼굴 인식 등을 포함하여 보안 및 식별 기술에서 중요한 역할을 할 것으로 예상된다. 컴퓨터가 개인을 더욱 정확하게 식별하고 보안 강화의 필요성이 높아지기 때문에 생체인식 기술은 미래 컴퓨터의 필수적인 기술 요소로 부각되고 있다.

양자 컴퓨터

4. 비즈니스 IT의 전략적 역할

현대 비즈니스에서 IT는 단순한 지원 부서를 넘어, 기업의 생존과 성장을 좌우하는 핵심적인 전략 자원이자 경쟁 우위의 원천으로 자리 잡고 있다. 과거에는 IT가 업무 효율성을 높이고 경쟁 우위를 확보하기 위한 도구에 불과했다면, 이제는 비즈니스 모델 자체를 혁신하고 고객의 가치를 창출하는 핵심적인 역할을 하고 있다.

4.1. 업무 효율성 및 비용절감

전통적으로 IT는 기업 내부의 운영 프로세스를 최적화하여 업무 효율성을 높이고 비용을 절감하는 데 중요한 역할을 해왔다. 최근에는 반복적이고 수동적인 업무를 자동화 소프트웨어로 대체하는 프로세스 자동화가 확산되면서, 직원의 시간을 절약하고 업무 오류를 줄이는 데 기여하고 있다. 특히 로봇 프로세스 자동화(Robotic Process Automation, RPA) 기술은 단순 데이터 입력, 보고서 작성, 이메일 전송 등 정형화된 업무를 자동으로 처리함으로써 업무의 생산성과 정확성을 향상시키고 있다. 기업 운영의 핵심 시스템인 ERP(Enterprise Resource Planning) 시스템은 재무, 생산, 인사, 구매 등 모든 부서의 데이터를 통합하여 실시간 분석을 가능하게 하며, 경영진이 직관이 아닌 데이터 기반의 신속하고 합리적인 의사결정을 내릴 수 있도록 지원한다. 또한 비용 측면에서도, 과거에는 기업이 자체적으로 고가의 서버를 구축·관리해야 했던 반면, 오늘날에는 아마존의 AWS나 마이크로소프트의 Azure와 같은 클라우드 서비스를 활용하여 IT 인프라를 유연하게 구성하고 운영비용을 절감할 수 있게 되었다. 이러한 클라우드 서비스는 특히 스타트업이나 중소기업에게 초기 투자 부담 없이 대규모 IT 자원을 활용할 수 있는 기회를 제공하고 있다.

4.2. 경쟁우위 확보

1980년 이후 전략정보시스템을 기반으로 한 비즈니스 IT는 기업이 경쟁적 우위를 확보하는데 필수적인 역할을 해오고 있다. IT 인프라가 잘 구축된 기업은 시장 트렌드나 경쟁사의 움직임에 더 빠르게 대응할 수 있고 새로운 기술을 즉시 도입하거나, 데이터를 분석하여 새로운 시장 기회를 포착할 수 있다. 최근 비즈니스 환경이 글로벌화함에 따라 기업은 웹사이트, 전자상거래 플랫폼, 글로벌 물류 시스템 등 IT 인프라를 통해 지리적 제약 없이 전 세계 고객에게 제품과 서비스를 판매할 수 있는 경쟁적 우위를 점할 수 있으며, 공급망 관리 측면에서도 IT는 원자재 조달부터 제품 생산, 배송까지 전 과정을 실시간으로 관리하고 예측할 수 있게 하여 재고 비용을 줄이고 공급망의 효율성을 극대화하는데 기여한다.

4.3. 비즈니스 모델 혁신 및 창출

오늘날 IT는 비즈니스 모델 창출 및 혁신에 있어 핵심적인 역할을 수행하고 있다. 과거 IT가 단순히 비즈니스를 지원하는 도구였다면, 이제는 새로운 가치를 창출하고 경쟁 우위를 확보하는 데 필수적인 요소가 되었다. IT는 기존에 불가능했던 새로운 비즈니스 모델을 가능하게 하고 있다. 넷플릭스가 DVD 대여점에서 스트리밍 서비스로 전환하거나, 에어비앤비가 숙박 시설 없이 숙박 공유 플랫폼을 만든 것처럼, IT는 물리적 자산 없이도 거대한 비즈니스 생태계를 구축할 수 있게 해주고 있다. 또한 인공지능, 사물인터넷(IoT), 가상/증강현실(VR/AR) 기술은 기존 제품에 새로운 기능을 추가하거나 완전히 새로운 서비스를 만들어낸다. 예를 들어, 스마트 가전은 IoT 기술을 통해 사용자의 생활 패턴을 학습하여 편리성을 제공하고, AI 기반 챗봇은 24시간 고객 서비스를 제공하여 고객 경험을 혁신하고 있다. 따라서 오늘날 IT는 단순히 기업의 운영을 돕는 보조적인 수단이 아니라, 새로운 가치를 창출하고, 기업의 지속 가능한 성장을 이끄는 핵심 동력으로서 비즈니스 모델 창출에 필수적인 역할을 수행하고 있다.

4.4. 고객가치 창출

오늘날 IT는 고객을 깊이 이해하고, 고객에게 실질적인 가치를 제공하며, 궁극적으로 기업의 지속적인 성장을 이끄는 핵심적인 전략 도구로서 고객가치 창출에 기여하고 있다. 고객가치 창출은 고객에게 실질적인 혜택과 만족을 제공하고, 궁극적으로 기업의 경쟁 우위를 확보하는 것으로 IT를 이용한 고객 데이터 분석을 통해 고객의 니즈, 선호도, 행동 패턴을 파악하고, 이를 기반으로 맞춤형 제품, 서비스, 정보를 제공하는 개인화된 서비스를 통해 고객 경험(CX) 개선하며, 고객 간의 정보 공유 및 소통을 위한 온라인 커뮤니티를 구축하여 고객 만족도를 높이고 개선 사항을 반영할 수 있다. 기업은 이러한 IT를 통해 고객가치 창출 및 경쟁 우위를 확보할 수 있다.

5. 비즈니스 IT 전문가와 책의 구성

비즈니스 IT 전문가는 기본적으로 비즈니스에 대한 이해는 물론 IT 및 정보시스템에 대한 폭넓고 풍부한 지식이 필요하다. 따라서 본 교재는 다음과 같은 내용들을 다루고 있다.

- 하드웨어 기술: 키보드, 마우스, 터치스크린, 스캐너, 생체인식 등의 다양한 입력장치, 램과 롬과 같은 메모리 기술, CPU, AP, NPU와 같은 시스템 반도체, 출력장치 및 저장장치 기술, 그리고 하드웨어 간 연결과 데이터 전송을 담당하는 다양한 인터페이스 기술
- 소프트웨어 및 운영체제: 컴퓨터 모바일에서 운영되는 다양한 시스템소프트웨어와 응용소프트웨어, 다양한 프로그램 개발언어, MS-DOS, 윈도우즈, 유닉스, 리눅스, 안드로이드, RTOS(Real-Time Operating System)와 같은 다양한 운영체제
- 응용프로그램 개발 기술: 웹 애플리케이션 개발 구조, HTML, CSS, 자바스크립트와 프론트엔드 기술, PHP, 자바, JSP, Node.js와 같은 백엔드기술, 다양한 웹 애플리케이션 개발 프레임워크 및 모바일 개발 기술
- 데이터베이스 구축: 다양한 데이터베이스 기술, 관계형 데이터베이스 구축 및 SQL의 사용 방법, 데이터웨어하우스, OLAP 등 데이터베이스 응용 기술, 문서형 NoSQL, 키-값 NoSQL 등의 비관계형 데이터베이스 기술, SAP HANA와 같은 인메모리 데이터베이스
- 네트워크 및 인터넷 기술: 다양한 네트워크 하드웨어 기술, 프로토콜, OSI 모델 및 FTP, 텔넷 등 다양한 네트워크 소프트웨어 기술, 네트워크 유무선 매체 기술, 인터넷 및 웹기반 서비스 기술, 인트라넷, 엑스트라넷, VPN 등 실무적 인터넷 응용기술
- 기계학습과 인공지능: 지도학습, 비지도 학습, 강화학습 등의 기계학습 유형, 분류분석, 예측분석, 연관분석, 군집분석 등의 다양한 기계학습 분석기법, 단순베이지 분류, 서포트 벡터 머신, 의사결정나무 분석, 신경망과 같은 기계학습 분석기술, CNN, RNN, 트랜스포머(Transformer) 모델과 같은 딥러닝 모델,

파이션, 텐서플로우, OpenCV 등의 인공지능 응용 개발 기술

- 비즈니스 정보시스템: 거래처리시스템, 인사결정지원시스템, 중역정보시스템, 전문가시스템, 전략정보시스템, 전사적시스템 등의 주요 비즈니스 정보시스템과 비즈니스 프로세스 리엔지니어링
- 전자상거래와 e-비즈니스: 전자상거래 모델, e-마켓플레이스, 전자상거래 보안 기술, 소셜 커머스, 서브스크립션 커머스, 라이브 커머스, O2O 서비스 등의 전자상거래 진화 기술과 ERP, CRM, SCM, 비즈니스인텔리전스, SEM 등의 e-비즈니스 지원시스템
- 모바일 비즈니스와 스타트업: 모바일 앱, 클라우드 컴퓨팅, 빅데이터, 사물인터넷, 핀테크 등의 모바일 비즈니스 지원 기술 및 우버, 에어비앤비, 스퀘어, 네스트 랩스, 내러티브 사이언스, 로빈후드 등의 스타트업
- 4차 산업혁명과 스마트비즈니스: 4차 산업혁명의 근간 기술인 사이버-물리시스템과 스마트 팩토리, 스마트 팜, 스마트 그리드, 스마트 홈 등의 다양한 스마트 비즈니스와 지능형 서비스 로봇, 자율주행 기술 등의 스마트 비즈니스 지원 기술
- IT 윤리와 정보보안 기술: 프라이버시, 디지털 격차, 소셜미디어 윤리, AI 윤리, 환경과 지속 가능성 등의 IT 윤리 및 컴퓨터 범죄와 암호화 기술, 식별 및 인증 기술, 네트워크보안 기술, 웹 보안 기술, 클라우드 보안 기술 등의 정보보안 기술, 그리고 블록체인 기술

CHAPTER

02

하드웨어 기술

학습목표

1. 하드웨어 구성에 대하여 설명할 수 있다.

2. 입력 장치들에 대하여 설명할 수 있다.

3. 메모리의 종류와 역할에 대하여 이해한다.

4. 미래의 메모리 기술에 대하여 이해한다.

5. CPU의 역할을 설명하고 작동 방식을 설명할 수 있다.

6. AP, GPU, NPU의 역할을 설명할 수 있다.

7. 출력 장치들에 대하여 설명할 수 있다

8. 저장 장치 기술들에 대하여 설명할 수 있다.

9. 다양한 인터페이스 기술에 대하여 이해한다.

1. 하드웨어 기술

하드웨어(hardware) 기술의 발전은 컴퓨터와 IT 전반의 비약적인 발전을 이끌어 온 핵심 동력이다. 하드웨어는 컴퓨터 시스템을 구성하는 물리적 부품과 이들의 설계, 제조 및 활용을 포함하는 광범위한 분야로 IT에서의 하드웨어 역시 컴퓨터의 하드웨어를 근간으로 하고 있다. 즉, 컴퓨터는 데이터를 저장, 검색, 처리할 수 있는 장치로 하드웨어는 회로, 메모리, 키보드, 모니터 등과 같이 컴퓨터 장치의 물리적 유형의 부분을 의미한다.

1.1. 컴퓨터 하드웨어의 구성

전통적으로 컴퓨터 하드웨어는 자료를 처리하기 위하여 입력 장치, 제어 장치, 산술 및 논리 장치, 주기억장치, 보조 기억장치 및 출력 장치로 구성되어 있다.

- 입력 장치(input device): 컴퓨터에 입력될 자료를 받아들이는 장치로서 외부로부터 제공된 자료를 컴퓨터가 인식할 수 있도록 전자신호로 변환하는 장치
- 제어 장치(control unit): 데이터 흐름을 관리하고 명령을 해석하며 다른 장치의 활동을 제어하는 장치
- 산술 논리 장치(arithmetic-logic unit, ALU): 컴퓨터 명령에 따라 피연산자에 대해 산술 및 논리 연산을 수행하는 장치
- 주기억장치(primary storage): 컴퓨터의 프로세서가 처리하기 위한 자료를 임시 보관하는 장치
- 보조 기억장치(secondary storage): 사용자가 컴퓨터에서 사용된 자료를 영구적으로 보관하는 장치
- 출력 장치(output device): 중앙처리장치(CPU)에서 수행된 자료 처리 결과를 외부로 전달하는 데 사용하는 장치

컴퓨터의 하드웨어가 입력 장치, 제어 장치, 산술 및 논리 장치, 주기억장치, 보조 기억장치 및 출력 장치의 6개의 장치로 구성되어 있지만, 오늘날 컴퓨터는 [그림 2.1]에서와 같이 물리적으로 하나의 부품인 CPU가 제어 장치와 산술 및 논리 장치의 역할을 수행하고 있다.

그림 2.1 하드웨어 구성

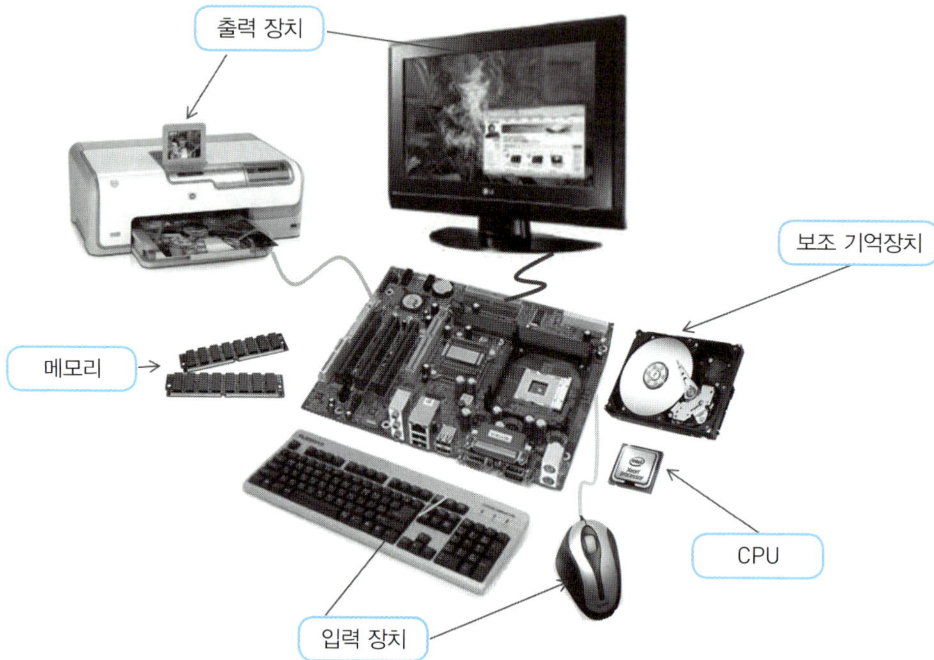

중앙처리장치인 CPU(central processing unit)는 컴퓨터의 가장 핵심이 되는 장치로서 컴퓨터 프로그램에서 제공하는 명령을 수행하기 위하여 수많은 전자 회로를 포함하고 있으며 CPU란 용어 대신에 프로세서(processor) 또는 마이크로프로세서(microprocessor)라고 불리기도 한다. 또한 주기억장치도 일반인들에게는 메모리(memory)라는 용어로 불린다. 한편 컴퓨터 하드웨어는 본체와 주변 장치로도 분류되며, 입력 장치, 출력 장치 및 보조 기억장치가 주변 장치로 간주된다. 주변 장치(Peripherals)는 기능을 확장하기 위해 컴퓨터에 연결된 모든 장치를 말하며, 일반적인 주변 장치로는 모니터, 프린터, 스캐너, 디스크 드라이브, 키보드, 스피커 및 카메라가 있다.

2. 입력 장치

입력 장치(Input Device)는 컴퓨터와 같은 정보처리 장치가 외부로부터 데이터를 받아들이는 데 사용되는 장치이다. 전통적으로는 키보드나 마우스와 같은 물리적인 입력 장치가 주로 사용되었지만, 기술의 발전에 따라 입력 장치는 점차 비접촉식 입력 장치, 지문, 홍채 인식과 같은 생체인식 장치, 음성 인식 장치, 나아가 홀로그래픽이나 증강 현실(AR) 기반의 미래형 입력 장치로 발전하고 있다.

2.1. 전통적 입력 장치

전통적으로 가장 널리 사용되는 입력 장치는 키보드(Keyboard)로 대표적인 키보드 유형은 쿼티(QWERTY) 키보드이다. 쿼티 키보드는 표준 타자기의 키보드로 키보드 위쪽 줄의 처음 6자가 QWERTY 순서로 나타내고 있다. 쿼티 키보드의 자판 배열은 크리스토퍼 숄즈(Christopher Sholes)가 고안한 것으로 1874년 처음 개발되어 오늘날까지 컴퓨터와 스마트폰 키보드의 표준으로 자리 잡고 있다.

드보락 키보드

다른 키보드 유형으로 드보락 키보드가 있다. 드보락(Dvorak)는 일반적으로 표준 쿼티 키보드보다 배우고 사용하기 쉽도록 설계된 것으로 알려져 있다. 쿼티 키보드는 원래 키보드 자판이 서로 간섭하는 횟수를 줄이기 위해 개발되었고, 반면에 드보락 키보드는 타이피스트의 관점에서 설계되어 가장 일반적인 자음은 키보드 한쪽에, 모음은 반대쪽에 배치하여 타이핑 시 손 사이를 번갈아 가며 키를 누르게 되어 있다. 드보락 키보드는 쿼티 키보드보다 더 빠르게 입력할 수 있지만 소수의 키보드 사용자들만 드보락 키보드를 선호하고 있다.

마우스(Mouse)는 그래픽 사용자 인터페이스(Graphical User Interface, GUI)의 등장으로 입력 장치로 널리 사용되고 있다. 기계식 마우스는 공의 양면을 구르는 두 개의 롤러를 사용하고 광 마우스는 기계식 마우스처럼 일부 부품을 움직이는 대신에 발광 다이오드와 포토다이오드를 사용하여 기본 표면에 대한 움직임을 감지한다. 스캐너(Scanner)는 이미지, 인쇄된 텍스트, 필기체 또는 물체를 분석하여 디지털 이미지로 변환하는 입력 장치이다. 오늘날 디지털 카메라의 보급으로 그 활용빈도가 낮아지고 있다. 터치패드(Touchpad)는 노트북이나 휴대용 컴퓨터 등에 내장되어 있는 입력 장치로, 사용자가 손가락을 슬라이드 또는 터치하여 커서를 움직이고 클릭할 수 있다. 터치 스크린(Touch Screen)은 사용자가 손가락으로 화면을 터치하여 컴퓨터와 상호작용할 수 있도록 해주는 입력 장치다. 주로 스마트폰 및 태블릿, 자동차 내비게이션, 키오스크(kiosk), 게임기기와 같은 터치 기반 디바이스들에서 사용되며, 사용자에게 직관적이고 편리한 상호 작용 방식을 제공한다.

2.2. 비접촉식 입력 장치

비접촉식 입력 장치(Non-contact Input device)는 사용자가 장치에 직접 손을 대지 않고도 컴퓨터에 입력할 수 있는 장치로 바코드 리더기는 가장 잘 알려진 비접촉식 입력 장치이다. 바코드 리더기(Barcode reader)는 종이, 비닐 봉지와 같은 다양한 표면에 인쇄된 바코드를 판독하는 입력 장치로 바코드가 인쇄된 물체를 빠르고 정확하게 식별한다. 재고관리와 같은 다양한 영역에서 사용되며 특히 마트에서 빠른 계산처리를 수행하는 데 사용된다. QR 코드(Quick Response Code)는 일본에서 자동차 산업을 위해 처음 설계된 2차원 바코드 유형으로 바코드보다 많은 정보를 포함할 수 있다. QR 코드는 소비자 광고, 결제와 같은 다양한 영역에서 활용되고 있으며. 일반적으로 스마트폰을 QR 코드 스캐너로 사용하여 QR 코드를 표시된 부분을 스캔하여 이를 유용한 형식(예, 웹 사이트 URL)으로 변환한다.

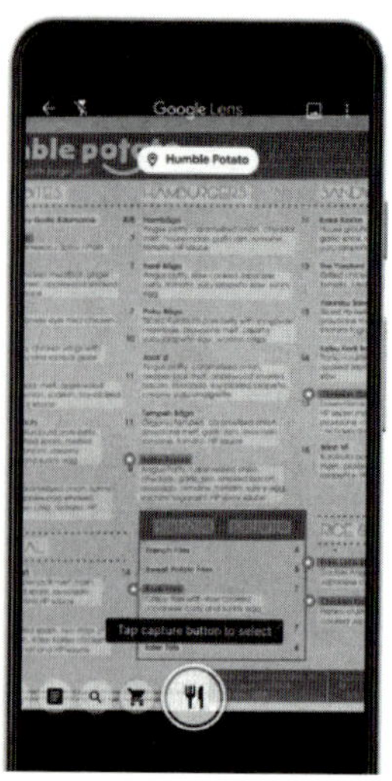
OCR-구글렌즈

OMR(optical mark reader)은 종이를 스캐닝하여 미리 정해진 위치에 마크의 유무를 감지하는 입력 방식으로 설문 조사나 수학능력 시험과 같은 점수 테스트에 광범위하게 사용된다. OCR(optical character recognition)은 손으로 쓰여 있거나 타이핑한 텍스트 이미지를 편집이 가능한 텍스트로 변환하는 데 사용되는 기술이다. OCR은 자동차 번호 식별, 여권 검사 및 법률 사무소와 같은 제한된 영역에서 사용되어 왔지만 최근 구글과 같은 앱에서 OCR 리더기 기능을 제공하여 일반인들도 일상 생활에서 편리하게 사용하고 있다. MICR(magnetic ink character recognition)은 문자 인식 기술의 또 다른 형태로 자성 잉크로 인쇄된 특수 문자를 읽고 컴퓨터에 빠르게 입력할 수 있는 기술로 수표 처리를 용이하게 하기 위해 은행 업계에서 광범위하게 사용되고 있다.

RFID(radio frequency identification) 리더기는 입력 장치로 떠오르는 기술로 무선 주파수 기술을 사용하여 물체, 동물, 사람 등을 추적하고 식별한다. RFID 태그는 많은 정보를 포함할 수 있고 물체에 RFID 태그를 부착하면 멀리서도 물체를 식별하고 추적할 수 있기 때문에 바코드의 대안으로 많은 산업 분야에서 적용 가능성이 높다. 그러나 바코드나 QR코드보다 구현 비용이 높아 활용 빈도는 아직 높지 않은 편이다.

RFID 태그

2.3. 생체인식 기술

생체인식 장비들도 입력 장치로 간주될 수 있다. 생체인식(Biometric identification)은 개인을 식별하기 위해 개인의 생리적 특성이나 특징을 활용하는 기술로 전통적인 비밀번호나 카드키와 같은 인증 방법보다 안전하고 편리하다는 장점이 있어 정부기관, 은행 등 보안이 철저한 지역에서 주로 사용된다. 생체인식 기술에는 지문, 눈의 홍채, 음성, 얼굴 및 정맥 인식이 포함된다.

지문인식은 개인의 지문 패턴을 식별하는 것으로 지문은 고유한 패턴을 가지고 있어서 높은 식별 정확도를 보장한다. 홍채인식은 개인의 홍채 패턴을 식별하는 것으로 홍채는 눈의 내부에 있는 혈관 패턴으로 고유하게 구성되어 있어서 안전성이 높다. 음성인식은 개인의 음성 특징을 분석하여 식별하는 것으로 음성의 파형과 주파수 특성을 기반으로 개인을 식별한다. 얼굴인식은 개인의 얼굴 특징을 식별하는 것으로 최근에는 딥러닝과 인공지능 기술을 활용하여 높은 정확도를 보장하고 있다. 정맥인식은 개인의 정맥 패턴을 식별하는 것으로 정맥은 손가락이나 손목 부분에 있는 혈관 패턴으로 고유하게 구성되어 있어 이를 통해 식별한다.

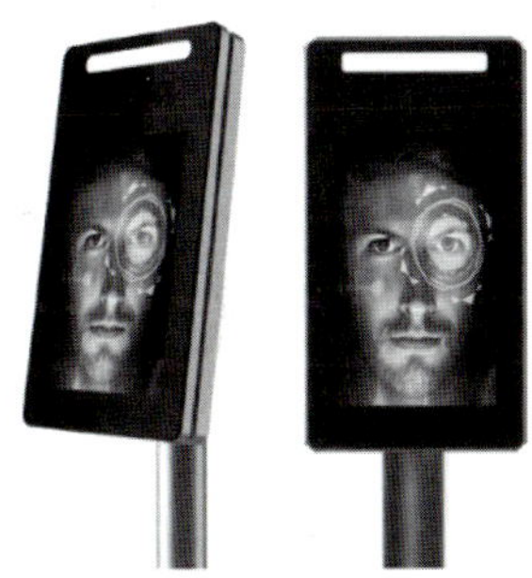

홍채인식 입력장치

2.4. 음성인식 및 AI 비서

최근 AI 비서의 발전으로 음성인식 입력 장치도 활용도가 높아지고 있다. AI 비서는 인공지능 기술을 사용하여 사용자의 명령을 이해하고 작업을 수행하는 소프트웨어로 일상 생활에서 다양한 업무를 보조하거나 자동화하는 데 사용된다. 주요 AI 비서는 애플의 시리, 구글의 어시스턴트, 아마존의 알렉스, 마이크로소프트의 코타나, 삼성의 빅스비 등이 있다.

애플의 시리(Siri)는 애플 기기에서 사용되는 AI 비서로, 음성 명령을 이해하고 응답하여 일상적인 작업을 수행한다. 예를 들어, 메시지 보내기, 알람 설정, 날씨 정보 확인 등이 가능하다. 구글 어시스턴트(Google Assistant)는 구글의 AI 비서로 안드로이드 기기뿐만 아니라 다양한 플랫폼에서 사용된다. 검색, 일정 관리, 음악 재생, 스마트 홈 제어 등 다양한 작업을 수행할 수 있다. 아마존의 AI 비서인 알렉스(Alexa)는 에코 스피커와 같은 디바이스에서 사용된다. 음성 명령을 받아 음악 재생, 스마트 홈 장치 제어, 쇼핑 목록 관리 등을 수행한다. 마이크로소프트의 코타나(Cortana)는 윈도우즈 운영체제에서 사용되는 AI 비서로, 컴퓨터 사용자에게 일정 관리, 검색, 알림 등 다양한 서비스를 제공한다. 삼성의 빅스비(Bixby)는 삼성 스마트폰과 기타 장치에서 사용되는 AI 비서로, 음성 명령을 통해 앱 실행, 연락처 검색, 카메라 제어 등을 수행할 수 있다.

2.5. 미래의 입력 장치 기술

미래의 입력 장치는 기존의 입력 방식을 혁신하고 새로운 상호작용 경험을 제공하는 기술로 발전하고 있다. 미래에 예상되는 주요 입력 장치들은 신경 인터페이스, 홀로그래픽 인터페이스, 웨어러블 기기, 증강 현실 인터페이스, 발전된 음성 및 자연어 처리 인터페이스 등이 있다.

신경 인터페이스(Brain-Computer Interface, BCI) 기술은 뇌파를 분석하고 해석하여 컴퓨터에 직접 신호를 보내는 것으로 사용자가 생각이나 의도를 기반으로 컴퓨터를 제어할 수 있도록 한다. 이 기술은 장애인을 위한 보조기술로 사용될 뿐만 아니라, 가상 현실 및 게임 컨트롤러, 의료 및 신경과학 연구 등 다양한 분야에서 활용될 것으로 예상된다. 홀로그래픽 인터페이스(Holographic Interfaces) 기술은 3차원 이미지를 생성하고 표현하는데 사용되는 기술로 미래의 입력 장치로는 사용자가 손가락이나 제스처를 사용하여 가상 공간에서 인터랙션을 수행하는 홀로그래픽 터치 스크린이나 제스처 인식 기술이 발전할 것으로 예상된다. 신체나 의류에 장착되는 웨어러블 기기(Wearable Devices)는 미래의 입력 장치의 하나로 예상된다. 손목 시계나 안경 같은 웨어러블 장치는 사용자의 동작이나 의도를 감지하고 이를 컴퓨터에 전달하여 상호작용을 가능하게 할 수 있다. 증강 현실(Augmented Reality, AR) 인터페이스 기술은 현실 세계와 가상 세계를 결합하여 새로운 상호작용 경험을 제공한다. 미래의 AR 기기는 사용자의 주변 환경을 인식하고 손가락 제스처,

그림 2.2 홀로그래픽 인터페이스 – 영화 〈킹스맨, 시크릿 에이전트〉

시선 추적 등을 통해 상호작용을 가능하게 할 것으로 예상된다. 마지막으로 음성 및 자연어 처리 인터페이스는 음성 및 자연어 처리 기술의 발전으로 음성 명령이나 대화를 통해 컴퓨터와 상호작용하는 데 보편적으로 사용될 것으로 예상된다. 보다 자연스러운 대화 형식으로 정보를 검색하거나 작업을 수행할 수 있을 것으로 기대된다.

3. 메모리

메모리(Memory)는 컴퓨터가 프로그램이나 데이터를 저장하고 필요할 때 접근할 수 있는 장치로 전통적으로 실리콘 소재의 반도체인 램(RAM)과 롬(ROM) 계열의 메모리들로 분류된다. 최근 외부 저장 장치를 위한 플래시 메모리와 비휘발성 랜덤 액세스 메모리, CPU 내부의 캐시메모리, GPU를 위한 HBM와 같은 다양한 용도의 메모리들이 사용되고 있으며 미래에는 더 빠른 속도, 더 높은 용량, 낮은 전력소비, 높은 내구성을 위하여 유기 전자기억체, 플라스틱 메모리, 양자 메모리와 같은 다양한 소재의 메모리들이 개발되고 있다.

3.1. 램과 롬

RAM

램(Random Access Memory, RAM)은 CPU에서 빠르게 처리할 수 있도록 사용 중인 프로그램과 데이터를 저장하는 주기억장치의 메모리 소재이다. RAM은 하드 디스크, 플로피 디스크, CD-ROM과 같은 다른 종류의 저장장치들보다 읽고 쓰는 속도가 훨씬 빠르다. 그러나 RAM의 데이터는 컴퓨터가 실행되는 동안에만 남아 있기 때문에 휘발성 데이터(volatile data)의 특성을 가지고 있다. 따라서 컴퓨터를 끄면 RAM에 저장된 데이터는 사라지고, 컴퓨터를 다시 켜면 운영체제와 기타 파일이 하드 디스크에서 다시 RAM으로 적재된다.

DRAM(Dynamic RAM)은 가장 일반적인 유형의 RAM으로 DRAM은 지속적인 새로 고침 작업이 필요하기 때문에 동적인 특성을 가지고 있다. DRAM은 컨덴서와 트랜지스터로 구성된 저장 셀에 각 비트를 저장하고 컨덴서는 충전량이 빨리 사라지는 특성이 있어 저장 셀은 몇 밀리(mm)초마다 전하(electric charge)로 새로 고쳐져야 한다. DRAM 이외에 EDO RAM(Extended Data Out RAM)과 SDRAM과 같은 다양한 RAM 유형들이 존재한다. SDRAM(Synchronous Dynamic Random Access Memory)은 DDR SDRAM(Double Data Rate SDRAM)으로 발전되어 오늘날 DDR5 SDRAM가 현재 최신의 DDR 메모리 표준으로 사용되고 있다.

SRAM(Static RAM)은 전원이 공급되는 동안 메모리에 데이터를 유지하는 RAM이다. DRAM과 달리 SRAM은 주기적으로 새로 고칠 필요가 없고 DRAM보다 더 빠른 데이터 액세스를 제공하나 가격이 더 비싸다. 이 때문에 SRAM은 컴퓨터의 캐시 메모리와 비디오 카드 메모리로 주로 사용된다.

ROM

롬(Read Only Memory, ROM)은 읽기만 가능하고 쓸 수는 없는 데이터가 포함된 "내장" 메모리이다. ROM에는 컴퓨터를 켤 때마다 컴퓨터를 "부팅"하거나 다시 생성할 수 있는 프로그램이 내장되어 있다. RAM과 달리 ROM의 데이터는 컴퓨터 전원이 꺼져도 손실되지 않는 비휘발성(Non-volatile)의 특성을 가지고 있다. ROM은 PROM, EPROM, EEPROM의 다양한 유형들이 있다.

PROM(Programmable ROM)은 한 번만 수정할 수 있는 ROM이다. PROM은 제조사가 제품을 출하하기 전에 한 번만 프로그래밍될 수 있다. 따라서 PROM에 데이터를 기록한 후에는 데이터를 수정하거나 삭제할 수 없다. PROM은 특수한 장치

그림 2.3 메모리 유형

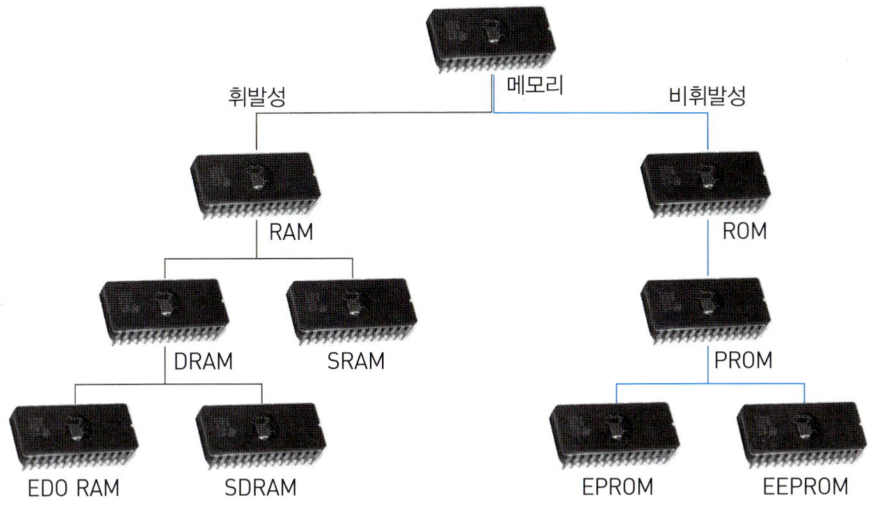

인 프로그래머를 사용하여 데이터를 기록한다. 프로그래머는 데이터를 PROM에 쓸 수 있는 고전압을 생성하고, 그 과정에서 기록할 비트를 선택한다. 이 과정을 PROM 굽기라고 한다. 데이터를 기록하는 과정서 오류의 여지가 있지 때문에 대량으로 제조할 때는 여러 번의 수정이 가능한 EPROM 또는 EEPROM가 주로 사용한다. EPROM(Erasable Programmable Read-Only Memory)은 지우고 재사용할 수 있는 프로그래밍 가능한 ROM으로 UV(자외선) 라이트를 사용하여 데이터를 소멸시키고 모든 비트를 초기화한다. 따라서 EPROM의 데이터는 햇빛(자외선)에 의해 실수로 지워질 수 있다. EEPROM(Electrically Erasable Programmable Read-Only Memory)은 일반보다 높은 전압을 가하여 반복적으로 삭제하고 다시 프로그래밍할 수 있는 ROM이다. [그림 2.3]는 메모리 유형들을 보여준다.

3.2. 플래시 메모리

플래시 메모리(Flash memory)는 삭제 및 재프로그래밍을 위해 일반 PC 전압을 사용하는 특별한 형태의 EEPROM이다. 플래시 메모리는 컴퓨터와 모바일에서 가장 많이 사용되는 저장장치로 낸드플래시와 노아플래시로 분류된다. 낸드플래시(NAND Flash)는 반도체 셀을 직렬로 배열한 플래시 메모리로 용량을 쉽게 늘리고 빠르게 쓰기가 가능하다. 반면, 노아플래시(NOR Flash)는 반도체의 셀을 병렬로 연결한 형태로 읽기 속도가 빠른 장점이 있다. 낸드플래시는 저장 단위인 셀이 수직으로 배열된 구조이기 때문에 작은 면적에 많은 수의 셀을 만들 수 있어 대용량화가 가능하다. 또한, 데이터를 순차적으로 읽기 때문에 NOR 플래시에 비해 읽기 속도는 느리지만, 셀의 주소를 별도로 기억할 필요가 없기 때문에 쓰기 속도는 훨씬 빠르다. 따라서 NAND 플래시 메모리는 MP3 플레이어, 디지털 카메라, 휴대용 저장장치 등 휴대용 기기의 저장장치로 주로 사용되고, NOR 플래시 메모리는 스마트폰 메모리로 주로 사용된다.

3.3. 비휘발성 랜덤 액세스 메모리

비휘발성 랜덤 액세스 메모리(Non-Volatile Random Access Memory, NVRAM)은 전원이 꺼져도 데이터를 보존할 수 있는 메모리로 기존의 DRAM과 SRAM과 같은 휘발성 메모리와는 달리, NVRAM은 데이터를 전원이 꺼져도 지속적으로 저장하므로, 전원이 다시 켜질 때 데이터를 다시 읽을 수 있다. NVRAM은 플래시 메모리와 같이 비휘발성 메모리의 특징을 가지고 있으면서도 플래시 메모리보다 빠른 액세스 속도와 랜덤 액세스 기능을 제공한다. 따라서 NVRAM은 데이터의 보존과 안정성이 중요한 서버 및 데이터 센터 환경에서 많이 사용되고 라우터, 스위치, 방화벽 등의 네트워크 장비에서도 NVRAM이 사용된다. 또한 임베디드 시스템 및 임베디드 컴퓨팅 장치에서도 NVRAM이 주로 사용되고 있다.

3.4. 캐시 메모리

캐시 메모리(Cache Memory)는 컴퓨터의 주기억장치와 CPU 간의 속도 차이를 극복하기 위해 사용되는 고속의 임시 메모리로 SRAM으로 구성된다. 주로 CPU와 함께 사용되며, 주기억장치인 RAM과 CPU 사이에 위치한다. CPU와의 근접성에 따라 캐시 메모리 L1 캐시와 L2 캐시로 구분된다. L1은 일반적으로 CPU 코어에 내장되어 내장된 레벨 1 캐시 메모리를 나타낸다. L1 캐시는 작고 빠른 캐시로, 주로 CPU가 자주 액세스하는 데이터나 명령어를 저장한다. L2(즉, 레벨 2 캐시 메모리)는 L1 캐시의 바로 뒤에 위치하며, 모든 코어가 공유한다. 일반적으로 CPU 칩 내부에 내장되어 있지만, 몇몇 고급 모델의 서버에서는 외부에 별도의 L2 캐시 칩이 존재하기도 한다. CPU가 데이터나 명령어를 요청할 때, 먼저 L1 캐시에서 검색한다. L1 캐시에서 해당 데이터가 발견되지 않으면, CPU는 L2 캐시로 이동하여 검색하

그림 2.4 메모리 계층

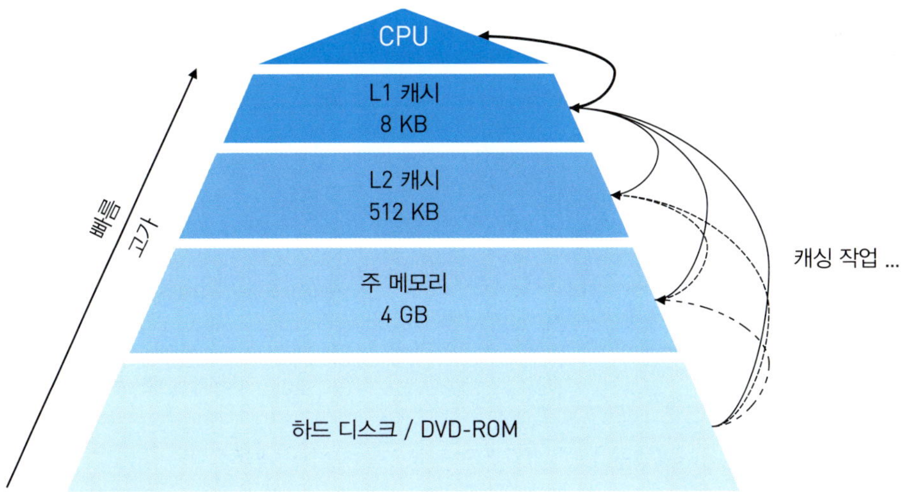

고 L2 캐시에서도 데이터가 발견되지 않으면, CPU는 주기억장치(RAM)에서 데이터를 가져온다. 이러한 계층적인 구조를 통해 CPU가 자주 사용되는 데이터를 빠르게 액세스할 수 있도록 한다. CPU가 데이터를 요청했을 때 해당 데이터가 캐시 메모리에 이미 존재하는 경우를 적중(Hit)이라고 하다. 반면에 해당 데이터가 캐시 메모리에 없어서 주기억장치에서 가져와야 하는 경우를 미스(Miss)라고 한다. 미스할 경우 캐싱(cashing) 작업이 작동하고 컴퓨터의 성능이 저하된다. 캐시 메모리는 운영체제에 의하여 관리되고 운영체제는 캐시의 적중률을 최적화하고 시스템 성능을 향상시키는 역할을 수행한다.

[그림 2.4]에서 볼 수 있듯이 현재 컴퓨터 아키텍처는 컴퓨터의 메모리를 계층적 방식(L1 캐시, L1 캐시, 메인 메모리 및 하드 디스크)으로 배열되어 있다. 메모리의 계층적 배열을 메모리 계층이라 하고 컴퓨터 프로그램의 메모리 지역성(Memory Locality)을 활용하도록 설계되었다. 계층 구조의 각 수준은 이전 수준보다 더 빠른 속도, 더 작은 크기, 더 짧은 대기 시간의 속성을 갖는다.

3.5. 고대역폭 메모리

고대역폭 메모리(High Bandwidth Memory, HBM)는 여러 개의 DRAM을 수직으로 쌓아 올려 만든 고성능 메모리로 주로 고성능 컴퓨터, 특히 그래픽 처리 장치

그림 2.5 HBM 구조

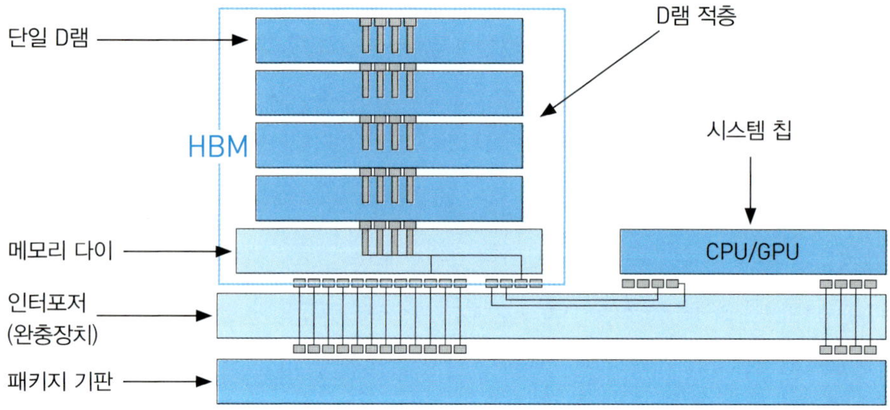

(GPU)에서 사용되는 메모리 기술이다. HBM은 3차원 패키징 기술을 사용하여 높은 대역폭과 낮은 전력 소비를 특징으로 하며, 이를 통해 더 높은 성능과 효율성을 제공한다.

HBM은 3차원 패키징 기술을 사용하여 [그림 2.5]와 같이 여러 개의 메모리 칩을 적층시킨 구조로 이러한 적층 구조는 칩 사이의 통신 거리를 최소화하고 대역폭을 향상시킨다. 즉, HBM은 각각의 칩 스택 내에 여러 개의 데이터 채널을 포함하여 데이터를 병렬로 전송하여 매우 높은 대역폭을 제공한다. 대부분의 HBM 구현에서는 각 채널이 128비트 또는 256비트의 데이터를 전송할 수 있다. HBM은 낮은 전력 소비를 특징으로 한다. 3D 적층 구조와 짧은 전송 거리로 전력 효율성을 향상시키며, 높은 성능을 유지하면서도 열 문제를 줄인다. 또한 HBM은 작은 공간에 높은 용량의 메모리를 제공한다. 3D 적층 구조를 사용하여 적은 면적을 차지하면서도 더 많은 메모리를 포함할 수 있다. HBM은 현재 주요 그래픽 카드 및 가속기 제조업체에서 사용되는 주요 기술 중 하나이며, 고성능 및 고효율 메모리 요구사항을 충족하는 데 중요한 역할을 한다.

3.6. 미래의 메모리 기술

미래의 메모리 기술은 빠른 속도, 더 높은 용량, 낮은 전력소비, 높은 내구성 등을 향상시키는 방향으로 발전할 것으로 예상되며, 주요 잠재적인 미래의 메모리 기술들은 유기 전자 기억체, 저항성 램, 자기 저항성 램, 플라스틱 메모리, 양자 메모리 등이 있다.

유기 전자 기억체(Organic Electronics Memory)는 유기 화합물을 사용하여 제작된 메모리로, 유연하고 저렴하며 생산성이 높은 특징을 가지고 있다. 유기 전자 기억체는 플렉시블 디스플레이와 같은 유연한 전자기기에 주로 사용될 것으로 예상된다. 저항성 램(Resistive Random-Access Memory, ReRAM)은 저항의 변화를 이용해 데이터를 저장하는 비휘발성 메모리로 속도가 빠르고 저전력 소비를 가지며, 초고밀도 및 초저비용으로 제작할 수 있는 장점이 있다. 따라서 ReRAM은 대용량 저장 장치나 내장형 시스템 메모리로 사용될 것으로 예상된다. 자기 저항성 램(Magnetoresistive Random-Access Memory, MRAM)은 자기 저항 영향을 이용하여 데이터를 저장하는 비휘발성 메모리로 높은 내구성, 빠른 속도, 저전력 소비를 제공하며, 데이터 보존 기간이 길고 온도에 강한 특징을 가지고 있다. MRAM은 높은 성능과 내구성이 필요한 시스템에서 사용될 것으로 예상된다. 플라스틱 메모리(Plastic Memory)는 플라스틱 기판 위에 데이터를 저장하는 비휘발성 메모리로 가벼우며, 유연하고 저렴하게 제작할 수 있다. 플라스틱 메모리는 사용자가 착용하는 웨어러블 디바이스나 임베디드 시스템에서 사용될 것으로 예상된다. 양자 메모리(Quantum Memory)는 양자 역학의 원리를 사용하여 정보를 저장하는 메모리로 매우 빠른 속도와 높은 보안성을 제공할 수 있다. 따라서 양자 메모리는 보안 및 암호화 애플리케이션 등의 고성능 및 안전한 데이터 저장용으로 사용될 것으로 예상된다.

4. 중앙처리장치와 애플리케이션 프로세서

중앙처리장치(CPU)는 컴퓨터의 가장 핵심이 되는 장치로서 컴퓨터 프로그램에서 제공하는 명령을 수행한다. 애플리케이션 프로세서(AP)는 스마트폰 등의 모바일 기기에서 컴퓨터의 CPU 역할을 하는 장치로 카메라, 오디오, 모뎀 등의 장치를 제어하기 위한 기능들을 포함하고 있다. 한편 그래픽 처리 전용 장치인 GPU는 고성능 컴퓨터의 핵심장치로 부각되고 있으며, 미래에는 인공 신경망 작업에 특화된 병렬 처리 및 고속 연산을 수행할 수 있도록 설계된 NPU가 CPU, GPU와 더불어 컴퓨터의 핵심적인 장치로 역할을 할 것으로 예상된다.

4.1. CPU

인텔의 CPU

중앙처리장치(Central Processing Unit, CPU)는 컴퓨터의 명령을 해석하고 데이터를 처리하는 컴퓨터의 구성 요소이다. CPU는 산술 논리 장치(ALU), 제어 장치 그리고 일부 레지스터를 포함하고 있다.

명령어를 실행하기 위해 CPU에서는 가져오기(fetch), 디코딩(decoding), 실행(execution) 및 다시 쓰기(rewrite)의 네 단계가 수행된다. [그림 2.6]에서 볼 수 있듯이 첫 번째 단계인 가져오기에는 레지스터와 같은 기본 저장소에서 명령어를 가져온다. 그런 다음 디코딩 단계에서는 그 명령을 해석한다. 디코드 단계 후 실행 단계는 산술논리장치(ALU)에서 명령을 수행하고, 마지막 단계인 다시 쓰기에서는 실행 단계의 결과를 레지스터에 저장하여 출력을 준비한다.

CPU는 중앙처리장치, 마이크로처리장치(MPU), 프로세서 또는 마이크로프로세서 등 다양한 이름으로 알려져 있다. CPU 칩의 주요 제조업체로는 인텔과 AMD로 인텔(Intel)은 반도체의 설계와 제조를 하는 미국의 기업으로 PC에 들어가는 CPU를 세계에서 가장 많이 생산하는 기업이다. 인텔은 1968년에 고든 무어(Gordon Earle

그림 2.6 CPU에서 명령어 실행 단계

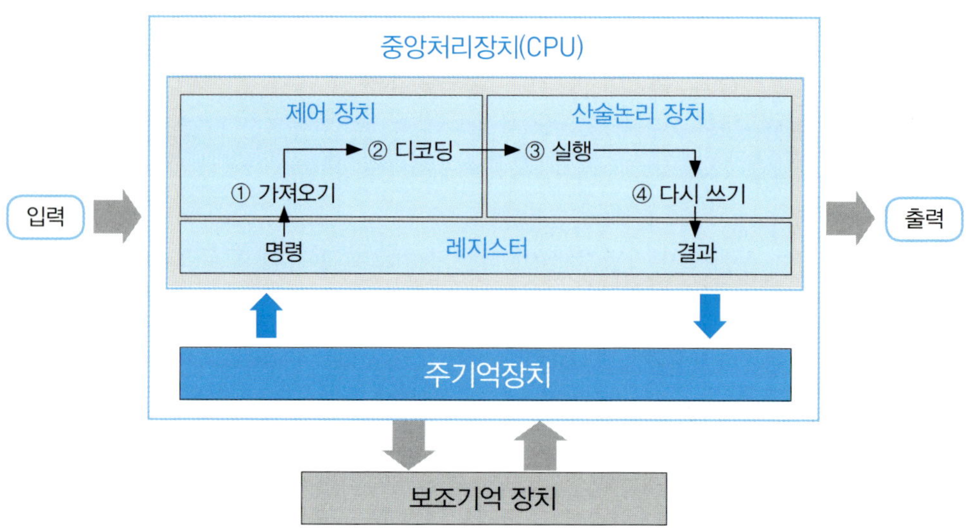

Moore)와 로버트 노이스(Robert Norton Noyce)가 설립하였고, 1971년 최초의 마이크로프로세서인 인텔 4004를 만들은 이후 하이퍼 파이프라인 기술, 다중 코아 프로세싱, 하이퍼 스레딩 등의 기술 혁신을 통해 CPU의 성능과 효율성을 개선해왔다.

하이퍼 파이프라인 기술(Hyper Pipelined Technology)은 CPU의 명령어 실행 과정을 여러 단계로 나누어 파이프라인화하여 처리 속도를 높이는 기술로 CPU의 작업은 여러 단계(예: 명령어 해독, 실행, 저장 등)로 나누어져 있다. 하이퍼 파이프라인 기술은 이러한 단계를 더 세분화하여 파이프라인의 깊이를 늘리는 방식으로 작동한다. 이 기술은 CPU의 처리량을 증가시키고 작업을 병렬화하여 성능을 향상시킨다. 다중코어 프로세싱(Multi-Core Processing) 기술은 하나의 CPU 칩에 여러 개의 프로세서 코어를 통합하여 병렬 처리 능력을 향상시키는 기술로 단일 코어보다 더 많은 작업을 동시에 처리할 수 있게 한다. 다중코어 프로세서는 여러 개의 코어가 동시에 독립적으로 작업을 수행하므로 멀티스레드(multithreading) 애플리케이션이나 병렬 처리가 필요한 작업에 특히 효과적이다. 또한 전력 효율성과 성능 측면에서 단일 코어에 비해 우수한 결과를 제공할 수 있다. 하이퍼 스레딩(Hyper-threading) 기술은 하나의 물리적인 프로세서 코어에서 두 개 이상의 가상 스레드를 동시에 실행할 수 있도록 하는 기술로 하나의 코어가 동시에 여러 개의 작업을 처리할 수 있도록 하는 것을 의미한다. 하이퍼 스레딩은 코어 내의 자원을 더 효과적으로 활용하여 처리량을 증가시키고 대기 시간을 줄이는 데 도움을 준다.

4.2. AP

애플리케이션 프로세서(Application Processor, AP)는 스마트폰, 태블릿 등 모바일 기기에서 컴퓨터 CPU 역할을 하는 칩으로 스마트폰에서는 CPU라는 용어 대신 AP라는 용어를 사용한다. AP는 SoC(System-On-Chip)로 구성된다. 즉, AP에는 메모리, 디스플레이 시스템/컨트롤러, 멀티미디어 인코딩/디코딩 코덱, 2D/3D 가속기 엔진, ISP(Image Signal Processor), 카메라, 오디오, 모뎀 등의 장치를 제어하기 위한 칩셋과 CPU 기능이 단일 칩 형태로 구성되어 있다.

삼성 AP

현재 모바일 기기에 사용되는 AP는 퀄컴, 미디어텍, 삼성, 애플 등 다수의 기업에서 생산하고 있다. 많은 회사에서 AP를 생산하고 있지만 실제로 AP 제작은 ARM 아키텍처에 기반하고 있다. ARM 아키텍처는 미니컴퓨터 또는 워크스테이션 프로세서를 위한 RISC(Reduced Instruction Set Computing) 아키텍처를 기반으로 한 아키텍처로 ARM 홀딩스에서 개발했다. ARM은 삼성, 애플, 퀄컴과 같은 칩 제조업체에 라이선스를 부여하고 이들 기업들은 파운드리 회사를 이용하여 AP 칩을 생산한다.

ARM 아키텍처는 ARM7에서 ARM9, ARM11, Cortex-A7, Cortex-A8, Cortex-A9 및 Cortex-A15로 발전했다. Cortex-A9는 2개 이상의 프로세싱 코어를 포함하는 멀티 코어 기술로 최근의 대부분의 주요 AP는 멀티코어 구조를 가지고 있으며, 각 코어는 고성능을 제공한다. 이러한 멀티코어 아키텍처는 병렬 작업 처리를 향상시키고 응용 프로그램의 속도를 향상시킨다. 또한 주요 AP는 통합된 GPU 기능을 제공하여 고해상도 비디오 재생, 게임 실행 및 그래픽 인터페이스 처리를 지원한다. 아울러 AP는 저전력 모드를 지원하여 배터리 수명을 연장하고 에너지 효율성을 향상시킨다.

최근 시장에서 널리 사용되는 주요 제조사들의 AP 제품들은 퀄컴의 스콜피온, 애플의 A 시리즈, 삼성의 엑시노스(Exynos) 시리즈, 미디어텍 Helio 시리즈 등이 있다. 퀄컴의 스콜피온은 여타 AP 칩과 달리 4G/LTE 관련 통신 기능을 포함하고 있고, 삼성의 엑시노스(Exynos)는 옥타코어 빅리틀 멀티프로세싱 기술를 적용하여 칩의 성능과 전력 효율을 높일 수 있다. 옥타코어 빅리틀 멀티프로세싱은 옥타코어 칩을 구성하는 4개의 고성능 빅코어(Cortex-A15)와 4개의 저전력 리틀코어(Cortex-A7) 등 8개의 코어를 작업 환경에 따라 필요한 수만큼 작동시켜 칩의 성능과 효율을 크게 개선시키는 것으로 이 기술을 적용하면 8개의 코어마다 개별 작동이 가능해 최소 1개에서 최대 8개까지 자유로운 조합으로 칩을 구동할 수 있다.

4.3. GPU

그래픽 처리 장치(graphics processing unit, GPU)는 컴퓨터에서 그래픽과 이미지 처리 작업을 담당하는 특수한 종류의 프로세서로 주로 3D 그래픽 처리, 비디오 렌더링, 이미지 처리, 과학적 모델링 및 시뮬레이션, 딥 러닝 및 기계 학습 등의 작업에 사용된다. GPU는 CPU와는 달리 병렬 처리를 위해 설계되어 있어 많은 양의 데이터를 동시에 처리할 수 있다. GPU는 병렬 처리 작업을 효율적으로 처리하기 위해 많은 수의 코어를 가지고 있고, 또한 효율적인 그래픽 처리를 위하여 그래픽

파이프라인과 텍스처 매핑 기술을 사용한다. 그래픽 파이프라인(Graphics Pipeline)은 입력 데이터를 3D 모델, 텍스처(Texture), 세이더(Shader) 코드 등으로 분리하여 파이프라인의 여러 단계로 처리하는 기술로 빠른 그래픽 작업이 수행된다. 텍스처 매핑(Texture Mapping)은 3D 객체의 표면에 이미지를 적용하는 기술로, 빛과 그림자의 효과를 모사하여 더 생동감 있는 이미지를 만들어 낸다. 이러한 기술들로 GPU는 고해상도 이미지나 복잡한 3D 그래픽을 빠르게 생성한다. 주요 GPU 제조사로는 엔비디아와 AMD가 있으며, 이들은 주로 게임용 GPU부터 과학 및 전문가용 GPU까지 다양한 시장을 대상으로 한 제품을 제공한다. GPU는 현대 컴퓨팅에서 중요한 역할을 하며, 게임을 위한 그래픽 작업 외에도 인공지능, 비트코인 채굴, 빅데이터 분석 및 가속화된 컴퓨팅과 같은 다양한 응용 분야에서 활용되고 있다.

엔비디아 GPU

4.4. NPU

신경망 처리 장치(Neural Processing Units, NPU)는 인공 신경망 및 딥 러닝 모델을 가속화하기 위해 설계된 특수한 처리장치로 주로 인공지능 및 기계 학습 작업을 위해 사용되며 CPU나 GPU와는 달리, 인공 신경망 작업에 특화된 병렬 처리 및 고속 연산을 수행할 수 있도록 설계되어 있다.

NPU는 인공 신경망 작업을 위해 최적화된 구조를 가지고 있어서, 대규모의 데이터를 병렬적으로 처리할 수 있어 딥러닝 모델의 학습 및 추론 과정에서 높은 성능을 제공한다. 또한 NPU는 일반적으로 저전력 및 고효율을 위해 설계되어 모바일 기기나 임베디드 시스템에서 사용될 때 배터리 수명을 연장하고 전력 소모를 줄일 수 있다. 주요 NPU 제조사 및 제품은 구글의 텐서 프로세싱 장치(Tensor Processing Unit, TPU), 엔비디아의 텐서 코어(Tensor Core), 애플의 뉴트럴 엔진(Neural Engine) 등이 있다. NPU는 주로 클라우드 서비스, 모바일 기기, 자율 주행 자동차 등의 응용 분야에서 사용되고 있다.

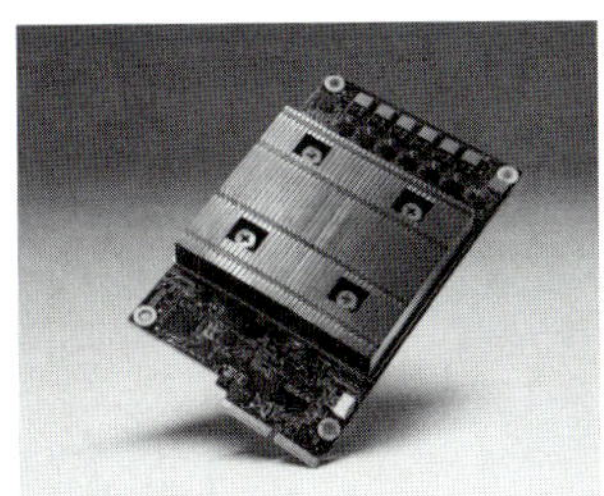

구글의 NPU

4.5. 메모리 반도체와 비메모리 반도체

반도체(Semiconductor)는 일반적으로 금속과 같은 도체와 세라믹과 같은 부도체 또는 절연체 사이에 전도성을 갖는 물질로 실제로는 게르마늄이나 실리콘과 같은 화합물로 구성된다. 컴퓨터의 핵심 부품인 반도체는 오늘날 다양한 형태의 전자 부품 및 장치에 적용되어, 컴퓨터는 물론 통신, 의료 기기, 자동차, 가전제품 등 다양한 산업에 광범위하게 사용되고 이다. 다양한 산업 및 전자 부품에서 사용되는 반도체는 크게 메모리 반도체와 비메모리 반도체로 구분된다.

메모리 반도체(Memory semiconductor)는 주로 데이터를 저장하고 검색하는 데 사용되는 반도체로 DRAM, ROM, 플래시 메모리 등이 포함되고 비메모리 반도체(Non-Memory Semiconductor)는 주로 데이터를 저장하지 않고 다양한 전자 장치를 제어하는 데 사용되는 반도체로 CPU, AP, 디지털 시그널 프로세서(DSP) 등이 포함된다. 비메모리 반도체의 경우 일반적으로 설계하는 회사와 제조하는 회사가 분리되어 있고 반도체를 설계만 하고 제조는 하지 않는 기업을 펩리스(Fabless)라고 불리고 팹리스로부터 주문을 받아 반도체를 제조하는 회사를 파운드리(foundry)라고 불린다. 대표적인 파운드리 업체에는 TSMC와 삼성전자가 있다.

5. 출력 장치

출력 장치는 CPU에서 수행된 자료 처리 결과를 외부로 전달하는 데 사용되는 장치로 화면 디스플레이 장치, 프린터 등이 포함된다.

5.1. 디스플레이 장치

디스플레이 장치의 진화는 컴퓨터와 전자 기기 기술의 발전과 더불어 지속적으로 발전해 왔다. CRT(Cathode Ray Tube)는 초기 컴퓨터의 디스플레이 장치로 모니터가 브라운관이다. 브라운관 튜브 뒷면에는 전자총이 있고 전자총은 브라운관 아래로 양전하를 띠는 스크린 위로 빨간색, 녹색, 파란색으로 구성된 전자빔을 발사하여 화면에 표시한다. LCD((liquid crystal display)는 액정의 광 변조 특성을 이용하는 평면 패널 디스플레이 장치로 빛을 발사하는 광원이나 반사경 앞에 배열된 여러 개의 컬러 또는 단색 픽셀로 구성된 얇은 패널을 사용하여 매우 적은 양의 전력을 사용하므로 기존에 CRT를 사용하던 개인용 컴퓨터는 LCD로 디스플레이 장치가 교체되었다.

LED(Light Emitting Diode)는 발광 다이오드를 사용하여 화면을 조명하는 기술로 LCD의 후광을 LED로 대체한 LED 백라이트 디스플레이는 더 밝고 선명한 이미지를 제공한다. 또한 소비 전력이 낮고 빠른 응답 시간을 가지고 있기 때문에 컴퓨터는 물론, 텔레비전 화면 등에 널리 사용된다. OLED(Organic Light-Emitting Diode)는 유기화합물을 사용하는 발광 다이오드(LED)로 텔레비전 화면, 컴퓨터 디스플레이 및 스마트폰 화면에 사용할 수 있다. OLED의 중요한 이점은 자가 발광으로 작동하는 데 백라이트가 필요하지 않다는 것이다. 따라서 전력 소비량이 훨씬 적고, 배터리로 전원을 공급할 경우 동일한 충전으로 더 오랫동안 작동할 수 있다. 또한 백라이트를 분사시킬 필요가 없기 때문에 OLED는 LCD 패널보다 훨씬 얇을 수도 있다.

OLED 패널

스마트폰의 주요 디스플레이 기술은 IPS와 AMOLED이다. IPS(In-Plane Switching)는 박막 트랜지스터 액정 디스플레이인 TFT-LCD(Thin Film Transistor-Liquid Crystal Display)에 사용되는 디스플레이 기술이다. 모든 시야각에서 일관되고 정확한 색상, 선명한 이미지, 안정적인 응답 시간을 표시한다. 대부분의 LG디스플레이 단말기가 이 기술을 채택하였었고 애플의 아이폰4 디스플레이 기술인 레티나(Retina)가 IPS 기술의 디스플레이 장치이다. AMOLED(Active-Matrix Organic Light-Emitting Diode)는 능동형 구동 방식을 사용하는 자체 발광형 OLED 디스플레이 기술로, 삼성 갤럭시 스마트폰에 주로 적용된다. 이 기술은 가볍고 유연하며 깨지지 않는 특성을 가지며, 에너지 효율성 또한 높아 모바일 디스플레이에 적합하다.

디스플레이 기술은 지속적으로 발전하고 있으며, 더 나은 해상도, 색상 표현력, 에너지 효율성, 유연성 등을 제공하기 위한 연구와 개발이 진행되고 있다.

5.2. 프린터 및 플로터

프린터는 컴퓨터에 저장된 문서를 종이나 투명 필름과 같은 물리적 인쇄 매체에 하드 카피로 생성하는 출력 장치이다. 프린터는 모니터와 더불어 컴퓨터의 출력 장치로 대표되는 장비로 초기의 프린터는 문자 및 그림을 인쇄하기 위해 종이에 직접 접촉하여 작동하는 임팩트 프린터들이다.

도트 매트릭스 프린터는 작은 핀 매트릭스를 사용하여 정확한 도트를 생성하는 임팩트 프린터로 다른 임팩트 프린터에 비해 도트 매트릭스의 장점은 텍스트 외에 그래픽 이미지도 생성할 수 있다는 점이다. 하지만 일반적으로 글 자체를 사용하는 임팩트 프린터보다 텍스트 품질이 떨어진다. 잉크젯 프린터는 매우 작고 정확한 양의 잉크를 용지에 분사하여 인쇄하는 프린터이다. 그리고 잉크 인쇄를 위한 작은 잉크 거품을 생성하는 노즐로 구성되어 있다. 잉크젯 프린터는 고품질의 텍스트와 그래픽을 인쇄할 수 있으며 레이저 프린터보다 초기 비용이 훨씬 저렴하다. 그러나 잉크를 자주 교체해야 하는 번거러움이 있다. 레이저 프린터는 토너 기반의 프린터이다. 레이저 프린터는 고품질 인쇄, 우수한 인쇄 속도 및 낮은 복사당 비용의 특징을 가지고 있다. 따라서 많은 범용 사무용 응용프로그램에 사용되는 가장 일반적인 프린터이다.

열전사 프린터

열전사 프린터(Thermal printer)는 열에 반응하는 종이나 열전사 테이프를 사용하여 이미지나 텍스트를 생성하는 프린터이다. 열전사 프린터는 코팅된 감열지를 선택적으로 가열하여 용지가 감열 프린트 헤드를 통과할 때 인쇄된 이미지를 생성한다. 즉, 코팅이 가열된 부분이 검게 변하여 이미지가 생성된다. 2색 감열식 프린터는 두 가지 다른 온도에서 열을 가하여 검정색과 추가 색상(종종 빨간색)을 모두 인쇄할 수 있다. 열전사 인쇄는 소매 영수증, 항공권, 은행 업무, 광공서 등 일상적인 많은 거래에서 흔히 사용되고 있다.

프린터는 주로 컴퓨터 주변 장치로 사용되며 프린터 케이블을 통해 컴퓨터에 연결된다. 그러나 네트워크 프린터는 최근 다수의 네트워크 사용자를 위한 공유 출력 장치의 역할을 한다. 또한 다수의 최신 프린터는 메모리 스틱이나 메모리 카드와 같은 전자 매체나 디지털 카메라나 스캐너와 같은 이미지 캡처 장치와 직접 인터페이스 할 수 있고 일부 프린터는 스캐너 또는 팩시밀리와 단일 장치로 결합되어 있다.

플로터(Plotter)는 컴퓨터나 기타 디지털 장치에서 생성된 벡터 그래픽을 출력하는 장치로 설계 도면, 그래프 등 기술적인 그림을 출력하는 데 사용된다. 플로터는 일반적인 프린터와는 달리 점, 선, 곡선 등의 수학적인 형상을 정밀하게 그려내는 데에 특화되어 주로 건축, 자동차 디자인, 공학 도면, 지도 작성, 과학 연구 등과 같은 분야에서 정밀한 그래픽을 출력하는 데 사용된다. 플로터는 일반적으로 벡터 그래픽 소프트웨어와 호환되며, 주로 CAD (Computer-Aided Design) 소프트웨어, 어도비 일러스트레이터, 코렐드로(CorelDRAW) 등의 프로그램을 사용하여 그림을 작성하고 출력한다.

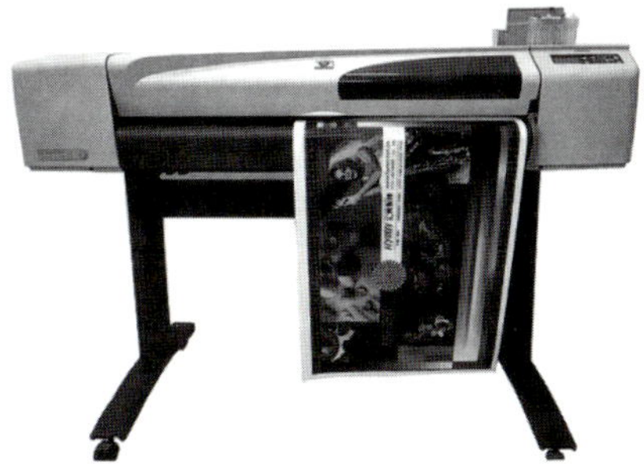

플로터

6. 저장장치

저장장치는 자료를 영구적으로 저장하는 데 사용된다. 저장장치는 일반적으로 기본 저장소인 주 메모리보다 느리지만 저장 용량이 크고 비휘발성으로 정전 시에도 저장된 자료를 유지할 수 있다. 저장 장치에는 디스크 드라이버 기반인 하드 디스크 드라이브, 플로피 디스크, CD, CD-R, CD-RW, DVD와 메모리 반도체 기반인 플래시 메모리와 SSD 등이 포함된다.

6.1. 디스크 드라이브

하드 디스크 드라이브(Hard disk drive, HDD)는 자기 표면이 있는 빠르게 회전하는 플래터에 디지털로 인코딩된 데이터를 저장하는 장치로 지금까지 가장 일반적으로 활용되고 있는 저장장치이다. HDD의 용량은 일반적으로 기가바이트와 테라바이트로 수준이나 과거 초기 HDD의 용량을 메가바이트 단위이었고, 최초의 PC용 드라이브는 5MB 또는 10MB에 불과했었다.

플로피 디스크(Floppy disk)는 플라스틱 껍질에 들어 있는 유연한 자기 저장 매체로 플로피 디스크는 플로피 디스크 드라이브(FDD)에서 읽고 쓴다. 플로피 디스크는 8인치(512KB), 5¼ 인치(1.2MB), 3½ 인치(1.44MB) 형식이 있었고 적은 양의 자료에 대한 이동용으로 사

플로피 디스크

용되었다. 1970년대 중반부터 1990년대 후반까지 수년간 인기를 끌었지만 지금은 USB 플래시 메모리의 보급 이후 지금은 거의 사용되지는 않는다.

CD-ROM(Read-Only Memory) 드라이브는 레이저 빛을 사용하여 컴팩트 디스크(CD)의 표면을 스캔하고, 반사되는 광학적인 패턴을 읽어 데이터를 해석한다. CD는 650~700MB의 데이터 저장 용량을 가지고 있고 CD-R(Recordable), CD-RW(Re-Writable) 등으로 자료를 기록하는 기능으로도 발전했다. DVD(Digital Versatile Disc)는 고품질의 영상과 음질을 갖춘 영화 등의 데이터 저장에 사용할 수 있는 광디스크 저장 매체로 모양이 동일하고 둘 다 광학 저장 매체라는 점에서 CD와 유사하나 CD보다 훨씬 더 많은 데이터를 저장할 수 있다. 일반적으로 싱글 레이어 DVD는 약 4.7GB의 데이터를 저장할 수 있고 더블 레이어 DVD는 약 8.5GB의 데이터를 저장할 수 있다. 광 디스크 저장 미디어 형식인 블루레이(Blu-ray) 디스크는 Sony에서 개발한 고화질 비디오 솔루션으로 Blu-ray 디스크에는 레이어당 25GB가 포함되며, 듀얼 레이어 디스크는 50GB로 고화질 영화 시청 및 대용량 데이터 저장을 위한 주요 매체로서 널리 사용되고 있으며, 현재에도 높은 해상도 비디오 및 대용량 데이터의 저장에 중요한 역할을 하고 있다.

6.2. SSD

최근 윈도우의 부팅 속도의 향상 및 HDD 처리 속도의 한계를 극복하기 위해 솔리드 스테이트 드라이브(Solid State Drive, SSD)가 적극 활용되고 있다. SSD는 메모리 소재를 사용하여 데이터를 지속적으로 저장하는 저장 장치로, 일반적으로 DRAM 휘발성 메모리(NVRAM) 또는 NAND 플래시 비휘발성 메모리를 사용한다. 기존 HDD에 비해 기동 시간과 랜덤 액세스 시간이 빨라지고 데이터 전송 속도도 빨라지는 특징이 있다. SSD는 다양한 종류가 있으며, 각각의 종류는 특정 용도와 요구 사항에 맞게 설계되어 있다. 주요한 SSD 종류는 SATA SSD, PCIe/NVMe SSD, M.2 SSD가 있다.

SATA SSD는 SATA(Serial ATA) 인터페이스를 사용하여 데이터를 전송하는 SSD이다. 일반적으로 2.5인치 포맷을 채택하며, 대부분의 데스크탑 및 노트북 컴퓨터와 호환된다. SATA SSD는 비교적 저렴하고 보편적으로 사용되고 있다. PCIe NVMe(Non-Volatile Memory Express)는 빠른 데이터 전송을 위해 설계된 SSD의 새로운 인터페이스로 PCIe 버스를 통해 연결되어 더 높은 대역폭과 낮은 대기 시간을 제공한다. 따라서 PCIe/NVMe SSD는 SATA SSD에 비해 훨씬 빠른 속도를 제공하고 주로 고성능 컴퓨터나 대규모 데이터 처리나 가상화 작업에 사용된다.

M.2 SSD는 컴퓨터의 메인보드에 직접 장착되는 작은 SSD이다. SATA 또는 PCIe/NVMe 인터페이스를 사용할 수 있으며, 주로 LG 그램과 같은 슬림형 노트북 및 초소형 데스크탑에서 사용된다.

M.2 SSD

SSD의 셀에 데이터를 저장하는 방법으로 MLC(Multi-Level Cell), TLC(Triple-Level Cell), QLC(Quad-Level Cell)가 있고 이들은 각각 셀당 비트 수를 나타낸다. 일반적으로 MLC가 가장 내구성이 높고 속도가 빠르지만 가격이 높다. 반면에 QLC는 비교적 저렴하지만 내구성이 낮을 수 있다.

6.3. 플래시 메모리

플래시 메모리(Flash memory)는 전기적으로 삭제하고 다시 프로그래밍할 수 있는 비휘발성 메모리로 컴퓨터와 카메라 등 기타 디지털 제품 간의 일반적인 저장 및 데이터 전송을 위해 메모리 카드, USB 플래시 드라이브 등에 주로 사용되는 기술이다. MMC, CF, SD는 대표적인 플래시 메모리 카드 유형이다.

MMC(MultiMediaCard)는 플래시 메모리 카드 표준으로 일반적으로 MMC는 휴대용 장치의 저장 매체로 사용된다. 예를 들어, 디지털 카메라는 이미지 파일을 저장하기 위해 MMC를 사용한다. CF(CompactFlash)는 휴대용 전자 장치에 사용되는 대용량 저장 장치 형식으로 CompactFlash 카드는 거의 모든 전문적인 사진 요구 사항을 충족하는 플래시 저장 장치이다. SD(Secure Digital)는 디지털 카메라, 휴대용 컴퓨터, PDA, 휴대폰, 네비게이션, 비디오 게임 콘솔 등의 전자 기기들에서 가장 일반적으로 사용되느 플래시 메모리 카드이다. 최근 SD카드 용량은 수 테라바이트까지 지원하며 Standard SD, miniSD, microSD와 같은 다양한 크기로도 제공되고 있다. 현재는 microSD가 가장 널리 사용되며, 특히 스마트폰 및 태블릿과 호환성이 높다.

7. 인터페이스 기술

컴퓨터의 기능이 향상되고 다양한 주변기기가 발전함에 따라 이러한 기기들과 컴퓨터를 연결하기 위한 인터페이스 기술의 필요성이 높아지고 있다. 인터페이스 기술은 데이터를 교환하기 위한 데이터 인터페이스 기술과 이미지를 전달하기 위한 디스플레이 인터페이스 기술로 구분된다.

7.1. 데이터 인터페이스 기술

컴퓨터와 주변기기 간의 데이터 교환을 위한 인터페이스 기술은 RS-232, USB, 파이어와이어, eSATA 등이 있다.

RS-232 케이블

RS-232(Recommended Standard 232)는 1960년에 미국 전자 산업 협회에서 도입한 컴퓨터와 주변 장치를 연결하는 규격으로, 모뎀, 프린터, 마우스 및 외부 데이터 저장 장치 등을 연결하는데 사용되었다. 데이터를 1비트씩 차례대로 보내는 방식이기 때문에 일반적으로 직렬 포트(serial port)라고 불리기도 하였다. 파이어와이어(FireWire)는 PC에 주변장치들을 접속하는 새로운 표준인 IEEE 1394의 고성능 직렬 버스로서, 애플컴퓨터가 개발하였다. 파이어와이어는 최고 400 Mbps의 속도로 데이터를 전송할 수 있기 때문에 주로 AV 장치와 연결에 이용되었다. eSATA(External SATA)는 SATA를 기반으로 하고 있다. SATA는 컴퓨터 내부의 하드디스크를 연결하기 위한 기술로 이를 외장 하드 드라이버를 연결하기 의한 용도로 개발된 기술이 eSATA이다. 오늘날 데이터 인터페이스 기술은 USB로 단일화되고 있는 추세이다.

USB(Universal Serial Bus)는 1990년대에 인텔, IBM, 컴팩 등 7개의 회사가 공동으로 개발해 윈도우즈에서 정식으로 지원하도록 보급된 컴퓨터와 주변 장치를 연결하기 위한 인터페이스 기술이다. 기존의 RS-232 방식 대신에 키보드, 마우스, 게임패드, 조이스틱, 스캐너, 디지털 카메라, 프린터, PDA, 저장장치와 같은 다양한 기기를 표준방식으로 연결하는 데 사용되며, 1996년에 USB 1.0이 만들어진 이후 USB 2.0, USB 3.0으로 발전해 나가고 있다.

상기의 유선의 데이터 인터페이스 기술들 이외에 무선 키보드와 마우스 사용을 위하여 무선 주파수(Radio Frequency, RF) 기술을 사용한다. RF 기술은 2.4GHz 주파수 대역을 사용하며, USB 수신기 또는 블루투스 기술을 이용한 외부 장치를 통해 컴퓨터와 통신한다.

블루투스(Bluetooth)는 1994년에 에릭슨사에서 최초로 개발한 디지털 통신 기기를 위한 개인 근거리 무선 통신 산업 표준이다. 블루투스는 개인용 컴퓨터에 이용되는 마우스, 키보드를 비롯해, 휴대전화 및 스마트폰, 태블릿, 스피커 등에서 문자 정보 및 음성 정보를 비교적 낮은 속도로 디지털 정보를 무선 통신을 통해 주고받는 용도로 사용되고 있다. 적외선 전송(Infrared transmission, IR) 통신은 적외선을 이용한 통신 방법으로 TV나 에어컨 등에서 사용되는 리모컨이 IR 통신 방식을 사용한다. 블루투스와 같은 개인 근거리 무선 통신 통신기술이 발전하기 이전에 사람들은 노트북이나 핸드폰의 적외선 단자에 서로 기기를 맞닿게 하여 파일을 교환하였다. 와이파이는 전자기기들이 무선랜에 연결할 수 있게 하는 기술로서 개인용 컴퓨터, 비디오 게임 콘솔, 스마트폰, 디지털 카메라, 태블릿 컴퓨터, 디지털 오디오 플레이어 등의 광범위한 기기들 간의 데이터 전송에 활용된다. NFC(Near Field Communication)는 10㎝ 내외 짧은 거리에서 기기 간 접촉 없이 데이터를 송수신할 수 있는 무선통신 기술이다. 일반적으로 이 기술은 스마트폰을 이용하여 사용되며 애플이나 구글의 전자화폐 기술에서 주로 활용된다. NFC 태그와 리더기(Reader) 간의 통신으로 데이터 송수신이 구현되며, 이때 스마트폰은 NFC 태그로서 또는 리더기로서도 활용된다. 비콘(beacon)은 블루투스 4.0 기술로 근거리에 있는 스마트 기기를 자동으로 인식하여 필요한 데이터를 전송할 수 있는 무선 통신 기술이다. 근거리 무선 통신인 NFC가 10cm 이내의 근거리에서만 작동하는 반면, 비콘은 최대 50m 거리에서 작동할 수 있다. 비콘 기술을 이용하면 쇼핑센터, 음식점, 박물관, 미술관, 영화관, 야구장 등을 방문한 고객의 스마트폰에 할인 쿠폰이나 상세 설명 등의 데이터를 전송할 수 있는 위치 기반 서비스 제공이 가능하다.

7.2. 디스플레이 인터페이스 기술

컴퓨터와 디스플레이 기기 간의 그래픽 데이터를 교환을 위한 인터페이스 기술은 VGA, DVI, HDMI 등이 있다. VGA(Video Graphics Array)는 IBM이 1987년에 제시한 아날로그 방식의 컴퓨터 디스플레이 표준으로서 대부분의 컴퓨터 제조사가 기본적으로 지원하는 마지막 표준이었고, 과거의 많은 PC 디스플레이 장치에서 VGA 방식을 사용하였다.

VGA 케이블

DVI 케이블

DVI(Digital Visual Interface)는 평판 패널 액정 디스플레이(LCD)와 디지털 프로젝터와 같은 디지털 디스플레이 장치의 화질에 최적화된 표준 영상 인터페이스로 VGA 방식보다 해상도가 높아 일부 PC에서도 고해상도 영상 전송을 위하여 적용된 적이 있으나, HDMI 개발로 오늘날은 별로 사용되지 않고 있다.

HDMI 케이블

HDMI(high definition multimedia interface)는 비압축 방식의 디지털 비디오/오디오 인터페이스 규격의 하나이다. HDMI는 주로 셋탑박스, DVD 재생기 등의 멀티미디어 소스에서 AV기기, 모니터, 디지털 텔레비전 등의 장치들 사이의 인터페이스로 사용되었으나, 오늘날 많은 PC 디스플레이 장치에서 HDMI 방식을 지원하고 있다.

와이다이(Wireless Display, WiDi)는 CPU 제조사인 인텔에서 영화, 음악, 사진, 비디오와 앱화면 등을 컴퓨터에서 무선으로 HDTV로 전송하기 위해서 제시한 디스플레이 인터페이스 기술이다. WiDi를 사용하기 위해서는 PC가 무선디스플레이 WiDi를 지원되어야 하며 무선디스플레이 수신기가 있어야 한다.

CHAPTER

03

소프트웨어 및 운영체제

학습목표

1. 소프트웨어의 종류를 설명할 수 있다
2. 다양한 유형의 시스템 소프트웨어를 설명할 수 있다
3. 오픈 소스 소프트웨어에 대하여 이해한다.
4. 웹 애플리케이션에 대하여 이해한다.
5. 모바일 앱에 대하여 이해한다.
6. 프로그램 언어의 특징들에 대하여 설명할 수 있다
7. 운영체제의 역할 및 서비스에 대하여 설명할 수 있다.
8. 주요 운영체제들에 대하여 설명할 수 있다.
9. 모바일 운영체제 등에 대하여 설명할 수 있다.
10. 다양한 분야의 운영체제들에 대하여 이해한다.

1. 소프트웨어

소프트웨어(software)는 정보기술의 핵심 축 중 하나로, 하드웨어의 발전과 함께 IT 전반의 비약적인 발전을 이끌어 왔다. 소프트웨어는 컴퓨터나 모바일과 같은 기기들의 작동을 제어하거나 특정 작업을 수행하도록 설계된 일련의 명령어 또는 프로그램을 말한다. 일반적으로 컴퓨터에서는 소프트웨어가 주기억장치인 RAM에 적재되고 CPU에 의해 작동된다. 소프트웨어는 크게 시스템 소프트웨어와 응용 소프트웨어 유형으로 구분된다.

1.1. 시스템 소프트웨어

시스템 소프트웨어(system software)는 하드웨어를 관리하고 제어하는 모든 소프트웨어로 운영체제, 데이터베이스 관리 시스템(DBMS), 컴파일러, 유틸리티 등이 포함된다. 시스템 소프트웨어는 사용 중인 특정 컴퓨터 아키텍처, 특히 메모리 및 기타 하드웨어 기능, 프린터, 디스플레이, 키보드 등과 같은 주변 장치에 대한 관리를 하여 이를 활용하는 프로그래머가 세부적인 조작에 관여하지 않아도 되므로 응용 프로그램 개발의 편의성을 높여준다.

1.2. 응용 소프트웨어

응용 소프트웨어(application software) 또는 응용 프로그램은 사용자를 위해 직접 또는 다른 응용 프로그램을 위해 특정 기능을 수행하도록 설계된 프로그램들을 말한다. 응용 소프트웨어의 예로는 워드 프로세서, 스프레드시트, PC 데이터베이스 프로그램, 웹 브라우저, 그래픽 및 디자인 소프트웨어 등의 일반 사용자가 특정 작업을 수행하기 위하여 사용되는 대부분의 프로그램이 응용 소프트웨어에 속한다. 또한 전사적 자원 관리(ERP) 시스템과 같이 기업에서 사용되는 정보시스템들도 응용 소프트웨어의 일종이다. 한편, 오늘날에는 많은 응용 소프트웨어가 웹 애플리케이션과 모바일 앱 등으로 개발되어 사용되고 있다.

1.3. 소프트웨어 계층 구조

[그림 3.1]은 다양한 차원의 소프트웨어들과 사용자 간의 관계인 소프트웨어 계층 구조를 보여준다. 소프트웨어 계층 구조에 따르면 시스템 프로그래머와 엔지니

그림 3.1 소프트웨어 계층

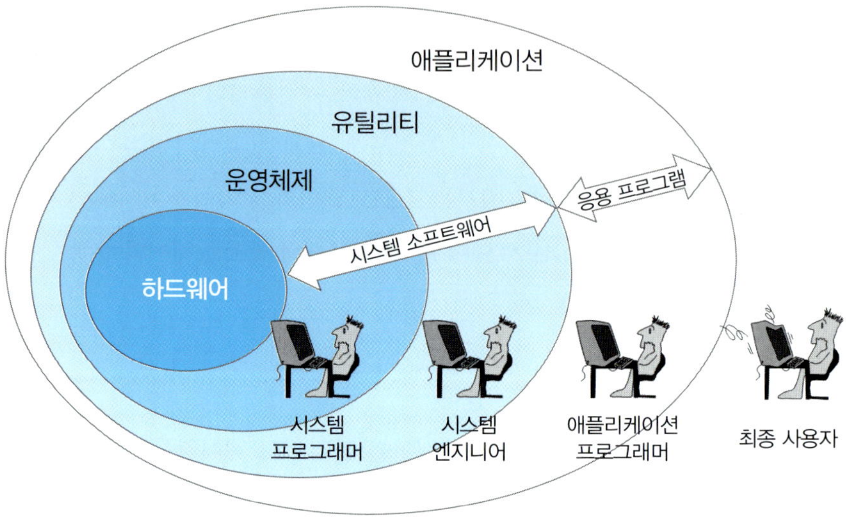

어는 개발한 운영체제나 유틸리티 프로그램은 하드웨어를 관리하고, 애플리케이션 프로그래머는 최종 사용자를 위한 애플리케이션 프로그램을 만든다. "최종 사용자(end-user)"라는 용어는 계층 구조의 가장 바깥쪽 원에 있는 사용자를 나타내며 최종 사용자는 응용 프로그래머가 개발한 응용 프로그램을 사용한다.

2. 시스템 소프트웨어

시스템 소프트웨어는 응용 소프트웨어가 작업을 수행할 수 있도록 하드웨어를 관리하고 제어하는 소프트웨어를 말한다. 컴퓨터를 운영하기 위한 필수적인 부분으로 운영체제, 유틸리티, DBMS, 컴파일러 및 개발자 도구 등이 시스템 소프트웨어에 포함된다.

2.1. 운영체제

운영체제(Operating System, OS)는 하드웨어 및 소프트웨어 자원들은 관리하는 프로그램들의 모임으로 운영체제는 자원들에 대한 관리를 위한 사용자 인터페이스(User Interface, UI)를 제공한다. 과거에는 명령줄 인터페이스(Command Line Interface, CLI)가 기본 사용자 인터페이스였지만 최근에는 작업 편의성을 위해 그래픽 사용자 인터페이스(Graphical User Interface, GUI)가 주로 활용된다. 운영체제는 다른 시스템 소프트웨어와 응용 프로그램 소프트웨어를 위한 플랫폼을 형성한다. 윈도우즈, 리눅스, DOS, 유닉스 및 맥OS는 가장 널리 사용되어온 운영체제들이다.

2.2. 유틸리티 프로그램

유틸리티 프로그램(utility program)은 일반적으로 컴퓨터 관리를 위하여 제공된 유용한 프로그램들을 말한다. 이러한 프로그램들은 디스크 클리너, 디스크 단편화 제거, CPU 사용량, 메모리 사용량, 네트워크 활동 등과 같은 시스템 성능 모니터링, 압축 프로그램, 파일 복구 소프트웨어 등과 같이 주로 시스템 관리, 파일 관리, 보안, 데이터 복구 등과 같은 다양한 기능을 제공한다. 오늘날 운영체제의 기능이 확대됨에 따라 과거 유틸리티 프로그램들에 제공하였던 기능이 운영체제에 포함되어 유틸리티 프로그램들은 사라지고 있다.

2.3. 데이터베이스 관리 시스템

데이터베이스 관리 시스템(Database Management System, DBMS)은 데이터베이스를 관리하기 위해 설계된 컴퓨터 소프트웨어이다. DBMS의 일반적인 예로는 오라클, SQL Server, 인포믹스(Informix) 및 MySQL이 있고 일반적으로 데이터베이스 관리자(DBA)가 데이터베이스를 생성하고 관리한다.

2.4. 컴파일러

컴파일러(compiler)는 소스 코드를 목적코드로 변환하는 프로그램으로 주로 고급 프로그래밍 언어로 작성된 소스 코드를 기계어로 변환하여 실행 가능한 프로그램을 생성한다. 컴파일러는 C, C++, 파스칼(Pascal) 등의 고급언어에서 사용된다.

2.5. 개발자 도구

개발자 도구는 소프트웨어 개발자가 다른 프로그램 및 응용 프로그램을 개발하는 데 도움이 되는 다양한 소프트웨어 및 도구 모음을 의미한다. 비주얼 스튜디오 코드(Visual Studio Code)는 가장 널리 사용되는 개발자 도구이다.

3. 응용 프로그램

응용 프로그램(application program) 또는 응용 소프트웨어는 소프트웨어의 하위 클래스로, 사용자가 수행하려는 작업을 위한 기능들을 제공한다. 일반적인 예로는 문서 작성을 위한 워드 프로세서, 표 계산 및 작성을 위한 스프레드시트 그리고 그림 작성 및 편집을 위한 그래픽 프로그램들이 있다. 일반적으로 이러한 응용 프로그램은 기능을 표현하는 이름이 아닌 제품 이름으로 더욱 알려진 경우가 많다. 예를 들면 엑셀은 표 계산 및 작성을 위한 스프레드시트 프로그램의 제품명이다.

응용 프로그램은 사용자 개인의 작업 지원을 위한 소프트웨어뿐만 아니라 기업이 비즈니스 운영을 지원하고 향상시키기 위해 사용하는 소프트웨어들도 포함한다. 이러한 응용 프로그램들은 기업의 다양한 부서 및 기능을 지원하며, 조직의 생산성을 향상시키고 비즈니스 프로세스를 효율적으로 관리하는 데 도움을 준다. 일반적인 기업에서 사용되는 응용 프로그램은 전사적 자원관리 시스템, 고객관계관리시스템, 인적자원관리 시스템, 공급망 관리시스템, 비즈니스 인텔리전스(BI) 등이 포함되며, 이에 관해서는 9장에서 자세하게 다룬다.

3.1. 다양한 ~ware

많은 소프트웨어의 이름은 '~ware'로 끝난다. 일부는 유사한 기능을 갖고 있지만 일부는 완전히 다른 기능을 가지고 있다. 프리웨어(freeware)는 공개 소프트웨어로 무료로 제공되는 소프트웨어이다. 일반적으로 다운로드가 가능하고 대부분의 운영체제에서 사용할 수 있는 작은 프로그램을 의미한다. 무료이나 일반적으로 저작권이 있으므로 무분별하게 재사용해서는 안 된다. 셰어웨어(shareware)는 일반적으로 사용자가 나중에 구매를 유도하기 위한 소프트웨어로 평가판 형식으로 무료로 배포된다. 일부 셰어웨어 프로그램에는 만료 날짜가 내장되어 있다. 라이트웨어(liteware)는 정식 판매 버전보다 기능이 적은 버전으로도 무료로 배포된다. 일반적으로 잠재 고객에게 제품 샘플을 제공하는 것과 유사한 목적의 소프트웨어이다. 라이트웨어와 셰어웨어는 무료이기 때문에 프리웨어 유형으로 간주된다.

미들웨어(middleware)는 시스템 또는 애플리케이션 간의 통신을 중재하는 역할을 하는 기업에서 활용하는 소프트웨어이다. 미들웨어는 부하 분산을 통해 시스템

성능을 향상시키고, 장애 조치를 수행하여 시스템의 가용성을 보장한다. 또한 일반적으로 미들웨어는 다양한 애플리케이션이 통신할 수 있도록 메시징 서비스를 제공한다. 그룹웨어(groupware)는 조직 내부에서 팀 협업과 업무 관리를 위한 소프트웨어이다. 그룹웨어는 팀원들 간의 소통, 일정 관리, 문서 공유, 프로젝트 추적 등의 작업을 지원하기 위해 기능들을 제공한다. 최근 그룹웨어는 웹 애플리케이션으로 제공되어 어디서나 접근할 수 있으며, 모바일 앱을 통해 모바일 기기에서도 이용이 가능하다.

일반적으로 애드웨어(adware)는 프로그램이 실행되는 동안 광고 배너가 표시되는 소프트웨어로 화면에 브라우저를 통해 볼 수 있는 광고를 전달하는 추가 코드가 포함되어 있다. 애드웨어는 사용자의 소프트웨어 구입 비용을 절감하는 데 도움이 된다. 그러나 일부 유형의 애드웨어는 스파이웨어 또는 바이러스로 사용자의 개인 정보를 침해할 수 있다. 스파이웨어(spyware)는 동의 없이 개인이나 조직에 대한 정보를 수집하는 소프트웨어로 인터넷에서는 스파이웨어가 누군가의 컴퓨터에 설치되어 사용자에 대한 정보를 몰래 수집하는 경우가 많다. 이러한 유형의 스파이웨어에 대해 잘 알려진 기술은 쿠키를 이용하는 것으로 원래 쿠키(cookie)는 웹사이트가 나중에 사용자가 자신에 관한 정보를 기억할 수 있도록 자신의 하드 디스크에 저장하는 정보이다. 그러나 웹사이트가 본인이 알지 못하는 쿠키에 본인에 관한 정보를 저장하는 경우 해당 쿠키는 스파이웨어의 한 형태로 간주될 수 있다.

펌웨어(firmware)는 프로그래밍 가능한 PROM에 삽입되어 메모리 칩의 영구적인 부분이 되는 소프트웨어를 말한다. 따라서 펌웨어는 하드웨어와 소프트웨어 중간에 있다. 펌웨어는 일반 소프트웨어처럼 생성되고 테스트된다. 프로그램이 완성되면 전문 장비인 버닝(burning)을 통해 ROM에 설치된다. 펌웨어는 냉장고, 세탁기 등의 가전제품과 프린터, 모뎀 등의 장치에 장착되어 배포된다.

3.2. 오픈 소스 소프트웨어

오픈 소스 소프트웨어(Open-source software, OSS)는 저작권 소유자가 누구에게나 어떤 목적이든 소프트웨어를 연구, 변경 및 배포할 수 있는 권리를 제공하는 라이센스와 함께 제공되는 소스 코드가 있는 소프트웨어이다. 미국의 자유 소프트웨

리처드 스톨먼

어 운동가이자 프로그래머인 리처드 스톨먼(Richard Stallman)은 "오픈 소스는 개발 방법론이고 무료 소프트웨어는 사회 운동"이라고 주장하며 오픈 소스의 필요성을 강조했다. 최근 대표적인 OSS들은 기업의 웹 애플리케이션 서비스 기반 기술로 활발하게 활용되고 있다. 이러한 OSS로는 웹서버 소프트웨어인 아파치 HTTP 서버, 서버용 운영체제인 리눅스, 그리고 데이터베이스 관리 시스템인 MySQL 등이 있다.

개인용 애플리케이션 분야에서도 무료임에도 불구하고 상용 소프트웨어에 필적하는 기능을 제공하는 오픈오피스나 브랜더와 같은 OSS들이 있다. 오픈오피스(OpenOffice)는 오픈 소스 오피스 제품군으로 워드 프로세서(Writer), 스프레드시트(Calc), 프리젠테이션 애플리케이션(Impress), 그리기 애플리케이션(Draw), 수식 편집기(Math), 데이터베이스 관리 애플리케이션(Base)이 포함되어 오피스 기능을 제공하고 있다. 브랜더(Blender)는 오픈 소스 3D 컴퓨터 그래픽 소프트웨어 제품으로 애니메이션 영화, 시각 효과, 예술, 3D 인쇄 모델, 대화형 3D 애플리케이션 및 비디오 게임 제작에 사용되는 전문가용 소프트웨어이다.

OSS가 무료이기는 하지만 오픈 소스 소프트웨어는 저작권법에 따라 보호된다. 따라서 오픈 소스 라이선스를 사용함으로써 다른 사람들과 공유할 수 있다. 오픈 소스 라이선스는 다른 사람들이 소프트웨어를 자유롭게 사용, 수정, 배포할 수 있는 규정을 정의한 것으로 일반적으로 사용되는 오픈 소스 라이선스들은 GNU GPL, MIT 라이선스, 아파치 라이선스, BSD 라이선스 등이 있다. GNU GPL(General Public License)는 소스 코드의 공개를 강제하는 강력한 카피레프트(copyleft) 라이선스로 GPL 라이선스 아래에서 배포되는 소프트웨어의 수정된 버전도 반드시 동일한 라이선스로 배포되어야 한다. MIT 라이선스는 상대적으로 자유로운 라이선스로, 소프트웨어를 사용, 수정, 복제, 배포할 수 있도록 허용한다. 이 라이선스는 저작권과 라이선스 헤더를 유지하는 한 어떤 형태의 사용도 허용한다. 아파치(Apache) 라이선스는 소스 코드의 수정, 배포 및 판매를 허용하는 조건부 라이선스로 GPL과는 달리 수정된 소스 코드를 프로젝트 내에 사용한 사람들에게 특정 규정을 부과하지 않는다. BSD 라이선스는 MIT 라이선스와 유사하지만, 소프트웨어를 사용하는 사람이 원본 소프트웨어의 출처를 언급하는 것에 대해 요구하는 라이선스이다.

3.3. 웹 애플리케이션

웹 애플리케이션은 컴퓨터에 저장되어 운영체제를 기반하는 소프트웨어와 달리 웹서버에서 실행되는 애플리케이션 소프트웨어이다. 웹 애플리케이션은 사용자가 인터넷에 연결된 웹 브라우저를 통해 실행되며 클라이언트 - 서버 모델(client - server model)을 기반으로 하고 있다. 즉, 웹 브라우저가 설치된 PC(클라이언트)가 웹 애플리케이션이 설치된 웹서버에 서비스를 요청하고 요청된 결과를 클라이언트인 PC에 제공하는 식으로 운영된다. 흔히 사용되는 웹 애플리케이션으로는 웹메일, 온라인 쇼핑몰, 온라인 뱅킹 등이 있으며, 최근에는 기업에서 사용하는 정보시스템을 포함한 대다수의 기존의 응용 프로그램들이 웹 애플리케이션으로 변화하고 있다.

웹 애플리케이션은 JSP, PHP, JAVA 등의 웹 프로그래밍 언어를 사용하여 개발되며 3계층 아키텍처에서 실행된다. 3계층 아키텍처는 [그림 3.2]에서와 같이 프레젠테이션, 애플리케이션 로직, 데이터베이스가 클라이언트, 애플리케이션 서버, 데이터베이스 서버 등의 별도의 플랫폼에서 독립 모듈로 개발 및 유지되는 클라이언트 - 서버 아키텍처이다.

그림 3.2 3계층 아키텍처

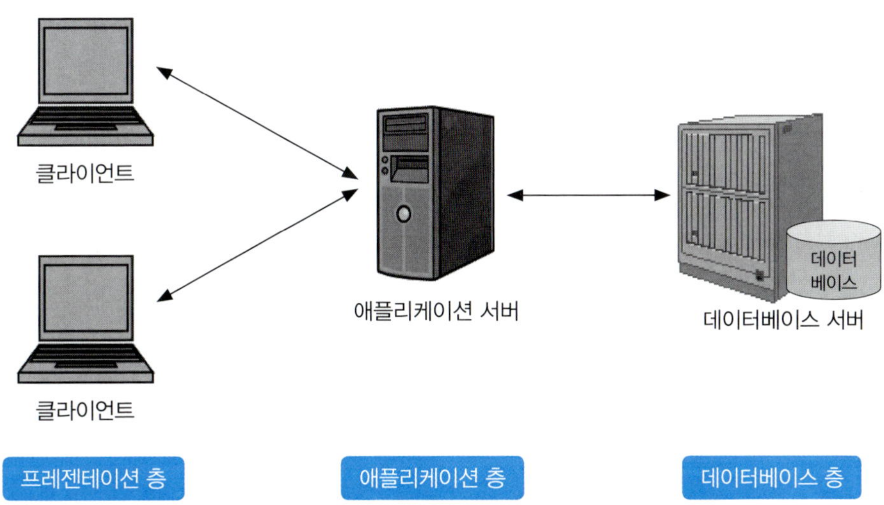

- 프레젠테이션 층(Presentation Layer): 웹 브라우저가 포함되어 사용자 인터페이스(UI)를 담당
- 애플리케이션 층(Application Layer): 웹서버와 ASP, JSP/Java, PHP와 같은 웹 프로그래밍 언어로 개발된 웹 애플리케이션이 포함된 서버로 비즈니스 로직과 처리를 담당
- 데이터베이스 층(Database Layer): 데이터의 저장과 관리를 담당하며, 애플리케이션 층에서 필요로 하는 데이터를 저장하고 제공

이러한 3계층 아키텍처는 시스템의 모듈화와 유연성을 증가시키고, 유지보수와 확장성을 향상시키는 데 도움이 된다.

3.4. 모바일 앱

모바일 앱 또는 모바일 애플리케이션은 스마트폰, 태블릿 컴퓨터 및 기타 모바일 장치에서 실행되도록 설계된 소프트웨어이다. 모바일 앱은 원래 이메일, 일정, 연락처, 주식 시장 및 날씨 정보를 포함한 일반적인 생산성과 정보 검색을 위해 제공되었다. 그러나 최근 모바일 앱 개발 기술의 발전과 사용자 편리성으로 인해 모바일 게임, 공장 자동화, GPS 및 위치 기반 서비스, 모바일뱅킹, 모바일 쇼핑 등 비즈니스 분야로 급속한 확장이 이루어지고 있다. 모바일 앱은 애플, 구글과 같은 모바일 운영체제 개발자 회사가 운영하는 앱스토어에서 다운로드할 수 있다.

4. 프로그래밍 언어

프로그래밍 언어(Programming language)는 프로그래밍 언어는 소프트웨어를 만들기 위한 일종의 도구로 사람과 컴퓨터 간의 상호 작용을 가능하게 하는 고유한 규칙이나 구문을 가진 명령어들의 집합이다. 이러한 명령어를 작성하기 위하여 다양한 프로그래밍 언어들이 컴퓨터가 처음 개발된 이후부터 현재까지 오랜 기간 동안 존재하여 왔다. 따라서 프로그래밍 언어는 진화라는 관점에서 세대로 구분되어 설명된다.

4.1. 기계어

1세대 언어인 기계어(Machine language)는 프로그래밍 언어의 가장 기본적이고 낮은 수준의 언어이다. 기계어는 컴퓨터가 직접 이해할 수 있는 0과 1로 이루어진 이진 코드로 구성된 언어로 기계어로 작성된 프로그램은 별다른 작업 없이 컴퓨터가 바로 실행할 수 있다. 그러나 기계어로 프로그래밍을 0과 1로만 해야 하기 때문에 기계어의 이해와 작성은 매우 어렵고 복잡하였다.

4.2. 어셈블리 언어

2세대 언어인 어셈블리 언어(Assembly language)는 기계어 다음 단계의 프로그래밍 언어이다. 어셈블리 언어는 기계어 프로그램 작성의 어려움을 줄이기 위해 개발되었다. 그러나 기계어보다는 사람이 이해하기 쉽지만, 여전히 컴퓨터 하드웨어와 밀접한 관계를 가지고 있어 컴퓨터에 의존적인 언어이다. 따라서 어셈블리로 개발된 프로그램은 다른 컴퓨터에서의 사용이 불가능했다. 어셈블리 언어는 숫자 대신 의미 있는 이름이나 약어를 활용하는 명령어를 사용한다. 따라서 어셈블리로 개발된 프로그램은 어셈블러(Assembler)라도 불리는 번역 프로그램을 이용하여 기계어 명령어로 생성 후에 사용해야 한다.

4.3. 고급 프로그래밍 언어

3세대 언어인 고급 프로그래밍 언어(High-level programming languages)는 사람이 이해하기 쉬운 형태로 작성된 프로그래밍 언어로 영어와 유사한 명령어 형식이며 어셈블리 언어보다 사용하기 쉽다. 다양한 고급 프로그래밍 언어들이 개발되었고 포트란(FORTRAN), 코볼(COBOL), C, 베이직(BASIC) 및 파스칼(Pascal) 등이 대표적 고급 프로그래밍 언어들이다. 고급 프로그래밍 언어는 하드웨어와 상호작용하는 부분을 추상화하여 프로그래머가 더 높은 수준의 프로그래밍에 집중할 수 있도록 설계되어 있고 작성된 프로그램은 하드웨어에 종속되지 않고 여러 유형의 컴퓨터에서 실행이 가능하였다.

고급 프로그래밍 언어로 작성된 프로그램은 컴퓨터가 이해하기 위해 프로그래머는 컴파일러나 인터프리터를 사용하여 소스코드를 기계어로 변환해야 한다. 컴파일러(compiler)는 [그림 3.3]과 같이 모든 명령어를 기계어로 변환하여 실행 가능한 프로그램을 생성한다. 따라서 소스 코드가 변경된 경우 새로운 실행 프로그램

그림 3.3 컴파일러 방식

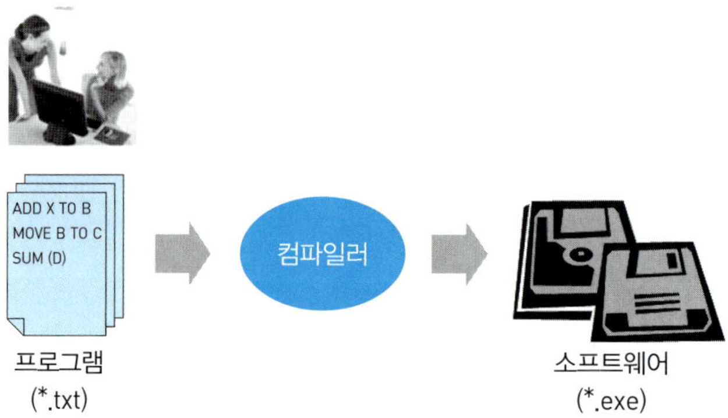

그림 3.4 인터프리터 방식

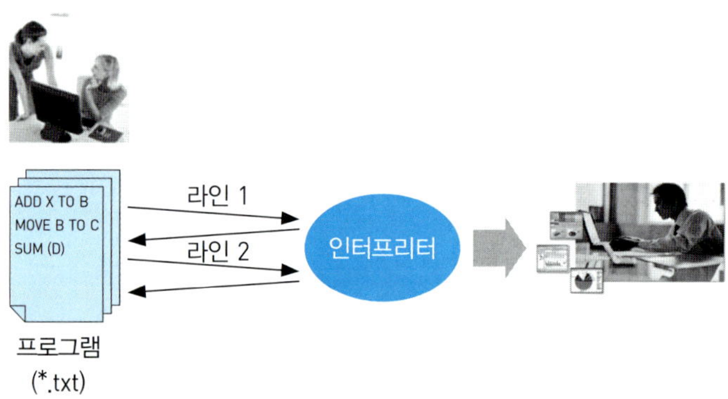

을 생성하려면 다시 컴파일해야 한다.

인터프리터(Interpreter)는 [그림 3.4]와 같이 컴퓨터 프로그램이 실행될 때 각 명령이 라인 단위로 명령 해석기인 인터프리터에 의해 기계어로 변환된다. 인터프리터는 각 명령어를 기계어로 변환하므로 인터프리터 프로그램은 컴파일된 프로그램인 실행 프로그램보다 훨씬 느리게 작동한다.

4.4. 4세대 언어

4세대 언어(Fourth generation language, 4GL)는 이전 세대 언어보다 더 비절차적(non-procedural)이고 대화적인 다양한 프로그래밍 언어로 기술적인 지식이 없는 사

표 3.1 세대별 프로그램 언어 비교

세대별 언어	예시
기계어	• 이진 코드로 구성된 명령어 1010 1101 1011 1101
어셈블리 언어	• 약어형식 명령어 LOAD Y ADD Z
고급 프로그래밍 언어	• 영어와 유사한 명령어 ADD YEARS TO AGE MULTIPLY PRICE BY QUANTITY
4세대 언어	• 비절차적 형식 FUNCTION AGE( ) FUNCTION PRICE( )

용자라도 자신만의 애플리케이션을 개발할 수 있도록 설계되었다. 간혹 도구(tool)라고도 불리는 4세대 언어들은 사용 편의성과 애플리케이션의 신속한 개발을 목적으로 개발되었다. 4세대 언어로서 일반적인 프로그래밍 도구의 예로는 보고서 생성기, SQL(Structured Query Language)과 같은 데이터베이스 명령어, SQL 윈도우즈(Windows), 파워빌더(PowerBuilder), 델파이(Delphi) 등과 같은 애플리케이션 생성기 등이 있다.

[표 3.1]는 상기 4가지 세대의 프로그래밍 언어의 수준을 비교하고 있다.

4.5. 객체지향 언어

1980년대에는 복잡한 프로그램을 체계적인 방식으로 더 잘 개발하기 위해 객체지향 프로그래밍이 제안되었다. 객체지향 언어(Object-oriented language)란 객체지향 프로그래밍을 위한 프로그램언어로 현실 세계의 사물을 프로그래밍적으로 모델링하는데 중점을 둔 언어들이다. 객체지향 프로그래밍 접근 방식을 통해 프로그래머는 다양한 프로그램에서 재사용할 수 있는 객체를 만들 수 있고, 이러한 객체들은 관련 데이터와 작업들로 그룹화된 클래스로부터 생성된다. 객체지향 프로그래밍이 코드를 재사용하고 유지보수하기 쉽게 만들어준다는 장점이 있어 많은 프로그래밍 언어가 객체지향 프로그래밍을 지원하고 있다. 주요 객체지향 언어에는 자바와 C++가 있다.

4.6. 웹 애플리케이션 개발 언어

오늘날 웹 메일, 온라인 쇼핑몰, 온라인 뱅킹 등 일상에서 사용되는 대부분의 애플리케이션들은 물론 다양한 조직에서 사용되는 응용 프로그램들이 웹 애플리케이션으로 변화하고 있다. 따라서 웹 애플리케이션은 컴퓨터 운영체제 기반의 프로그램들을 대치하고 응용 프로그램의 주류로 되었다. 웹 애플리케이션 개발 언어는 웹 페이지, 웹 사이트, 웹 기반 애플리케이션을 구축하기 위한 도구로 여기에는 HTML, 자바스크립트, JSP, PHP 및 자바 등이 포함된다. 웹 애플리케이션 개발 언어들에 대하여는 4장에서 좀 더 자세하게 다룬다.

4.7. 모바일 앱 프로그래밍 언어

모바일 성능이 향상되고 화면의 크기가 커짐에 따라 다양한 형태의 모바일 앱이 개발되고 있다. 웹 애플리케이션 개발 언어와 달리 모바일 앱 프로그래밍 언어는 모바일 운영체제에 따라 다르다. 모바일 앱 언어들에 대하여는 4장에서 좀 더 자세하게 다룬다.

5. 운영체제

운영체제(Operating System, OS)는 하드웨어를 제어하고 사용자를 위한 응용 프로그램의 실행 환경을 지원하는 프로그램들의 집합이다. 모든 소프트웨어의 기초로서 운영체제는 컴퓨터 시작("부팅"), 컴퓨터의 하드웨어 장치 관리, 디스크 파일

그림 3.5 운영체제의 역할

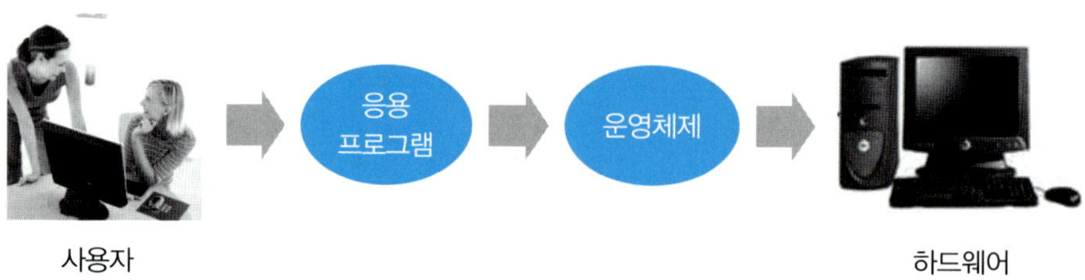

그림 3.6 CUI와 GUI

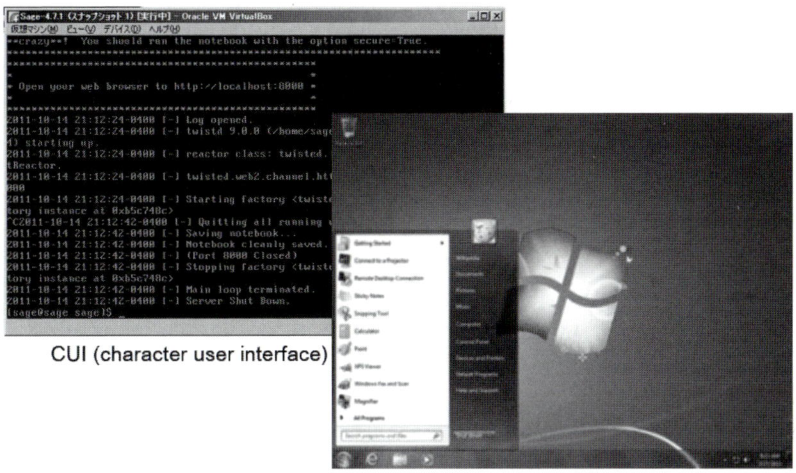

CUI (character user interface)

GUI(graphical user interface)

시스템 유지 관리 및 기타 프로그램 지원과 같은 기본 작업들을 수행한다.

또한 운영체제는 사용자의 컴퓨터 활용을 위한 사용자 인터페이스도 제공한다. 이러한 사용자 인터페이스는 [그림 3.6]과 같이 과거에는 문자 사용자 인터페이스(character user interface, CUI)인 명령줄 인터페이스(Command Line Interface, CLI)가 기본 사용자 인터페이스였지만 최근에는 사용자 편의성을 위해 그래픽 사용자 인터페이스(Graphical User Interface, GUI)가 주로 활용된다.

GUI는 문자를 통해 컴퓨터 명령을 실행하는 컴퓨터 인터페이스인 CUI에 비해 사용자가 컴퓨터의 기능을 편리하고 직관적으로 사용할 수 있도록 아이콘과 그래픽으로 표현된 컴퓨터 인터페이스이다. 주요 운영체제는 윈도우즈, 유닉스, 리눅스 등이 있다.

5.1. 운영체제 서비스

운영체제는 하드웨어 자원을 운영체제 내의 규칙에 의해 적절히 분배하여 컴퓨터의 성능을 최대한 효율적으로 사용하기 위해 프로세스 관리, 메모리 관리, 디스크 및 파일 시스템 관리, 입출력 관리, 네트워킹 지원, 보안 및 권한 관리 그리고 사용자 인터페이스 등의 서비스 기능들을 제공한다.

프로세스 관리(Process management)는 프로세스 생성, 스케줄링, 중단 및 종료와 같은 프로그램 실행에 필요한 모든 활동을 관리하는 것으로 일반적인 운영체제는 컴퓨터 시스템이 동시에 여러 작업을 수행할 수 있는 기능인 멀티태스킹(multitasking)을 지원한다. 대부분의 컴퓨터가 하나의 CPU로 구성되어 있으므로 운영체제는 개별 프로세스에 우선 순위를 설정하고, 그에 따른 CPU 시간을 할당하여 멀티태스킹(Multitasking)을 실현한다. 메모리 관리(Memory management)는 컴퓨터 아키텍처는 레지스터, CPU(L1 캐시), 캐시 메모리, RAM 및 하드 디스크 순으로 메모리들이 계층적 방식으로 배열되어 있다. 대부분의 운영체제는 메모리 지역성을 향상시키기 위해 이러한 다양한 유형의 메모리에서 데이터를 할당하거나 제거하는 메모리 관리 기능을 제공한다. 디스크 및 파일 시스템 관리(Disk and file systems management)는 모든 운영체제는 파일이 디스크에 저장되는 특정 방식인 파일 시스템을 제공한다. 이를 위해 대부분의 파일 시스템은 디렉터리 계층으로 구성되어 있고 파일의 생성, 삭제, 읽기, 쓰기 등 파일 조작을 관리한다. 또한 파일 시스템에는 시스템 충돌 시 안전한 복구를 제공하는 저널링도 포함되어 파일 복원 기능도 제공한다. 입출력 관리는 운영체제는 컴퓨터와 외부장치 간의 데이터 전송을 관리한다. 이를 위해 장치 드라이버 관리, 디바이스 스케줄링, 버퍼링 등의 기능을 제공한다.

오늘날 대부분의 최신 운영체제는 TCP/IP 네트워킹 프로토콜을 사용할 수 있다. 이를 통해 사용자는 인터넷에 액세스하고 파일, 프린터, 스캐너와 같은 리소스를 공유할 수 있다. 한편 대부분의 컴퓨터가 인터넷에 연결되어 있기 때문에 보안이 더욱 중요해짐에 따라 대부분의 운영체제에서는 접근제어, 파일권한, 로그인 등의 보안 및 권한 관리 서비스를 제공한다.

6. 운영체제 분류

운영체제들은 다양한 기준에 따라 분류될 수 있고 일반적으로 사용자 인터페이스, 소유자, 사용 장치 및 용도 등이 운영체제들을 분류하기 위한 기준으로 사용된다.

6.1. 사용자 인터페이스에 따른 분류

사용자 인터페이스(User Interface)에 따른 분류 CLI와 GUI로 분류되다. CLI(Command-Line Interface)는 명령 줄 인터페이스를 사용하는 운영체제로, 텍스트 명령어를 입력하여 시스템을 제어하며 유닉스, 리눅스 등이 CLI 방식의 운영체제이다. GUI(Graphic User Interface)는 그래픽 사용자 인터페이스를 사용하는 운영체제로 마우스 및 그래픽 기반의 사용자 인터페이스를 제공한다. 윈도우즈, 맥OS가 GUI 방식의 운영체제이다.

6.2. 소유자에 따른 분류

소유자에 따른 분류는 프로프리어터리 운영체제와 오픈 소스 운영체제로 분류된다. 프로프리어터리 운영체제(Proprietary OS)는 특정 회사나 조직이 소유하고 개발한 운영체제로 마이크로소프트의 윈도우즈, 맥OS 등이 포함된다. 오픈 소스 운영체제(Open Source OS)는 소스 코드가 공개되어 있고 라이선스에 따라 수정이 가능한 운영체제로 유닉스, 리눅스 등이 있다.

6.3. 사용되는 장치에 따른 분류

사용되는 장치에 따른 분류는 일반용 운영체제와 임베디드 운영체제로 분류된다. 일반용 운영체제(General Purpose OS)는 다양한 용도로 사용되는 일반적인 운영체제로, 개인용 컴퓨터, 서버, 노트북 등에 사용된다. 윈도우즈, 맥OS, 리눅스 등이 일반용 운영체제이다. 임베디드 운영체제(Embedded OS)는 소형 장치나 임베디드 시스템에 사용되는 운영체제로 리소스가 제한된 환경에서 동작하는 운영체제로 리얼타임 운영체제(RTOS)가 있다.

6.4. 용도에 따른 분류

용도에 따른 분류는 서버 운영체제와 데스크톱 운영체제로 분류된다. 서버 운영체제는 서버 환경에서 동작하고 네트워크, 파일 및 애플리케이션 서비스 등을 제공하는 운영체제로 윈도우즈 서버, 리눅스의 다양한 배포판 등이 있다. 데스크톱 운영체제는 개인용 컴퓨터 및 노트북과 같은 데스크톱 환경에서 사용되는 운영체제로 마이크로소프트의 윈도우즈, 맥OS 등이 있다.

7. 주요 운영체제

과거 또는 현재에 개인용 컴퓨터나 서버에 사용되는 주요 컴퓨터 운영체제들은 마이크로소프트에서 개발한 MS-DOS와 윈도우즈, AT&T의 유닉스 계열, 그리고 애플 컴퓨터의 맥OS 등이 있다.

7.1. MS-DOS

MS-DOS(Microsoft Disk Operating System)는 1981년 마이크로소프트가 출시한 운영체제로 개인용 컴퓨터에 처음으로 널리 사용된 운영체제이다. 특히 IBM PC 및 호환 기기에 널리 설치된 최초의 운영체제이다. MS-DOS는 상대적으로 간단한 인터페이스를 갖춘 문자 기반의 CLI를 사용하여 컴퓨터를 조작하는 운영체제로 명령을 입력하라는 프롬프트는 다음과 같다.

```
C:₩> copy autoexec.bat abc.bat
```

MS-DOS는 윈도우즈 운영체제의 전신으로 1990년대 중반 이후에는 윈도우즈로 대부분 대체되었다.

7.2. 윈도우즈

윈도우즈(Windows)는 마이크로소프트의 MS-DOS의 후속으로 개인용 컴퓨터용 운영체제이다. 마이크로소프트는 그래픽 사용자 인터페이스(GUI)에 대한 관심이 높아지는 것에 대응하여 1985년 11월 MS-DOS의 추가 기능으로 윈도우즈를 출시했다. 윈도우즈가 일반 PC 사용자에게 GUI를 도입했지만 GUI는 제록스 팰로앨토 연구소(Palo Alto Research Center, PARC)의 실험실 아이디어였으며 애플의 리사(Lisa)와 매킨토시(Macintosh) 컴퓨터에서 처음으로 도입되었다. 그러나 윈도우즈는 GUI의 성공적인 도입으로 오늘날 대부분의 개인용 컴퓨터를 위한 사실상의 "표준" 운영체제가 되었다.

7.3. 유닉스

유닉스(UNIX)는 원래 1969년 AT&T 벨 연구소(Bell Labs)에서 대화형 시분할 시스템(time-sharing system)으로 개발되었다. 유닉스 운영체제는 서버와 워크스테이션과 같이 중형 컴퓨터에서 널리 사용되었다. 유닉스의 네트워크 기능과 클라이언트-서버 모델은 오늘날 인터넷의 근간이 되었고 유닉스와 C 프로그래밍 언어는 모두 AT&T 연구소에서 개발되어 오픈 소스로 배포했기 때문에 다양한 컴퓨터에 적용되었다. 그 결과 유닉스는 개방형 시스템의 대명사가 되었으며, 선 솔라리스, HP-UNIX, IBM의 AIX, 버클리의 BSD(Berkley Software Distribution), 리눅스, 맥OS 등의 다양한 변형의 운영체제가 존재한다.

7.4. 리눅스

리눅스(Linux)는 유닉스를 근간으로 한 운영체제로 개인용 컴퓨터 사용자에게 무료 또는 매우 저렴한 운영체제를 제공하기 위한 목적으로 개발되었다. 리눅스는 또한 매우 효율적이고 빠른 성능을 제공하는 시스템으로 알려져 있다. 운영체제의 중심 부분인 리눅스의 커널은 핀란드 헬싱키 대학의 리눅스 토발디(Linus Torvalds)가 개발했으며 시스템의 유틸리티와 라이브러리는 리차드 스톨만(Richard Stallman)이 1983년에 시작한 GNU 프로젝트를 위한 프리 소프트웨어 재단에서 제공되었다.

리눅스는 개인용 컴퓨터는 물론 서버에도 적용이 가능해 IBM, 썬마이크로시스템즈, 휴렛팩커드, 노벨 등 기업들의 지지를 얻었으며, 데스크톱 컴퓨터를 비롯한 서버, 슈퍼컴퓨터, 모바일, 임베디드 장치 등의 다양한 컴퓨터 기기들의 운영체제로 사용되고 있다. 이러한 리눅스는 우분투, CentOS/RHEL, 데비안, 페도라, 리눅스 민트 등 다양한 배포판으로 제공되고 있다.

우분투(Ubuntu)는 GUI 기반의 사용자 친화적인 인터페이스와 강력한 커뮤니티 지원을 제공하며, 쉽게 설치하고 사용할 수 있다. 개인용 컴퓨터에 주로 사용되며 서버 및 클라우드 환경에서도 다양한 용도로 사용된다. CentOS/RHEL(Red Hat Enterprise Linux)는 기업 환경에서 널리 사용되는 안정적이고 신뢰할 수 있는 리눅스 기반 운영체제로 CentOS는 RHEL의 무료 버전이며, RHEL은 상용 버전으로 구매기업에 대한 지원과 추가 기능들을 제공한다. 데비안(Debian)은 무료로 공급되는 안정적이고 안전한 운영체제로 서버 및 네트워크 장비에서 주로 사용된다. APT(Advanced Package Tool) 패키지 관리 시스템을 사용하여 소프트웨어를 쉽게 설치, 업데이트 및 관리를 할 수 있다. 우분투의 기반이 되기도 했다. 페도라(Fedora)는 레드햇(Red Hat)의 커뮤니티 프로젝트로, 최신 기술을 실험하고 개발하는 사용

그림 3.7 우분투 화면

되는 데스크톱 및 서버용 리눅스의 배포판이다. 새로운 기능과 업데이트가 빠르게 반영되며, 개발자 및 최종 사용자를 대상으로 한다. 리눅스 민트(Linux Mint)는 사용자가 쉽게 사용할 수 있는 데스크톱용 리눅스 배포판으로 우분투를 기반으로 하며, 시나먼(Cinnamon), MATE, Xfce 등의 다양한 데스크톱 환경을 제공한다.

7.5. 맥OS

Mac OS

맥OS(Mac OS)는 애플 컴퓨터용으로 설계된 운영체제로 애플이 1996년 12월 인수한 넥스트(NeXT) 기술을 기반으로 구축되었으나, 근간 기술은 유닉스이다. 맥 OS는 애플이 폐쇄형 플랫폼을 지향하기 때문에 애플 컴퓨터 외부에서는 사용되지 않지만 현재 데스크톱 환경에서는 윈도우즈에 이어 두 번째로 많이 사용되는 운영체제이다. 맥 OS는 GUI를 지원하며 사용자 친화적인 인터페이스, 단순성, 안정성 및 무료 업그레이드의 장점을 가지고 있다. 또한 아이폰, 아이패드 등의 애플 기기들과의 호환성이 높다.

8. 모바일 운영체제

모바일 운영체제(Mobile OS)는 스마트폰, 태블릿, PDA 등 디지털 모바일 기기를 동작시키는 운영체제이다. 윈도우즈, 맥 OS, 우분투 등 데스크톱 컴퓨터나 노트북을 관리하는 컴퓨터 운영체제와 유사하지만, 컴퓨터 운영체제보다 단순하고 향상된 네트워크 기능을 갖추고 있다. 모바일 OS는 사용자에게 모바일 앱 및 다양한 서비스에 액세스할 수 있는 플랫폼을 제공하며, 기기의 하드웨어를 효율적으로 활용하여 최상의 성능을 제공한다. 주요 모바일 OS는 구글 안드로이드, 애플 iOS, MS 윈도우 모바일, 삼성 타이젠 등이 있다.

8.1. 안드로이드

안드로이드

안드로이드(Android)는 주로 스마트폰, 태블릿 PC 등 터치스크린 모바일 장치용으로 설계된 리눅스 기반 운영체제로 세계에서 가장 널리 사용되는 모바일 OS이다. 2005년 구글이 안드로이드를 인수했고, 2007년 11월 모바일 기기 운영체제인 안드로이드 플랫폼을 무료로 출시했다. 구글이 안드로이드 소스코드를 공개했기 때문에 다양한 제조사와 디바이스에서 사용되고 있다. 현재 삼성전자, 샤오미, 오포(OPPO) 등의 다양한 제조사들이 안드로이드를 탑재한 스마트폰 및 태블릿을 제공하고 있다. 안드로이드는 구글의 다양한 서비스와 통합되어 지메일, 구글 지도, 유투브 등의 앱들을 기본적으로 제공하고 게임, 음악, 영화, TV, 책, 잡지, 비즈니스 등 다양한 기능을 갖춘 수백만 개의 안드로이드 앱이 개발되어 구글 플레이에서 다운로드하여 사용할 수 있다.

안드로이드는 2007년 11월 안드로이드 1.0 (알파 및 베타) 버전이 발표된 이후 지금까지 지속적으로 버전업되어 왔다. 안드로이드 주요 버전과 특징은 다음과 같다.

- Android 1.0 (알파 및 베타): 2007년 11월에 출시되었으며, 웹 브라우저, 전자메일 클라이언트, 카메라 등의 기본적인 기능을 제공
- Android 1.5 (컵케이크): 2009년 4월에 출시되었으며, 홈 스크린 위젯, 상호 연동 가능한 서드파티 앱, 영상 녹음 등의 새로운 기능이 추가됨
- Android 2.0/2.1 (에어로): 2009년 10월에 출시되었으며, 구글맵, HTML5 브라우저 등의 기능이 추가됨

- Android 2.2 (프로요): 2010년 5월에 출시되었으며, 기능 개선과 함께 성능 향상이 이루어졌으며, 플래시 지원과 USB 테더링이 추가됨
- Android 2.3 (진저브레드): 2010년 12월에 출시되었으며, NFC(Near Field Communication) 지원, VoIP 미디어 프레임워크 등의 기능이 추가됨
- Android 3.x (허니콤): 2011년 2월에 출시되었으며, 태블릿을 위한 최적화된 버전으로, 대규모 디스플레이를 위한 UI 개선 및 멀티태스킹 기능이 추가됨
- Android 4.0 (아이스크림 샌드위치): 2011년 10월에 출시되었으며, 통합된 휴대폰 및 태블릿 UI, 얼굴로 잠금 해제, 안드로이드 빔(NFC 기반 파일 공유) 등의 기능이 추가됨
- Android 4.1/4.2/4.3 (젤리빈): 2012년 7월에 첫 번째 버전이 출시되었으며, 프로젝트 버터(Project Butter)를 통한 성능 개선, Google Now, 멀티윈도우 지원(4.3에서 추가), 블루투스 저에너지 등의 기능이 추가됨
- Android 4.4 (킷캣): 2013년 10월에 출시되었으며, 성능 최적화, 메모리 관리 개선, 인터페이스 간소화, 저전력 센서 지원 등의 기능이 추가됨
- Android 5.x (롤리팝): 2014년 11월에 출시되었으며, 소재 디자인(Material Design), 알림 제어, 사용자 프로필, ART(Android Runtime) 등의 새로운 기능과 개선 사항이 포함됨
- Android 6.0 (마시멜로우): 2015년 10월에 출시되었으며, 앱 권한 관리, 도즈 모드(Doze Mode), 지문 인식 등의 새로운 기능이 추가됨
- Android 7.x (누가): 2016년 8월에 출시되었으며, 멀티윈도우 지원, 알림 개선, JIT 컴파일러 등의 기능이 추가됨
- Android 8.x (오레오): 2017년 8월에 출시되었으며, 프로젝트 트레블(Project Treble), 자동 글꼴 및 아이콘 크기 조절, 백그라운드 실행 제한 등의 기능이 추가됨
- Android 9 (파이): 2018년 8월에 출시되었으며, 제스처 네비게이션, 디지털 웰빙(Digital Wellbeing), AI 적응형 배터리 및 밝기 조절 등의 기능이 추가됨
- Android 10: 2019년 9월에 출시되었으며, 시스템 다크 모드, 접근성 기능 강화, 프라이버시 및 보안 강화 등의 기능이 추가됨
- Android 11: 2020년 9월에 출시되었으며, 대화형 알림, 미디어 제어 위젯, 화상 피팅 기능 등의 기능이 추가됨

- Android 12: 2021년 10월에 출시되었으며, 머터리얼 유 디자인(유연하고 자연스러운 디자인) 업그레이드, 개인정보 보호 기능 강화, 햅틱 피드백 및 새로운 오디오 기능이 추가됨

8.2. iOS

iOS는 애플에서 개발한 모바일 운영체제이다. iOS는 맥OS를 기반으로 개발되었으며, 애플의 아이폰은 물론 아이팟 터치, 아이패드 등 애플 전자기기에 사용된다. iOS는 안정성, 보안성, 사용자 경험 등을 고려한 탁월한 모바일 OS로 평가받고 있다.

iOS는 2007년 아이폰용 운영체제로 출시됐다. 2008년 6월부터 iOS에서 소프트웨어를 개발하기 위한 도구인 SDK가 출시되었으며, 버전 2.0부터 사용자는 Apple의 App Store를 통해 게임, 생산성 도구, 소셜 미디어, 엔터테인먼트 등 다양한 카테고리의 수백만 개의 다양한 앱을 다운로드할 수 있다. iOS 주요 버전과 특징은 다음과 같다.

- iOS 1.x: 2007년에 최초로 출시되었으며, 기본 애플리케이션(전화, 메시지, 사진, Safari 등)과 터치 인터페이스 등의 기본적인 기능을 제공
- iOS 2.x: 2008년에 출시되었으며, App Store가 처음 도입되었고 이를 통해 사용자는 다양한 앱을 다운로드하고 설치할 수 있게 되었음
- iOS 3.x: 2009년에 출시되었으며, Copy & Paste, MMS(멀티미디어 메시지), 트러너(전방 카메라가 없는 기종에서도 FaceTime 사용 가능) 등의 기능이 추가됨
- iOS 4.x: 2010년에 출시되었으며, 멀티태스킹, FaceTime 비디오 통화, iBooks, 폴더, 보안 개선 등이 포함되었음
- iOS 5.x: 2011년에 출시되었으며, iCloud, iMessage, Siri(아이폰 4S부터), 알림 센터, Twitter 통합 등이 추가되었음
- iOS 6.x: 2012년에 출시되었으며, 애플 지도, 페이스북 통합, Siri 개선 등이 이루어짐
- iOS 7.x: 2013년에 출시되었으며, 완전히 새로운 디자인과 제스처 기반 네비게이션, 컨트롤 센터, AirDrop, iTunes 라디오 등이 도입됨
- iOS 8.x: 2014년에 출시되었으며, 더욱 향상된 메시지 기능, Continuity(다양한

Apple 기기 간의 연동), 확장 가능한 알림, Apple Pay 등이 추가됨

- iOS 9.x: 2015년에 출시되었으며, Siri 인공지능의 향상, iPad에서의 멀티태스킹 기능 개선, Low Power Mode(저전력 모드) 등이 도입됨
- iOS 10.x: 2016년에 출시되었으며, iMessage 확장 기능, Home 앱(스마트 홈 관리), SiriKit(세트된 앱에 대한 Siri의 확장 가능한 사용), Wake Screen 등이 추가됨
- iOS 11.x: 2017년에 출시되었으며, Files 앱(파일 관리), ARKit(증강 현실 애플리케이션), 개선된 Siri 음성 및 지능 등이 도입됨
- iOS 12.x: 2018년에 출시되었으며, 성능 최적화, Screen Time(스마트폰 사용량 관리 기능), Memojis(개인화된 이모티콘) 등이 포함됨
- iOS 13.x: 2019년에 출시되었으며, 다크 모드, 신속한 성능, 사진 및 비디오 편집 기능, 로그인 with Apple 등이 도입됨
- iOS 14.x: 2020년에 출시되었으며, 홈 화면 위젯, 앱 라이브러리, 앱 클립, 사진에서 사진 찾기, 개인정보 보호 기능 등이 추가됨
- iOS 15.x: 2021년에 출시되었으며, FaceTime 공유 링크, Focused 모드(집중 모드), Live Text(텍스트 인식), 지식 그룹(사진에서 텍스트 및 이미지 인식을 통한 정보 제공) 등이 도입됨

8.3. 윈도우즈 모바일

윈도우즈 모바일(Windows Mobile)은 마이크로소프트에서 스마트폰용으로 개발한 모바일 OS이다. 윈도우즈 모바일은 임베디드 운영체제인 윈도우즈 CE를 기반으로 모바일 환경에 적합한 새로운 터치 유저 인터페이스를 추가하여 개발되었으며, 윈도우즈 CE의 기본 기능에 휴대폰 기능이 추가되었다. 휴대폰 제조사에 라이선스를 부여했기 때문에 2000년대 후반 삼성전자, LG전자, HTC, 모토로라 모빌리티, 노키아 등 기업이 출시한 스마트폰에 윈도우즈 모바일이 탑재되었었다. 윈도우즈 Mobile은 윈도우즈 운영체제와 연결되어 있어, 사용자들이 윈도우즈 PC와의 호환성이 높고 마이크로소프트 오피스의 모바일 버전을 탑재하고 있어, 사용자들이 워드, 엑셀, 파워포인트 등의 문서를 휴대폰에서 편집하고 관리할 수 있었다. 또한 엔터프라이즈 환경에서의 보안 및 관리 기능도 제공되었었다. 그러나 윈도우즈 모바일은 안드로이드와 iOS와의 경쟁에서 뒤처지면서 점차적으로 시장에서 하차

하게 되었다. 마이크로소프트는 윈도우즈 폰(Phone)이라는 새로운 모바일 운영체제를 출시하고 윈도우즈 모바일을 공식적으로 지원 중단했다. 2017년 10월에는 윈도우즈 10 모바일의 개발 및 지원도 중단되었다.

8.4. 타이젠

타이젠(Tizen)은 삼성전자와 리눅스 재단(Linux Foundation)이 공동으로 개발한 오픈 소스 기반의 리눅스 기반 모바일 OS이다. 타이젠은 안드로이드에 대한 종속성을 줄이고 HTML5, 자바스크립트, CSS 등 웹 표준을 지원하는 삼성전자의 멀티OS 전략으로 다양한 오픈소스와 직접 개발한 코드로 구성되어 있다. 이러한 타이젠의 소스 코드들은 모두 공개되어 있다. 타이젠은 스마트폰부터 웨어러블 디바이스, 스마트 TV, 가전제품까지 다양한 디바이스에서 사용될 수 있고 삼성전자는 특히 스마트 TV 및 웨어러블 디바이스에서 타이젠을 적극 활용하고 있다. 또한 타이젠은 IoT 기기와의 통합을 위한 기능을 강화되어 다양한 IoT 기기와의 상호 운용성을 제공하여 스마트 홈 및 스마트 시티 등의 IoT 환경을 구축하는 데 기여한다. 따라서 타이젠은 향후 IoT 분야에서 더욱 중요한 역할을 할 것으로 기대되고 있다.

9. 다양한 용도의 운영체제

오늘날 운영체제는 컴퓨터와 모바일뿐만 아니라 임베디드 시스템이나 실시간 응용 프로그램, 네트워크에 연결된 저장장치 관리와 같은 다양한 용도로 활용된다.

9.1. 리얼타임 운영체제

리얼타임 운영체제(Real-Time Operating System, RTOS)는 정확한 시간 제어가 필요한 임베디드 시스템 및 실시간 응용 프로그램을 위한 운영체제이다. RTOS는 일반적인 운영체제와는 달리, 작업이 정확한 시간 안에 완료되어야 하는 실시간 시스템에서 사용된다. RTOS는 정확한 시간 제어, 작은 운영체제, 이벤트 처리 등의 특징들을 가지고 있다. RTOS는 작업의 우선순위 및 처리 시간을 정확하게 제어하여, 작업이 특정한 시간 안에 완료되어야 하며, 이는 실시간 응용 프로그램에서 매우 중요한 기능이다. 또한 RTOS는 비교적 작고 경량화된 구조를 갖추고 있어, 리소스가 제한된 임베디드 시스템에서 주로 사용된다. 아울러 RTOS는 외부 이벤트에 대한 빠른 응답이 필요한 응용 프로그램을 지원한다. 이를 통해 실시간 데이터 처리 및 제어 시스템에서 사용된다. 상기와 같은 특징을 가지고 있는 RTOS는 자동차 및 운송, 의료 기기, 산업 자동화, 통신 시스템, 항공 우주 등의 다양한 산업 및 응용 분야에서 활용된다. 다양한 산업 및 응용 분야에서 활용되는 주요 RTOS는 FreeRTOS, RTOS-32, QNX 등이 있다.

9.2. NAS 운영체제

NAS(Network-Attached Storage) 운영체제는 네트워크에 연결된 저장장치인 NAS를 관리하기 위한 운영체제이다. NAS는 파일 서버로 사용되어 여러 사용자가 네트워크를 통해 파일을 공유할 수 있고 음악, 비디오 및 사진과 같은 멀티미디어 파일을 저장하고 스트리밍하는 데 사용된다. 인터넷을 통해 원격으로 액세스할 수 있는 사용자는 어디서나 자신의 파일에 접근하고 공유할 수 있고 비즈니스 환경에서는 원격 직원이나 파트너와의 협업을 간편하게 할 수 있다. 따라서 오늘날 NAS 사용자가 급속하게 증가하고 있다. NAS 운영체제는 이러한 NAS 장치를 관리하기 위하여 사용되는 소프트웨어이다. NAS 운영체제는 일반적으로 파일 시스템 관리, 네트워크 서비스, 보안 기능, 백업 및 복구와 같은 기능들을 제공한다. 일반적으로 NAS 운영체제는 리눅스 기반으로 개발되며, 대표적인 NAS 운영체제로는 Free-NAS, OpenMediaVault 그리고 시놀로지(Synology) NAS 등이 있다.

10. 미래의 운영체제

미래의 운영체제는 계속해서 발전하고 새로운 기술과 요구사항에 맞추어 다양한 활용 분야에 적용될 것으로 예상된다. 예상되는 미래의 운영체제 활용 분야는 다음과 같다.

10.1. 인공지능과 머신러닝

미래의 운영체제는 인공지능(AI)과 머신러닝(ML) 기술과의 통합에 중점을 둘 것으로 예상된다. 이를 통해 운영체제는 사용자의 패턴을 학습하고, 스마트한 자동화 및 개인화된 서비스를 제공할 수 있을 것이다. 또한, 머신러닝을 통해 시스템의 성능을 최적화하고 보안을 강화하는 기능도 개발될 것으로 예상된다.

10.2. 사물인터넷(IoT) 및 임베디드 시스템

미래의 운영체제는 IoT 기기 및 임베디드 시스템에서 널리 사용될 것으로 예상된다. IoT 기기 및 임베디드 시스템은 다양한 환경에서 작동하며, 작고 경량화된 운영체제가 필요하다. 미래의 운영체제는 IoT 기기 간의 통신을 용이하게 하고, 데이터 수집 및 처리를 효율적으로 수행할 수 있을 것이다.

10.3. 가상 및 클라우드 환경

가상화 기술과 클라우드 컴퓨팅이 계속 발전함에 따라, 미래의 운영체제는 가상 및 클라우드 환경에서 활발하게 사용될 것으로 예상된다. 이를 통해 사용자는 가상 머신에서 다양한 운영체제를 실행하고, 클라우드 환경에서 확장 가능하고 유연한 서비스를 제공할 수 있을 것이다.

10.4. 로봇 및 자율 주행 차량

미래의 운영체제는 로봇 및 자율 주행 차량과 같은 실시간 응용 분야에서 중요한 역할을 할 것으로 예상된다. 이러한 응용 분야는 정확한 시간 제어와 빠른 응답이 필요하기 때문에 실시간 운영체제의 기능이 요구될 것이다.

CHAPTER

04

응용 프로그램 개발 기술

학습목표

1. 응용 프로그램 영역에 대하여 이해한다.
2. 웹 애플리케이션 서비스 구조에 대하여 이해한다.
3. 웹서버의 기능에 대하여 설명할 수 있다.
4. 웹 애플리케이션 구성에 대하여 설명할 수 있다.
5. 웹 애플리케이션 서비스에서 데이터베이스 역할에 대하여 설명할 수 있다.
6. 프론트엔드 기술들에 대하여 설명할 수 있다.
7. 백엔드 기술들에 대하여 설명할 수 있다.
8. 웹 애플리케이션 프레임워크에 대하여 이해한다
9. 모바일 개발 기술에 대하여 설명할 수 있다.

1. 응용 프로그램

응용 프로그램 또는 애플리케이션(applications)은 사용자가 컴퓨터, 모바일 기기 또는 웹 브라우저에서 실행하여 작업을 수행하는 소프트웨어로서 특정한 기능이나 작업을 수행하기 위해 설계된 소프트웨어를 말한다. 응용 프로그램들은 다양한 분야에서 사용자의 편의성을 높이고 개인, 기업 및 사회 전체의 시간 및 비용의 절감, 생산성 향상, 자원 최적화에 기여한다.

1.1. 응용 프로그램 유형

과거에는 컴퓨터 운영체제 기반의 응용 프로그램들이 다수를 차지하고 있었으나 웹 기술의 발전, 특히 AJAX(Asynchronous JavaScript and XML)와 같이 웹에서 대화형 기능을 제공하는 기술의 발전으로 현재는 웹 애플리케이션이 응용 프로그램의 주류로 자리 잡고 있다. 또한 스마트폰의 발전과 사용자의 확장으로 모바일 기반의 애플리케이션인 모바일 앱도 응용 프로그램 영역을 확대하고 있다.

- 컴퓨터 기반의 응용 프로그램: 워드, 엑셀, 파워포인트 등
- 웹 애플리케이션 : 온라인 쇼핑몰, 온라인 뱅킹
- 모바일 앱 : 모바일 쇼핑몰, 모바일 뱅킹

오늘날 웹 애플리케이션과 모바일 앱이 응용 프로그램의 주류를 차지함에 따라 본장에서는 웹 애플리케이션과 모바일 앱 개발과 관련된 기술들에 대하여 다룬다.

2. 웹 애플리케이션 개발

웹 애플리케이션(Web application)은 운영체제 기반의 컴퓨터 응용 프로그램과 달리 웹서버에서 실행되고 웹 브라우저에서 사용되는 애플리케이션 소프트웨어이다. 따라서 웹 애플리케이션 개발은 웹 애플리케이션 서비스 구조와 다양하고 포괄적인 웹 애플리케이션 개발 기술들에 대한 이해가 필요하다.

2.1. 웹 애플리케이션 서비스 구조

웹 애플리케이션 서비스 구조는 [그림 4.1]과 같이 사용자의 요청을 처리하고 응답을 제공하기 위한 전체적인 구조를 말한다. 이 구조는 여러 구성 요소와 계층으로 구성되어 있으며, 각각의 구성 요소는 특정 기능을 수행한다. 일반적으로 웹 애플리케이션 서비스 구조는 클라이언트, 웹서버, 웹 애플리케이션 서버, 데이터베이스 등의 구성 요소를 포함하고 있다.

클라이언트(Client)는 서비스를 사용하는 사용자로서 웹 브라우저를 통해 서버의 애플리케이션에 접근한다. 웹 브라우저는 사용자의 요청을 생성하고 서버에 전송하며, 서버로부터 받은 응답을 표시한다. 웹서버는 클라이언트의 요청을 받아들이고 해당 요청에 대한 HTML 페이지, 이미지, CSS 파일 등의 정적 콘텐츠를 제공한다. 웹 애플리케이션에 대한 요청일 경우 웹서버는 동적 콘텐츠를 생성하기 위해 백엔드 서버 또는 애플리케이션 서버와 통신한다. 웹 애플리케이션은 클라이언트의 요청을 처리하고 동적 콘텐츠를 생성한다. 웹 애플리케이션은 일반적으로 데이터베이스와의 상호작용하고 비즈니스 로직을 실행한다. 실행결과들은 웹서버를 통해 클라이언트에 제공된다. 데이터베이스는 데이터를 저장하고 관리하는 역할을 한다. 웹 애플리케이션애 사용되는 다양한 데이터들이 데이터베이스에 저장되며, 웹 애플리케이션은 데이터베이스와 상호작용하여 필요한 데이터를 검색하거나 업데이트한다.

웹 애플리케이션 서비스 구조는 상기의 구성 요소들이 조합되어 사용자에게 안

그림 4.1 웹 애플리케이션 서비스 구조

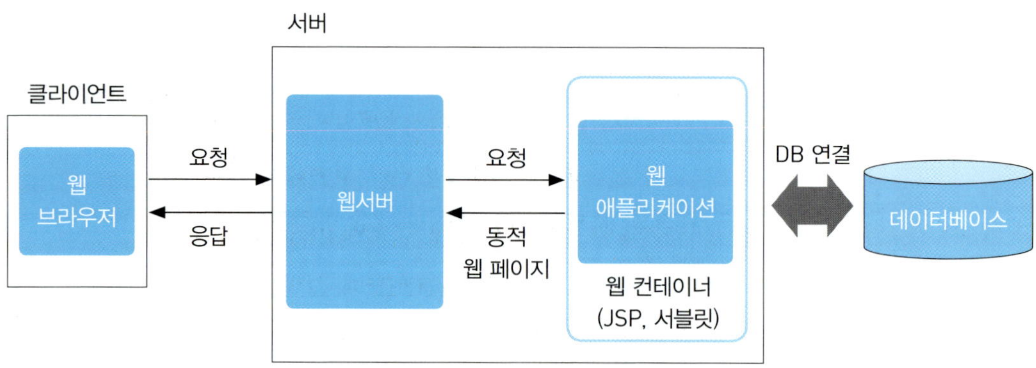

정적이고 효율적인 서비스를 제공한다. 따라서 웹 애플리케이션 개발은 웹서버에 대한 기술, 웹 애플리케이션 개발을 위한 프로트엔드와 백엔드 기술, 그리고 데이터베이스 기술들로 구성되어 있다.

2.2. 웹서버

웹서버(Web Server)는 클라이언트로부터 HTTP 요청을 받아들이고, 해당 요청에 대한 응답을 생성하여 전송하는 역할을 수행하는 서버에 설치되는 프로그램으로 웹서버의 주요 기능은 클라이언트의 HTTP 요청 처리, 로드 밸런싱, 보안 기능 등이 있다.

클라이언트의 HTTP 요청 처리 기능은 클라이언트로부터 수신된 HTTP 요청을 해석하고 HTML 문서, 이미지, 스타일 시트, 자바스크립트 파일 등의 요청된 리소스를 서버에서 읽어들인 후, HTTP 응답을 생성하여 클라이언트로 반환한다. 웹서버는 정적 파일뿐만 아니라 동적 콘텐츠를 생성하기 위해 웹 애플리케이션으로 전달하고, 웹 애플리케이션이 생성한 응답을 클라이언트에게 전달한다. 웹서버의 로드 밸런싱(Load Balancing) 기능은 웹서버에 들어오는 트래픽을 균형 있게 분산시켜 서버의 부하를 분산시키는 기능으로 웹서버는 네트워크 상에서 클라이언트 요청을 받아들이고, 이를 여러 대의 웹 애플리케이션 서버로 분산하는 역할을 수행한다. 이를 통해 단일 서버에 집중된 트래픽으로 인한 과부하를 방지하고, 서비스의 가용성과 성능을 향상시킬 수 있다. 아울러 웹서버는 보안을 강화하기 위한 다양한 기능을 제공한다. 클라이언트와 서버간의 전송 데이터에 대한 SSL/TLS 암호화를 통한 데이터 보호, 접근 제어를 통한 권한 관리, 방화벽을 통한 네트워크 보안 등의 기능을 제공한다.

웹 애플리케이션 서비스를 위하여 주로 사용되는 웹서버는 아파치, 엔진엑스, IIS, Node.js 등의 있다. 아파치(Apache) 웹서버는 가장 오래되고 널리 사용되는 웹서버로 오픈 소스로 제공되며, 모듈화된 아키텍처를 가지고 있어 다양한 확장 기능을 지원한다. 대부분의 리눅스 기반 시스템과 윈도우즈에서 실행할 수 있다. 엔진엑스(Nginx)는 아파치 웹서버와 함께 최근 가장 인기 있는 웹서버이다. 가벼운 리버스 프록시(reverse proxy) 서버로 시작되었지만, 현재는 웹서버, 로드 밸런서, 캐시 서버 등 다양한 역할을 수행한다. 이벤트 기반 아키텍처를 사용하여 높은 동시 접속 처리 및 효율적인 리소스 사용을 제공한다. 마이크로소프트의 IIS(Information Services)는 윈도우즈 운영체제에서 실행되는 웹서버로 윈도우즈 서버(Windows Server)에 포함되어 있으며, ASP.NET과 같은 마이크로소프트 기술과의 통합이 용이하다. 사용자 친화적인 인터페이스와 관리 툴을 제공하여 윈도우즈 환경에서 웹 애플리케이션을 운영하기에 적합하다. Node.js는 자바스크립트 런타임 환경으로, 웹서버를 구축하는 데 사용된다. 이벤트 기반, 비동기식 I/O 모델을 사용하여 높은 성능과 확장성을 제공한다. Node.js는 자바스크립트로 서버 측 코드를 작성할 수 있으므로, 전체 애플리케이션을 자바스크립트로 개발할 수 있다.

2.3. 웹 애플리케이션 구성

웹 애플리케이션은 여러 구성요소로 이루어져 있으며, 각 구성요소는 애플리케이션의 기능과 역할을 담당한다. 웹 애플리케이션의 구성요소는 크게 프론트엔드와 백엔드로 구분된다. 프론트엔드(Frontend)는 사용자 인터페이스(UI)와 관련되어 웹 애플리케이션의 사용자가 상호 작용할 수 있는 부분으로, HTML, CSS 및 자바스크립트를 사용하여 구성된다. 웹 브라우저에서 사용자의 입력을 처리하고 자바스크립트 코드를 이용하여 웹 페이지의 동적인 부분을 처리한다. 또한 리액트, 앵귤러, Vue.js 등의 프론트엔드 프레임워크 또는 라이브러리를 사용하여 개발할 수 있다.

백엔드(Backend)는 클라이언트로부터 요청을 받아 처리하고 응답을 반환하는 역할을 수행하는 웹 애플리케이션 부분으로 사용자의 요청에 따라 자료를 처리하고 비즈니스 로직을 실행한다. 또한 데이터베이스와의 상호 작용을 통해 데이터베이스 자료의 입력, 수정, 조회 등의 작업을 수행한다. 자바로 작성된 백엔드 웹 애플리케이션의 경우 아파치 톰캣과 같은 컨테이너 소프트웨어가 필요하다. 컨테이너(Container)는 특정 프로그램의 구동 환경을 의미하며 아파치 톰캣(Apache Tomcat)은 아파치 소프트웨어 재단(Apache Software Foundation)에서 개발한 오픈 소스 서블릿 컨테이너로 주로 자바 프로그램을 실행하기 위해 사용된다. 서블릿(Servlets)은 자바로 작성된 실행 파일을 말하며, 서블릿이 실행되기 위해서는 일반 윈도우즈 같은 운영체제가 아닌 특정 컨테이너에서 실행이 가능한다. 오늘날 다수의 기업 웹 애플리케이션이 주로 자바 프로그램으로 작성되어 있기 때문에 기업에서는 웹서버와 더불어 아파치 톰캣은 필수적으로 설치되어 사용된다.

2.4. 데이터베이스

데이터베이스는 웹 애플리케이션에서 사용되는 데이터를 저장하고 관리하는 역할을 수행하며 일반적으로 DBMS을 이용하여 관리된다. 웹 애플리케이션과 데이터베이스 간의 관계는 웹 애플리케이션이 사용자에게 제공하는 동적 콘텐츠를 생성하고 관리하는 데 중요하다. 웹 애플리케이션은 데이터베이스와의 상호작용을 통해 필요한 정보를 검색하고 수정한다. 이러한 과정에서 데이터베이스는 데이터의 무결성을 보장하기 위해 트랜잭션을 지원하고, 웹 애플리케이션은 트랜잭션을 시작하고 종료하여 데이터베이스와의 상호작용을 관리한다. 데이터베이스의 또 다른 역할은 자료의 보안과 접근 권한 기능을 제공한다. 웹 애플리케이션은 사용자의 권한을 확인하고 데이터베이스에 접근할 수 있는 권한을 부여한다. 이를 통해 민감한 정보의 무단 액세스를 방지할 수 있다. 웹 애플리케이션과 데이터베이스 간의 관계는 웹 애플리케이션의 기능과 성능에 큰 영향을 미치며, 잘 설계된 데이터베이스 구조와 효율적인 데이터베이스 관리는 웹 애플리케이션의 성능과 안정성을 향상시킨다.

3. 프론트엔드 기술

프론트엔드 개발은 사용자가 웹 브라우저에서 보는 부분을 구현하는 기술로 웹 페이지 작성과 관련있다. 웹 페이지는 웹 브라우저에 표현되는 내용으로 웹 페이지의 구조를 정의하는 HTML, 웹 페이지의 스타일을 정의하는 CSS, 그리고 웹 페이지의 동적인 기능을 제공하는 자바스크립트 등의 요소들로 구성되어 있다.

- HTML: 웹 페이지의 구조를 정의하는 마크업 언어로 HTML은 요소(Element)들의 집합으로 구성되며, 이를 사용하여 텍스트, 이미지, 비디오 등을 웹 페이지에 표시
- CSS: 웹 페이지의 스타일을 정의하는 스타일 시트 언어로 CSS를 사용하여 HTML 요소의 레이아웃, 색상, 폰트, 크기 등을 조정하여 웹 페이지를 디자인

에 사용
- 자바스크립트: 웹 페이지의 동적인 기능을 구현하는 스크립트 언어로 자바스크립트를 사용하여 사용자와의 상호작용, 데이터 처리, 애니메이션 등을 구현

3.1. HTML

HTML(HyperText Markup Language)은 웹 페이지를 만드는 데 사용되는 기본 웹 언어로 웹 문서의 텍스트 크기, 텍스트 색상, 텍스트 모양, 그래픽 및 하이퍼링크를 정의하는 명령들로 구성되어 있다. HTML에서 사용되는 명령을 태그라고 하며 "〈 〉"로 표시한다. 일반적으로 태그는 시작과 끝을 나타내는 두 쌍으로 구성되는데, 종료 태그는 "/"로 시작된다. 예를 들면 다음과 같이 태그는 〈head〉〈/head〉와 〈title〉〈/title〉 쌍으로 구성되어 있다.

```
〈head〉 〈title〉web pages〈/title〉 〈/head〉
```

일반적으로 HTML은 〈html〉 태그로 시작하고 〈head〉와 〈body〉 영역으로 구성한다. 〈head〉 영역에는 〈title〉을 포함하고 웹 브라우저에서 나타내려는 부분은 〈body〉 영역에 기술한다. 아래와 같이 HTML로 작성된 문서를 웹문서 또는 HTML 문서라고 하며, 웹 브라우저는 HTML로 작성된 문서를 웹 형식으로 사용자에게 보여준다.

HTML 예시 (sample.html)

```
〈html〉
    〈head〉
    〈title〉Book Title〈/title〉
    〈/head〉
    〈body〉
    〈div〉
    〈p〉Book Title〈/p〉
    〈p〉-------------------------------------------〈/p〉
    〈p〉Introduction TO HTML〈/p〉
    〈p〉HTML, XHTML, and CSS〈/p〉
    〈p〉Beginning Web Programming with HTML〈/p〉
    〈/div〉
    〈/body〉
〈/html〉
```

HTML에서 자주 사용되는 몇 가지 주요 태그는 다음과 같다.

〈div〉 구역을 정의할 때 사용
〈p〉 단락을 구분하는데 사용
〈a〉 하이퍼링크 연결, 다른 웹 페이지로 이동할 때 사용
〈img〉 이미지를 삽입할 때 사용
〈ul〉 순서 없는 목록을 나타낼 때 사용, 〈li〉 태그와 함께 사용
〈ol〉 순서 있는 목록을 나타낼 때 사용, 〈li〉 태그와 함께 사용
〈li〉 목록의 항목을 나타낼 때 사용
〈table〉 표 작성. 행은 〈tr〉 태그로, 셀은 〈td〉 태그로 정의
〈form〉 입력 양식을 정의할 때 사용.
〈input〉 사용자 입력 필드 생성(텍스트 입력, 체크박스, 라디오 버튼 등)
〈button〉 버튼 생성
〈span〉 스타일을 적용할 때 사용

HTML은 지속적으로 발전을 하고 있고 최근에 웹 애플리케이션 개발을 위하여 사용되는 HTML은 HTML5 버전이다. HTML5는 웹 표준화 기구 W3C(World Wide Web Consortium)에 의해 개발되었으며, 멀티미디어 기능, 반응형 웹 디자인, 로컬 저장소, 향상된 폼 요소와 같은 다양한 기능을 지원한다.

HTML5의 멀티미디어 기능은 오디오, 비디오, 그래픽 등을 통합하여 웹에서 별도의 플러그(plug-in)인 설치 없이 미디어 콘텐츠를 보다 쉽게 이용할 수 있게 해주고, 모바일 기기와의 호환성을 개선하기 위해 반응형 웹 디자인을 지원한다. 로컬 저장소는 웹 애플리케이션에서 데이터를 로컬에 저장할 수 있는 기능을 제공하여 오프라인에서도 웹 애플리케이션을 사용할 수 있게 하며, 다양한 〈input〉 타입과 추가된 속성의 향상된 폼 요소 기능을 제공하여 사용자 경험을 개선하고 데이터의 유효성을 더욱 강화시켰다.

3.2. CSS

CSS(Cascading Style Sheets)는 HTML 언어로 작성된 문서의 표현을 설명하는 데 사용되는 스타일 시트 언어이다. 초기 HTML만으로 웹 페이지를 생성할 때 개발자

는 각 HTML 요소의 세부 스타일, 예를 들면, 폰트 크기, 색상 등을 지정해야 하는데 이는 시간이 많이 걸리고 복잡하여 완료 후 스타일을 변경하고 유지하는 것이 매우 어려운 일이었다. CSS는 이러한 문제를 해결하기 위해 W3C에서 만든 스타일 시트 언어이다. 아직 HTML이 문서의 텍스트 크기, 텍스트 색상, 텍스트 모양 등과 같은 스타일을 정의하는 명령들을 포함하고 있으나, 오늘날 일반적으로 HTML은 주로 웹 페이지의 구조와 내용을 정의하는데 사용되고 CSS는 HTML 요소의 레이아웃, 색상, 폰트, 크기 등을 조정하여 웹 페이지를 디자인하는데 사용된다.

CSS는 HTML 문서 내에서 사용되고 CSS를 사용하는 방법은 인라인 스타일, 내부 스타일 시트, 외부 스타일 시트의 세 가지 방법이 있다. 인라인 스타일(Inline Styles)은 HTML 요소에 스타일(style) 속성을 사용하여 직접 스타일을 지정하는 방법이다. 예를 들어, 〈div style="color: red; font-size: 16px;"〉내용〈/div〉과 같이 사용하는 것으로 이 방법은 스타일을 해당 요소에만 적용하고 재사용이 어려우므로 일반적으로 작은 규모의 프로젝트나 특정 상황에서만 사용된다. 내부 스타일 시트(Internal Stylesheet)는 HTML 문서 내부에 〈style〉 태그를 사용하여 스타일을 정의하는 방법이다. 예를 들어, 〈style〉 div { color: blue; } 〈/style〉과 같이 사용하며, 해당 스타일은 문서 내의 모든 해당 요소에 적용된다. 내부 스타일 시트는 하나의 HTML 문서 내에서 여러 요소에 동일한 스타일을 적용할 때 유용하다. 마지막으로 외부 스타일 시트(External Stylesheet)는 별도의 .css 파일에 스타일을 작성하고 HTML 문서에서 이 파일을 연결하는 방법이다. 외부 스타일 시트는 〈link〉 태그를 사용하여 HTML 문서와 연결된다. 예를 들어, 〈link rel="stylesheet" type="text/css" href="styles.css"〉와 같이 사용한다. 이 방법은 여러 HTML 문서에서 동일한 스타일을 재사용할 수 있고 유지보수가 용이하며, 웹 페이지의 성능을 향상시킬 수 있다.

하나의 HTML 문서에서 상기 세 가지 방법을 모두 사용할 수 있기 때문에 프로그래머는 상황에 따라 선택하여 스타일링할 수 있다, 아래 CSS 예시는 인라인 스타일 시트 방식으로 CSS을 적용한 것이다.

CSS 예시

```
〈html〉
    〈head〉
    〈title〉Book Title〈/title〉
    〈/head〉
    〈body〉
    〈div style="border-style: solid"〉
    〈p〉Book Title〈/p〉
    〈p〉--------------------------------------------〈/p〉
    〈p style="color:blue;"〉Introduction TO HTML〈/p〉
    〈p style="color:green;font-size:20"〉HTML, XHTML, and CSS〈/p〉
    〈p style="color:red;font-size:20"〉Beginning Web Programming with HTML〈/p〉
    〈/div〉
    〈/body〉
〈/html〉
```

CSS에서 자주 사용되는 몇 가지 주요 명령어는 다음과 같다.

- color: 텍스트의 색상을 지정, 예: color: red;
- font-size: 텍스트의 크기를 지정, 예: font-size: 16px;
- font-family: 텍스트의 글꼴을 지정, 예: font-family: Arial, sans-serif;
- font-weight: 텍스트의 굵기를 지정, 예: font-weight: bold;
- text-align: 텍스트의 정렬을 지정, 예: text-align: center;
- text-decoration: 텍스트의 장식(밑줄, 취소선 등)을 지정, 예: text-decoration: underline;
- background-color: 요소의 배경색을 지정, 예: background-color: #f0f0f0;
- background-image: 요소의 배경 이미지를 지정, 예: background-image: url('background.jpg');
- margin: 요소의 외부 여백(margin)을 지정, 예: margin: 20px;
- padding: 요소의 내부 여백(padding)을 지정, 예: padding: 20px;
- border: 요소의 테두리를 지정, 예: border: 1px solid black;
- width, height: 요소의 너비와 높이를 지정, 예: width: 200px; height: 100px;
- position: 요소의 위치를 지정, 예: position: relative;
- float: 요소를 왼쪽이나 오른쪽으로 띄움, 예: float: left;

CSS3는 CSS의 최신 버전으로 향상된 지원 가능들로 인하여 웹 페이지의 디자인을 더욱 다양하고 동적으로 만들 수 있게 해준다. 따라서 CSS3는 웹 디자인 및 개발에서 필수적인 요소로 자리 잡고 있으며, 지속적으로 발전하고 있다.

3.3. 자바스크립트

자바스크립트(JavaScript)는 웹 개발에서 가장 널리 사용되는 프로그래밍 언어로 주로 클라이언트 측에서 실행되며, 웹 페이지의 동적인 기능을 구현하는 데 사용된다. 자바스크립트의 주요 기능은 동적인 웹 페이지 생성, 이벤트 처리, 브라우저 제어 기능 등이 있다. 동적인 웹 페이지 생성 기능은 자바스크립트를 HTML 및 CSS와 함께 사용하여 웹 페이지를 동적으로 만들고 상호 작용할 수 있도록 한다. 예를 들어, 사용자 입력에 따라 콘텐츠를 변경하거나, 웹 페이지의 요소를 동적으로 추가, 제거, 수정할 수 있다. 이벤트 처리 기능은 자바스크립트를 사용하여 웹 페이지에서 발생하는 클릭, 마우스 오버, 키 입력 등의 이벤트를 처리할 수 있다. 이를 통해 사용자의 상호 작용에 반응하여 웹 페이지를 업데이트하거나 특정 작업을 수행할 수 있다. 브라우저 제어 기능은 자바스크립트가 웹 브라우저의 다양한 기능에 접근하여 제어하는 기능으로 새 창 또는 팝업을 열거나, 브라우저의 히스토리를 조작하거나, 쿠키를 설정하고 읽어올 수 있다.

아래 자바스크립트 예시는 버튼을 누르면 이벤트 처리를 통하여 동적으로 책의 제목들을 나타나게 하는 자바스크립트이다.

자바스크립트 예시

```
〈html〉
    〈head〉
    〈title〉Book Title〈/title〉
    〈script 〉
    function show_all( ) {
    var book_titles=document.getElementById('book1').innerText+document.
getElementById('book2').innerText+document.getElementById('book3').innerText
    alert(book_titles)
    }
    〈/script 〉
    〈body〉
    〈div style="border-style: solid"〉
```

```
    〈p〉Book Title〈/p〉
    〈p〉-------------------------------〈/p〉
    〈p style="color:blue;" id="book1" 〉Introduction TO HTML〈/p〉
    〈p style="color:green;font-size:20" id="book2"〉HTML, XHTML, and CSS〈/p〉
    〈p style="color:red;font-size:20" id="book3"〉Beginning Web Programming
with HTML〈/p〉
    〈button type="button" onclick="show_all( )"〉선택〈/button〉
    〈/div〉
    〈/body〉
〈/html〉
```

자바스크립트에서 HTML 요소를 동적으로 추가, 제거, 수정하기 위하여 식별자(id)와 클래스(class)를 활용한다. id는 문서 내에서 고유한 HTML 요소에 대한 식별자를 나타낸다. 즉, 한 문서 내에 동일한 id가 여러 개 존재해서는 안되며, 자바스크립트에서는 document.getElementById() 메서드를 사용하여 특정 식별자를 가진 요소를 찾을 수 있다. 예를 들어, 〈div id="myDiv"〉...〈/div〉와 같이 요소에 id를 지정하면 자바스크립트에서 document.getElementById("myDiv")와 같이 해당 요소를 선택할 수 있다. class(클래스)는 여러 요소에 동일한 스타일이나 동작을 적용하기 위해 사용된다. 즉, 한 문서 내에 여러 요소가 동일한 클래스를 가질 수 있다. 자바스크립트에서는 document.getElementsByClassName() 메서드를 사용하여 특정 클래스를 가진 모든 요소를 찾을 수 있다. 예를 들어, 〈p class="paragraph"〉...〈/p〉와 같이 요소에 클래스를 지정하면 자바스크립트에서 document.getElementsByClassName("paragraph")와 같이 해당 클래스를 가진 모든 요소를 선택할 수 있다. 즉, 식별자는 문서 내에서 단일 요소를 식별하는 데 사용되고, 클래스는 여러 요소에 동일한 스타일이나 동작을 적용하는 데 사용된다. 자바스크립트에서는 이러한 속성들을 활용하여 HTML 요소를 조작하고 상호작용할 수 있다.

3.4. jQuery

jQuery는 자바스크립트를 기반으로 하는 라이브러리로, HTML 문서의 구조를 쉽게 조작하고 상호작용할 수 있도록 도와준다. 주로 웹 개발에서 사용된다.

jQuery는 자바스크립트의 확장으로 자바스크립트 코드를 보다 쉽게 작성할 수 있도록 도와준다. 따라서 jQuery를 사용하면 복잡한 자바스크립트 코드를 간결하게 작성할 수 있으며, 웹 페이지 제작 시 모든 브라우저에서 호환성 가지게 하는 크로스 브라우징(Cross Browsing) 문제를 해결할 수 있다. jQuery는 자바스크립트 언어로 작성되었으며, 자바스크립트의 기능과 문법을 기반으로 동작한다. 따라서 jQuery를 사용하려면 자바스크립트에 대한 기본 지식이 필요하다. jQuery는 자바스크립트의 기본 기능을 보완하고 확장한다. 예를 들어, HTML 요소 선택, DOM 조작, 이벤트 처리 등을 보다 쉽게 할 수 있도록 편리한 메서드와 기능을 제공한다. jQuery는 자바스크립트의 복잡한 부분을 추상화하여 개발자가 보다 직관적으로 코드를 작성할 수 있도록 도와준다. 이는 개발 시간을 단축하고 코드의 가독성을 향상시킨다. jQuery를 사용하면 자바스크립트로 직접 작성해야 하는 코드를 줄일 수 있다. 많은 경우 jQuery를 사용하면 더 적은 코드로 동일한 작업을 수행할 수 있다. 상기와 같은 이점 때문에 jQuery는 웹 개발에서 널리 사용되는 도구이며, 쉬운 문법과 강력한 기능을 통해 개발자들이 웹 애플리케이션을 보다 쉽게 작성하고 관리할 수 있도록 도와준다.

jQuery를 사용하는 기본적인 방법은 다음과 같다. jQuery를 사용하려면 먼저 해당 라이브러리를 웹 페이지에 포함시키고, 그 다음에 jQuery를 사용하여 HTML 요소를 선택하고 조작할 수 있다. 다음은 jQuery를 CDN을 통해 포함시키는 예시로 웹 페이지의 <head> 태그 내에 jQuery 라이브러리를 포함하고 있다.

```
<head>
    <script src="https://ajax.googleapis.com/ajax/libs/jquery/3.6.0/jquery.min.js"></
script>
</head>
```

jQuery 코드 작성은 jQuery를 사용하여 HTML 요소를 선택하고 조작하는 자바스크립트 코드를 작성한다. jQuery 코드는 일반적으로 <script> 태그 내에 작성된다. 예를 들어, 모든 <button> 요소를 선택하고 클릭 이벤트를 처리하는 jQuery 코드는 다음과 같다.

```
<script>
    $(document).ready(function(){
        // 문서가 준비되면 실행될 코드
        $("button").click(function(){
            alert("버튼이 클릭되었습니다.");
        });
    });
</script>
```

jQuery 코드 실행은 jQuery 코드는 페이지가 로드될 때 실행되어야 한다. 따라서 코드를 $(document).ready() 함수 내에 작성하거나 페이지의 맨 아래에 배치하여 HTML 문서가 완전히 로드된 후에 실행되도록 할 수 있다.

```
<script>
    $(document).ready(function(){
        // 문서가 준비되면 실행될 코드
    });
</script>
```

상기와 같이 jQuery의 강력한 기능과 간편한 문법을 활용하여 웹 페이지를 자바스크립트보다 동적이고 상호작용적으로 만들 수 있다.

3.5. AJAX

AJAX(Asynchronous JavaScript and XML)는 웹 페이지에서 비동기적으로 서버와 통신하는 기술로 자바스크립트를 사용하여 비동기적으로 서버와 통신할 수 있는 웹 애플리케이션을 구현할 수 있다. 따라서 페이지의 전체 새로고침 없이 서버에서 데이터를 받아와 동적으로 페이지를 업데이트할 수 있다. 즉, AJAX는 대화형 웹 애플리케이션 개발의 기반 기술이다.

AJAX가 구현되기 위해서는 [그림 4.2]와 같이 클라아언트 처리 부분에 AJAX 자바스크립트가 포함되어야 하며, 서버에는 요청된 XML 자료를 생성하는 프로그램이 설치되어야 한다. AJAX의 실행은 사용자의 화면에서 화면 변경과 같은 AJAX 요청으로 시작된다. AJAX가 요청되면 AJAX 자바스크립트가 실행되며 이 AJAX 자바스크립트는 서버에 화면 변경을 위한 XML 데이터를 요청한다. 서버에서는 XML 자료 생성 프로그램이 데이터베이스를 참조하여 XML 데이터 생성하고 이를

그림 4.2 AJAX 작동원리

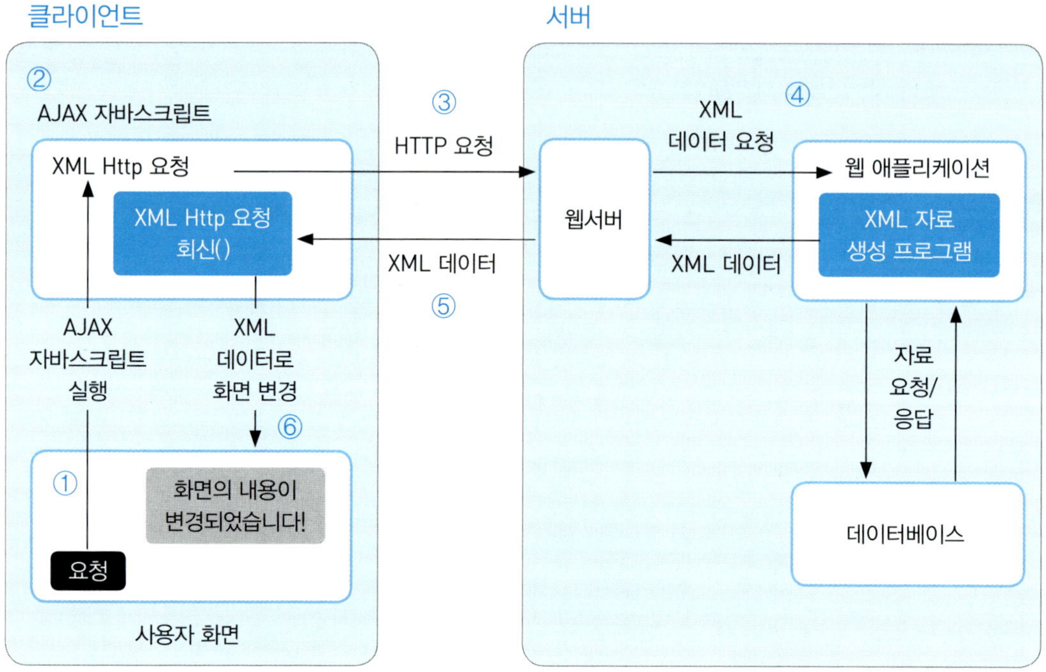

웹서버를 통해 클라이언트에 전달한다. XML 데이터를 회신한 클라이언트에서는 화면의 전체적인 구조에 대한 변경없이 회신한 XML 데이터를 이용하여 내용을 변경한다.

4. 백엔드 기술

백엔드(Backend)는 클라이언트로부터 요청을 받아 처리하고 결과를 동적 웹 페이지로 생성하는 역할을 수행하는 웹 애플리케이션 부분으로 웹 애플리케이션을 작성을 위하여 PHP, ASP, JSP, 자바와 같은 다양한 웹 프로그래밍 언어들이 사용된다. 최근에 딥러닝을 제공하는 파이썬과 웹 애플리케이션을 개발하기 위한 플랫폼인 Node.js 등도 백엔드 기술로 활용 비중이 높아지고 있다.

4.1. PHP

PHP는 Hypertext Preprocessor의 약자로, 주로 서버 측 웹 개발에 사용되는 스크립팅 언어이다. 주로 동적인 웹 페이지를 생성하기 위해 사용되며, HTML 안에 포함되어 웹 페이지를 생성하고, 데이터베이스와의 상호작용을 통해 정보를 동적으로 표시할 수 있다. PHP는 다른 프로그래밍 언어에 비해 문법이 간단해 많은 웹 개발자들이 배우기 쉽고 사용하기 쉬운 언어로 평가한다. 또한 PHP는 다양한 라이브러리와 프레임워크가 존재하여, 다양한 웹 개발 프로젝트에 적용할 수 있다. 예를 들어, 라라벨(Laravel), 심포니(Symfony) 등의 프레임워크를 사용하여 웹 애플리케이션을 개발할 수 있다. 아울러 PHP는 여러 운영체제에서 동작하며, 아파치, 엔진엑스 등의 대부분의 웹서버와 호환된다.

PHP의 사용은 아래 샘플에서와 같이 HTML 안에 PHP 프로그램을 포함되어 정보를 동적으로 표시할 수 있다. HTML내의 PHP 프로그래밍은 〈?php 시작하여 작성하고 PHP 코드 작성이 완료되면 ?〉로 작성완료 표시를 한다. 아래 샘플은 “My first PHP script!”를 출력하는 PHP 프로그래밍이다.

PHP 샘플

```
〈html〉
    〈body〉

    〈?php
    echo “My first PHP script!”;
    ?〉

    〈/body〉
〈/html〉
```

PHP 코드가 포함된 HTML 문서는 .php 파일로 저장하여 사용한다,

4.2. ASP

ASP(Active Server Pages)는 마이크로소프트에서 개발한 서버 측 스크립트 언어로 ASP를 사용하면 동적인 웹 페이지를 생성하고 웹서버와 데이터베이스와의 상호작용을 수행할 수 있다. ASP는 주로 윈도우즈 서버에서 실행되며, 마이크로소프트

의 IIS 웹서버와 함께 사용된다. ASP 페이지는 기본적으로 VB스크립트(Script)와 같은 스크립트 언어를 사용하여 작성되고 윈도우즈 환경에서 마이크로소프트의 다른 기술과 잘 통합된다. 예를 들어, ASP 페이지에서는 액티브엑스(ActiveX) 컨트롤이나 COM(Components Object Model) 객체를 사용하여 다양한 기능을 수행할 수 있다. ASP의 발전된 형태인 ASP.NET은 객체 지향 프로그래밍 모델을 기반으로 하며, C# 또는 비주얼 베이직(Visual Basic)과 같은 프로그래밍 언어를 사용하여 웹 애플리케이션을 개발할 수 있다. ASP는 과거에는 많이 사용되었으나, 현재는 ASP.NET 및 다른 웹 개발 기술의 발전으로 대체되고 있다.

4.3. 자바

자바(Java)는 1995년에 선 마이크로시스템즈(Sun Microsystems)에서 개발한 고급 프로그래밍 언어로 웹, 모바일, 데스크탑 등 다양한 플랫폼에서 작동하는 애플리케이션을 개발할 수 있도록 설계된 범용 프로그래밍 언어이다. 자바는 객체 지향적이며 강력한 언어로, 대규모 웹 애플리케이션을 구축하는 데 매우 적합하다. 자바 웹 애플리케이션은 주로 서블렛을 사용하여 개발된다. 서블릿(Servlets)은 서버 측에서 실행되는 자바 실행 프로그램으로, 클라이언트 요청에 응답하여 동적인 콘텐츠를 생성한다. 자바 EE(Enterprise Edition)는 대규모 엔터프라이즈급 웹 애플리케이션을 개발하기 위한 자바 플랫폼으로 여러 기술 및 API를 제공하여 웹 애플리케이션의 보안, 트랜잭션 관리, 데이터베이스 연동 등을 지원한다. 자바 웹 애플리케이션은 주로 아파치 톰캣 등의 컨테이너와 함께 사용된다. 아파치 톰캣은 자바 서블릿 및 JSP 컨테이너를 제공하여 자바 웹 애플리케이션을 실행한다. 따라서 자바 웹 프로그램은 다양한 기능과 확장성을 제공하여, 대규모 웹 애플리케이션을 개발하는 데 매우 적합하다.

4.4. JSP

JSP(JavaServer Pages)는 자바 웹 애플리케이션을 개발하기 위한 기술 중 하나로, HTML 내에 자바 코드를 삽입하여 동적인 웹 페이지를 생성하는 방법을 제공한다. JSP는 서블릿의 확장으로, 보다 간편하게 웹 페이지를 작성하고 관리할 수 있도록 도와준다. JSP는 PHP와 같이 HTML 태그 내에 자바 코드를 삽입하여 사용한다. 〈% %〉로 둘러싸인 코드 블록을 사용하여 자바 코드를 작성할 수 있다. 이를 통해

HTML과 자바 코드를 쉽게 혼합하여 동적인 웹 페이지를 생성할 수 있다. 또한 JSP는 내장 객체를 통해 다양한 기능을 제공한다. 가장 널리 사용되는 내장 객체로는 request, response, session, application 등이 있고 이러한 내장 객체를 사용하여 HTTP 요청 및 응답 처리, 세션 관리, 애플리케이션 범위의 데이터 공유 등을 수행할 수 있다.

JSP는 자바 웹 애플리케이션 개발에서 널리 사용되며, 서블릿과 함께 사용하여 동적인 웹 페이지를 생성하고 관리하는 데 유용하다. JSP를 사용하면 HTML과 자바 코드를 간편하게 혼합하여 웹 애플리케이션을 개발할 수 있다.

4.5. Node.js

Node.js는 자바스크립트 런타임 환경으로서, 서버 측 웹 애플리케이션을 개발하기 위한 플랫폼이다. Node.js는 크롬(Chrome) V8 자바스크립트 엔진에 기반하고 있으며, 비동기 이벤트 기반의 방식으로 동작하여 높은 성능을 제공한다. 비동기 이벤트 기반은 요청을 논블로킹(Non-blocking)으로 처리하고, 작업이 완료되면 콜백 함수를 호출하여 처리 결과를 반환한다. 이러한 방식은 대규모 애플리케이션에서 높은 처리량과 확장성을 제공한다.

Node.js의 패키지 관리자인 npm(Node Package Manager)은 수많은 오픈 소스 패키지들을 제공하고 관리한다. npm을 사용하여 프로젝트를 관리하고 패키지를 설치 및 배포할 수 있다. Node.js는 아파치, 엔진엑스와 같은 다른 웹서버 없이 HTTP 모듈을 사용하여 간단한 웹서버를 만들수 있고, 익스프레스(Express)와 같은 웹 프레임워크를 사용하여 더 복잡한 웹 애플리케이션을 개발할 수 있다. Node.js는 빠른 속도, 확장성, 간편한 개발 프로세스 등의 장점을 가지고 있어, 현대적인 웹 애플리케이션을 개발하는 데 많이 사용되고 있다.

4.6. 파이썬

파이썬(Python)은 간결하고 가독성이 높은 문법을 가진 인터프리터형 고급 프로그래밍 언어로, 광범위한 응용 분야에서 사용되는 최근에 가장 인기 있는 언어이다. 파이썬의 가장 큰 특징은 간결하고 읽기 쉬운 문법을 가지고 있어, 프로그램을 작성하고 이해하기가 쉽다는 점이다. 이는 코딩 생산성을 향상시키고 개발 시간을 단축시킨다. 프로그램 개발 시간 관점에서도 파이썬은 인터프리터형 언어로 코드를 작성한 후 바로 실행할 수 있으며, 코드 수정 후 다시 컴파일하지 않고도 즉시 결과를 확인할 수 있다. 또한 파이썬에는 풍부한 표준 라이브러리가 포함되어 있어, 다양한 작업을 수행하기 위한 기능을 제공한다. 예를 들어, 파일 입출력, 네트워킹, 데이터 분석 처리, 웹 애플리케이션 개발 등을 지원한다. 아울러 파이썬은 활발한 개발자 커뮤니티와 풍부한 생태계를 가지고 있다. 이를 통해 다양한 라이브러리, 프레임워크, 도구들을 활용하여 개발을 진행할 수 있다. 따라서 파이썬은 웹 애플리케이션 개발, 데이터 과학, 인공지능, 기계 학습, 자동화, 게임 개발 등 다양한 분야에서 사용되고 있고, 특히, 데이터 과학 및 기계 학습 분야에서는 매우 인기 있는 언어이다. 파이썬은 초보자부터 전문가까지 다양한 사용자에게 적합한 언어로, 많은 사람들이 프로그래밍을 배우고 다양한 프로젝트를 개발하는 데 사용하고 있다.

5. 웹 애플리케이션 프레임워크

웹 애플리케이션 프레임워크(Web Application Framework)는 웹 애플리케이션을 개발하기 위한 구조, 도구, 라이브러리 등을 제공하여 개발자가 효율적으로 웹 애플리케이션을 구축할 수 있도록 돕는 소프트웨어들을 말한다. 다양한 웹 애플리케이션 프레임워크들이 존재하며, 각각의 프레임워크는 특정한 목적이나 사용 사례에 맞추어 설계되어있다. 웹 애플리케이션 프레임워크는 크게 프론트엔드를 개발하기 위한 프레임워크들과 백엔드를 개발하기 위한 프레임워크로 구분된다.

5.1. 프론트엔드 프레임워크

프론트엔드 프레임워크는 개발자들이 프론트엔드 코드를 작성하고 디버그하며 애플리케이션을 배포하는 데 도움이 되는 다양한 개발 도구와 라이브러리들이 함께 제공된다. 일반적으로 사용되는 프론트엔드 프레임워크로는 리액트, 앵귤러, Vue.js 등이 있다.

리액트(React)는 페이스북에서 개발한 오픈 소스 자바스크립트 라이브러리로, 사용자 인터페이스를 만들기 위해 사용된다. 컴포넌트 기반 아키텍처를 기반으로 하며, 재사용 가능한 UI 요소들을 작성하고 조합하여 복잡한 UI를 만들 수 있다. 가상 DOM(Virtual DOM)을 사용하여 성능을 최적화하고, 데이터의 변경 사항을 효율적으로 반영하고 상태 관리를 위한 추가 라이브러리들을 함께 사용할 수 있다. 리액트 네이티브를 사용하여 웹 이외의 모바일 앱에도 사용자 인터페이스를 개발할 수 있다. 앵귤러(Angular)는 구글에서 개발한 오픈 소스 프레임워크로, 단일 페이지 애플리케이션(SPA)을 개발하기 위해 사용된다. 전체적인 프레임워크로서 데이터 바인딩, 의존성 주입 등을 포함하여 완전한 솔루션을 제공한다. 타입스크립트(TypeScript)를 기본 언어로 사용하여 타입 안정성을 보장하고, 대규모 프로젝트에서의 유지 보수성을 향상시킨다. 강력한 CLI(Command Line Interface)를 제공하여 프로젝트 생성, 빌드, 테스트 등을 쉽게 관리할 수 있다. 복잡한 애플리케이션의 경우에도 성능이 우수하며, 보안과 관련된 기능을 내장하고 있다. Vue.js는 개인 개발자인 에반 유(Evan You)가 개발한 오픈 소스 프론트 엔드 프레임워크로, 가벼우면서도 유연한 사용자 인터페이스를 개발하는 데 사용된다. 가장 진입장벽이 낮은 프레임워크 중 하나로, 쉬운 학습 곡선을 가지고 있다. 단일 파일 컴포넌트(Single File Components)라는 기능을 제공하여 HTML, CSS, 자바스크립트를 하나의 파일에 작성할 수 있다.

5.2. 백엔드 프레임워크

백엔드 프레임워크는 서버 측에서 웹 애플리케이션을 개발하고 관리하기 위한 도구들로 프로그래밍 언어에 의존적이다. 주요 백엔드 프레임워크는 자바를 위한 스프링, 자바스크립트를 위한 익스프레스, 그리고 파이썬을 위한 장고, 플라스크 등이 있다.

스프링(Spring)은 자바 기반의 종합적인 애플리케이션 프레임워크로서, 웹 애플리케이션 개발을 위한 스프링 MVC 모듈을 제공한다. 스프링 MVC는 모델-뷰-컨트롤러(Model-View-Controller) 패턴을 따르며, 소프트웨어 디자인 패턴으로 데이터를 처리하고 저장하는 역할하는 모델과 사용자 인터페이스를 담당하는 뷰, 그리고 뷰와 모델 사이의 상호작용을 담당하는 컨트롤러 부분을 구분하여 소프트웨어를 디자인하여 개발하는 것을 말한다. 또한 스프링은 프로그램 개발시 모듈화가 가능한 관점 지향 프로그래밍(Aspect-Oriented Programming, AOP) 기능을 지원한다. 익스프레스(Express)는 Node.js를 위한 웹 프레임워크로서, 간결하고 유연한 설계를 가지고 있으며, 미들웨어를 통해 기능을 확장하고, 라우팅 및 요청 처리를 간편하게 수행할 수 있다. 아울러 웹의 기본 접근 방식을 이용하는 RESTful API를 개발하는 데 매우 적합하다.

장고(Django)는 파이썬으로 작성된 고수준 웹 프레임워크로서, 안전성, 확장성, 빠른 개발을 지원한다. 장고는 강력한 ORM(Object-Relational Mapping) 기능을 포함하고 있어 데이터베이스와의 상호작용을 간편하게 처리할 수 있고, 또한 관리자 인터페이스, 폼 처리, 보안 기능 등의 기능을 제공하여 개발 생산성을 높인다. 플라스크(Flask)는 파이썬 기반 마이크로 웹 프레임워크로서, 경량화되고 간결한 설계를 특징으로 한다. 플라스크는 쉽게 확장 가능하며, 개발자가 필요에 따라 필요한 기능을 선택하여 사용할 수 있으며, 유연한 URL 라우팅, 템플릿 엔진 지원, 웹 서버 내장 등의 기능을 제공한다.

6. 모바일 앱 개발

모바일 앱 개발은 스마트폰 및 태블릿과 같은 모바일 장치용 응용 프로그램을 설계하고 구축하는 과정으로 모바일 앱 개발에는 주로 네이티브 앱, 크로스 플랫폼 앱, 하이브리드 앱 개발 방법이 있다. 각각의 개발 방식과 그에 따른 기술들은 다음과 같다.

6.1. 네이티브 앱 개발

Kotlin

Swift

네이티브 앱 개발(Native APP development)은 안드로이드 또는 iOS와 같이 특정 모바일 운영체제에 최적화된 언어와 도구를 사용하여 개발하는 방식이다. 안드로이드는 자바 또는 코틀린(Kotlin)이란 개발 언어를 사용하여 안드로이드 스튜디오(Android Studio) IDE 개발도구를 통해 개발되며 iOS는 스위프트(Swift) 또는 오브젝티브-C(Objective-C)란 개발 언어를 사용하여 엑스코드(Xcode) IDE 개발 도구를 통해 개발된다. 네이티브 앱은 특정 플랫폼(안드로이드 또는 iOS)의 카메라, GPS, 알림 등의 네이티브 기능들을 완벽하게 활용할 수 있으며, 성능이 우수하다. 그러나 상용화하기 위해서는 두 플랫폼 모두 별도로 개발해야 하므로 개발 비용과 시간이 더 많이 소요된다.

6.2. 크로스 플랫폼 앱 개발

크로스 플랫폼 앱(Cross Platform APP development)은 단일 코드 프로그램으로 여러 플랫폼(안드로이드와 iOS)에 앱을 배포할 수 있는 개발 방식이다. 크로스 플랫폼 앱 개발을 위한 주요 모바일 앱 프로그램들은 리액트 네이티브, 플러터, 자마린 등이 있다.

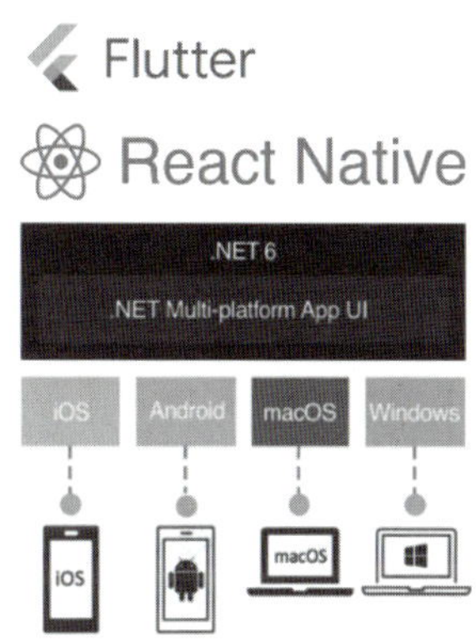

리액트 네이티브(React Native)는 자바스크립트 및 리액트를 사용하여 네이티브 앱과 유사한 사용자 경험을 제공한다. 자바스크립트 코드를 사용하여 iOS 및 안드로이드 앱을 개발하고, 네이티브 컴포넌트와 상호 작용할 수 있다. 플러터(Flutter)는 구글에서 개발한 사용자 인터페이스(UI) 프레임워크로 다트(Dart) 언어를 사용하여, iOS 및 안드로이드에서 빠르고 모양 좋은 네이티브 앱을 제작할 수 있다. 단일 코드베이스에서 UI를 렌더링하고 네이티브 성능을 제공한다. 자마린(Xamarin)은 C# 및 .NET 기술을 사용하여 개발되며, 마이크로소프트에서 제공하는 플랫폼으로 .NET 개발자들이 익숙한 언어와 도구를 사용하여 iOS, 안드로이드 및 윈도우즈 앱을 개발할 수 있다. 크로스 플랫폼 앱은 단일 코드베이스를 사용하므로 개발 비용 및 시간을 절약할 수 있다. 그러나 네이티브 앱에 비해 성능이나 네이티브 기능에 약간의 제한이 있을 수 있다.

6.3. 하이브리드 앱 개발

하이브리드 앱(Hybrid APP)은 네이티브 앱과 웹 앱의 특징을 결합한 형태의 모바일 애플리케이션으로 HTML, CSS, 자바스크립트 등의 웹 기술을 사용하여 개발되며, 네이티브 앱과 유사한 외관 및 기능을 제공한다. 하이브리드 앱은 대개 웹 브라우저에서 실행되는 웹 앱을 컨테이너에 포장하여 네이티브 앱과 마찬가지로 모바일 장치에서 실행시키는데 목적이 있다.

하이브리드 앱은 HTML, CSS, 자바스크립트를 사용하여 개발되기 때문에 웹 개발자들이 익숙한 기술을 사용하여 앱을 만들 수 있다. 개발된 하이브리드 앱의 웹 부분은 네이티브 컨테이너에 포장하여 실행된다. 컨테이너는 네이티브 앱 또는 크로스 플랫폼 앱 개발 도구로 개발이 가능하며 하이브리드 앱 프레임워크로도 개발이 가능한다. 대표적인 하이브리드 앱 프레임워크로는 아파치 코르도바(Apache Cordova)가 있다. 하이브리드 앱은 단일 프로그래밍을 하여 여러 플랫폼(iOS, 안드로이드)에 배포될 수 있기 때문에 개발 비용과 시간을 절약할 수 있다. 웹 기술을 기반으로 개발되었지만 하이브리드 앱은 네이티브 기능에 접근할 수 있기 때문에 카메라, GPS, 파일 시스템 등과 같은 기능을 사용할 수 있다. 하이브리드 앱은 개발 비용과 시간을 절약하면서도 네이티브 앱과 유사한 사용자 경험을 제공하는 장점을 가지고 있으나, 네이티브 앱보다 성능이나 네이티브 기능 접근에서는 제한이 있을 수 있다.

CHAPTER

05

데이터베이스 구축

학습목표

1. 데이터베이스 정의 및 종류에 대하여 설명할 수 있다.
2. 관계형 데이터베이스 구조에 대하여 설명할 수 있다.
3. DBMS 정의 및 장점에 대하여 설명할 수 있다.
4. 데이터베이스가 어떻게 개발되는지 설명할 수 있다.
5. 데이터베이스의 응용들에 대하여 설명할 수 있다.
6. 비관계형 데이터베이스들에 대하여 설명할 수 있다.
7. 인메모리 데이터베이스가 무엇인지 이해한다.

1. 데이터베이스

데이터베이스(database)는 데이터를 효율적으로 저장, 관리, 검색, 수정할 수 있도록 체계적으로 구성한 집합체로 데이터베이스를 사용하면 대량의 데이터를 보다 쉽게 저장하고, 유연하게 구성하여 빠르게 검색하고 다양한 방법으로 배포할 수 있다. 특히, 비즈니스 IT에서 데이터베이스는 단순한 저장소가 아니라, 조직의 전략적 자산으로서 운영 효율성, 의사결정 지원, 보안, 고객 관리 등 전반적인 비즈니스 경쟁력을 높이는데 핵심적인 역할을 한다.

1.1. 데이터베이스의 종류

데이터베이스는 다양한 형태와 구조로 존재하며, 그 사용 목적 및 구조에 따라 관계형 데이터베이스, 비관계형 데이터베이스, 인메모리 데이터베이스로 나눌 수 있다. 관계형 데이터베이스는 정형화된 데이터를 저장하고 관리하기 위해 만들어진 데이터베이스로 테이블 형식으로 데이터를 저장하고, 각 테이블은 행과 열로 구성되어 있으며 데이터베이스 명령어인 SQL을 사용해 데이터를 관리한다. 관계형 데이터베이스는 정형화된 데이터 및 복잡한 관계를 관리해야 하는 경우에 적합하기 때문에 비즈니스 정보시스템 구축시 일반적으로 활용되는 데이터베이스이다. 비관계형 데이터베이스는 다양한 비정형화된 데이터를 저장하고 관리하기 위해 만들어진 데이터베이스로 문서, 키-값, 그래프, 컬럼과 같은 다양한 비정형 데이터 모델을 지원한다. 일반적으로 비관계형 데이터베이스는 대규모 데이터 처리, 유연한 스키마, 고성능 및 확장성이 요구되는 경우에 적합하다. 인메모리 데이터베이스는 데이터를 하드 디스크가 아닌 주기억장치 소재인 메모리에 저장하여 매우 빠른 데이터 접근 속도를 제공하는 데이터베이스로 주로 실시간 분석 등 빠른 데이터 접근이 필요한 경우에 적합하다.

- 관계형 데이터베이스(RDBMS): 정형화된 데이터 관리하며 비즈니스 정보시스템 구축시 활용
- 비관계형 데이터베이스(NoSQL): 비정형화된 데이터 관리하며 대규모 데이터 처리시 활용
- 인메모리 데이터베이스: 메모리에 데이터를 저장하여 관리하며 실시간 분석 등의 빠른 데이터 접근시 활용

2. 관계형 데이터베이스

관계형 데이터베이스(Relational Database, RDB)는 테이블 기반 구조를 가지며, 데이터베이스 명령어인 SQL(Structured Query Language)을 사용하여 데이터를 조작한다. RDB는 데이터의 일관성과 무결성을 보장하며, 고정된 스키마를 사용한다. 또한 복잡한 쿼리(Query) 처리와 보안 기능을 제공하여 데이터를 효율적으로 관리한다. RDB가 대부분의 비즈니스 정보시스템 구축에서 활용되기 때문에 본 장에서의 데이터베이스 구축은 RDB를 대상으로 한다.

2.1. 데이터베이스 구조

RDB의 주요 구조는 테이블(TABLE)이다. 각 테이블은 일부 데이터베이스 시스템에서 컬럼(COLUMNS)라고도 하는 여러 필드(FIELD)들로 구성된다. 예를 들어, 대학의 학사관리시스템에서 학생에 대한 정보를 저장하려는 경우 학과, 학번, 성명, 주소 및 전화번호 필드로 구성된 학생 테이블을 생성할 수 있다. 강좌 및 교수에 대한 테이블이 구성되면 데이터베이스 구조가 완성되고 테이블에 대한 자료들은 데이터베이스에 레코드(RECORD)로 저장된다.

그림 5.1 데이터베이스 구조

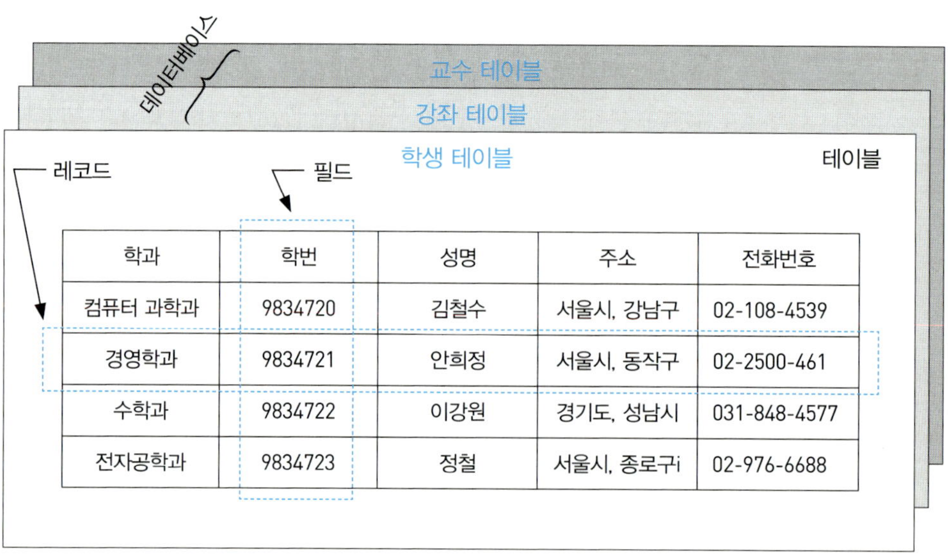

학과	학번	성명	주소	전화번호
컴퓨터 과학과	9834720	김철수	서울시, 강남구	02-108-4539
경영학과	9834721	안희정	서울시, 동작구	02-2500-461
수학과	9834722	이강원	경기도, 성남시	031-848-4577
전자공학과	9834723	정철	서울시, 종로구	02-976-6688

[그림 5.1]은 4명의 학생에 대한 레코드가 포함된 학생 테이블과 강좌 및 교수 테이블들로 구성된 데이터베이스를 보여주고 있다.

상기와 같은 관계형 데이터베이스는 DBMS라는 데이터베이스 관리시스템에 의하여 관리된다.

2.2. 데이터베이스 관리시스템

데이터베이스 관리시스템(Database Management System, DBMS)은 데이터를 효율적으로 관리하고 저장, 수정, 삭제, 검색 등을 할 수 있도록 하는 소프트웨어로 데이터를 구조화하여 저장하고, 여러 사용자와 응용 프로그램이 데이터를 안전하고 일관성 있게 접근할 수 있도록 해준다. DBMS는 기존의 파일 기반 자료 처리 방식에 비해 데이터 공유, 데이터 독립, 데이터 보안, 백업 및 복구, 데이터 중복성 최소화 및 데이터 일관성, 그리고 시스템 개발 및 유지 관리 비용 절감 등의 장점을 제공한다.

DBMS는 여러 애플리케이션이나 사용자와 동일한 데이터를 공유할 수 있도록 데이터 공유 기능을 제공하고 DBMS를 사용하면 데이터를 처리하는 애플리케이션에 영향을 주지 않고 데이터를 변경할 수 있는 데이터 독립성을 보장한다. 또한 DBMS를 사용하면 데이터가 중앙 집중화되므로 데이터 보안을 쉽게 적용할 수 있으며 아울러 권한이 없는 사용자가 데이터베이스를 보거나 업데이트하는 것을 방지할 수 있다. 일반적으로 DBMS는 재해에 대비한 데이터 백업 및 복구 기능을 제공하고 데이터를 통합하여 데이터 중복성을 제거하거나 최소화한다. 또한 이를 통해 데이터 일관성을 유지시킨다. 마지막으로 DBMS는 응용 프로그램 개발에 사용할 수 있는 도구를 제공하고, 아울러 DBMS 기반의 애플리케이션은 데이터 독립성으로 인해 데이터베이스 구조를 변경하지 않고도 수정이 가능하다. 따라서 DBMS는 이를 통해서 시스템 개발 및 유지 관리 비용을 절감한다.

주요 DBMS 소프트웨어는 오라클, SQL Server 및 MySQL이 있다. 오라클(Oracle)은 대규모 트랜잭션 처리를 위한 강력한 성능과 확장성을 제공하기 때문에 대규모 기업용 애플리케이션에 주로 사용되며, SQL Server는 마이크로소프트의 제품으로 윈도우즈 환경과 최적화되어 있어 윈도우즈 서버에서 운용되는 중소형 애플리케이션에 주로 사용된다. MySQL은 무료 오픈 소스 버전으로 제공되기 때문에 리눅스 서버에서 운용되는 중소규모 웹 애플리케이션에 주로 사용된다.

2.3. 데이터베이스 시스템의 구성

데이터베이스와 DBMS을 근간으로 한 데이터베이스 시스템의 구성은 [그림 5.2]와 같이 데이터베이스, DBMS, DBA, 응용 프로그램, 사용자 등으로 구성되어 있다.

데이터베이스는 구조화된 데이터의 집합체로 데이터는 정형 데이터, 문서, 이미지, 오디오 파일 등 다양한 형태를 포함한 데이터들의 집합을 의미하고 DBMS는 데이터베이스를 관리하기 위한 소프트웨어로 데이터를 추가, 삭제, 수정, 검색하는 기능을 제공한다. DBMS으로의 접근은 일반적으로 데이터 정의어(DDL)와 데이터 조작어(DML)들로 구성된 SQL이라는 데이터베이스 언어가 활용된다. DBA는 데이터베이스 시스템을 설계, 구축, 유지 관리하는 전문가를 말하며. 응용 프로그램은 데이터베이스 시스템에 접근하기 위한 애플리케이션들로 기업정보시스템, 웹 애플리케이션, 모바일 애플리케이션 등이 있다. 마지막으로 사용자는 응용프로그램을 통하여 데이터베이스에 접속하고 데이터를 조회, 추가, 수정, 삭제하는 사용자를 말한다.

데이터베이스 관리자인 DBA는 데이터베이스 설계 및 구축, 성능의 최적화, 데이터베이스 보안, 백업 및 복구와 같은 역할을 수행하는 전문가로 비즈니스 요구사항을 기반으로 데이터 모델링, 스키마 설계, 인덱스 구성 등의 데이터베이스 구조 설계와 DBMS 소프트웨어 설치 및 구성, 보안 설정 등의 데이터베이스 시스템의 구축 업무를 담당한다. 또한 DBA는 쿼리 튜닝, 인덱스 관리, 하드웨어 구성 변경 등을 통하여 데이터베이스의 성능을 지속적으로 모니터링하고 최적화하는 운

그림 5.2 데이터베이스 시스템의 구성

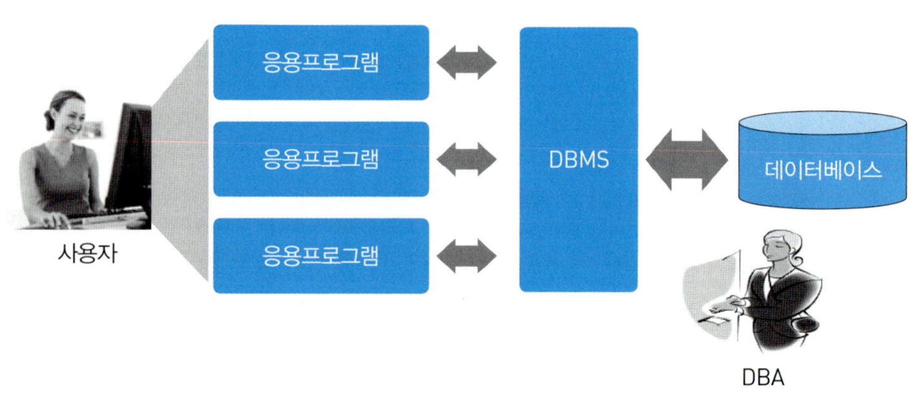

영관리 업무를 수행하며, 아울러 사용자 권한 관리, 암호화, 접근 제어 등을 포함한 데이터베이스의 보안관리 및 데이터베이스의 백업 및 복구 전략을 수립하고 관리한다.

3. 데이터베이스 구축

비즈니스 정보시스템에서 DBMS로 관리되는 데이터베이스는 여러 단계를 걸쳐 구축된다. 데이터베이스 설계의 첫 번째 단계는 요구사항 분석 단계로, 데이터베이스에 저장될 정보의 요구사항이나 정보 유형을 정의한다. 두 번째 단계는 설계 단계로 논리적 설계와 물리적 설계로 구분된다. 논리적 설계는 관계형 모델과 같은 논리적 데이터 모델로 설계되고, 이후 물리적 설계 과정에서 물리적 모델로 구성된다. 그리고 마지막 단계는 데이터베이스 구현 단계이다.

3.1. 요구사항 분석

요구사항 분석은 현업 사용자들과의 인터뷰, 기존 자료의 분석 등을 통하여 데이터베이스에 저장될 정보들을 식별하는 단계로 현실 세계를 엔티티, 속성 및 관계로 추상화한다. 엔티티(entity)는 학생, 강의, 교수와 같은 현실 세계의 개별 개체를 의미하고 속성(attribute)은 엔티티를 설명하기 위한 것들로 예를 들어, 학생 엔티티의 속성은 학번, 성명, 생년월일, 주소, 전화번호 등이 될 수 있다. 관계(relationship)는 엔티티 간의 연관성을 나타내는 것으로 예를 들어 학생과 교과목 간의 관계는 “수강” 관계이고, 교수와 교과목 간의 관계는 “강의” 관계이다.

예시로 대학 정보시스템의 데이터베이스 설계를 위한 엔티티, 속성 및 관계는 다음과 같다.

엔티티와 속성

- 학생: 학번, 성명, 생년월일, 주소, 전화번호
- 교과목: 교과목 코드, 교과목명칭, 교과목설명
- 교수: 교수 코드, 성명, 전공, 연구실

관계와 속성

- 학생이 교과목을 수강: 학점
- 교수가 교과목을 강의

학생이 교과목을 "수강"하는 관계와 같이 엔티티 간의 관계를 통하여 학점과 같은 속성이 생성될 수 있다.

3.2. 데이터베이스 설계

데이터베이스 설계 단계는 논리적 설계와 물리적 설계로 구성된다. 논리적 설계에서는 요구사항 분석을 통해 식별된 엔티티, 속성 및 관계가 데이터 모델링을 위한 표기법과 함께 ERD란 그림으로 그려진다. ERD(Entity-relationship diagram)는 엔티티 관계 다이어그램으로 데이터베이스 내의 엔티티 간의 관계를 그래픽으로 표현하는 데이터 모델링 기술이다.

ERD의 세 가지 주요 구성 요소는 다음과 같이 엔티티, 관계, 속성이다.

Key

[그림 5.3]에서 볼 수 있듯이 엔티티는 직사각형으로 표시되고 단수 명사로 레이블이 지정된다. 관계는 엔티티 간의 상호 작용으로 다이아몬드 모양 또는 더 간단하게는 엔티티를 연결하는 선으로 표시된다. 엔티티와 관계는 모두 속성을 가질 수 있다. 속성은 타원 내에 표시되며 속성이 속한 엔티티에 선으로 연결된다. 모든

그림 5.3 ERD 구성 요소

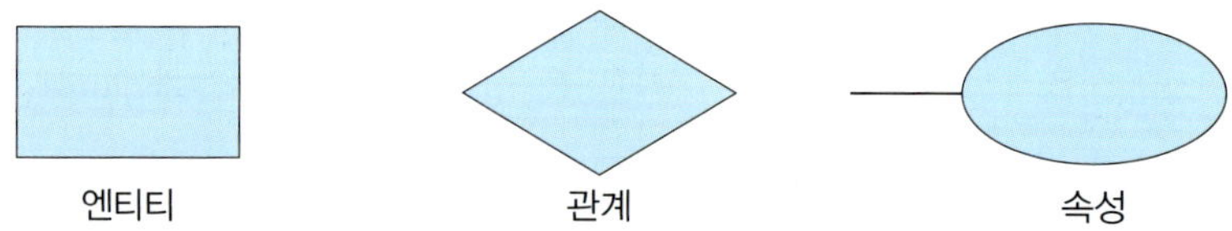

그림 5.4 엔티티 간의 관계 정의

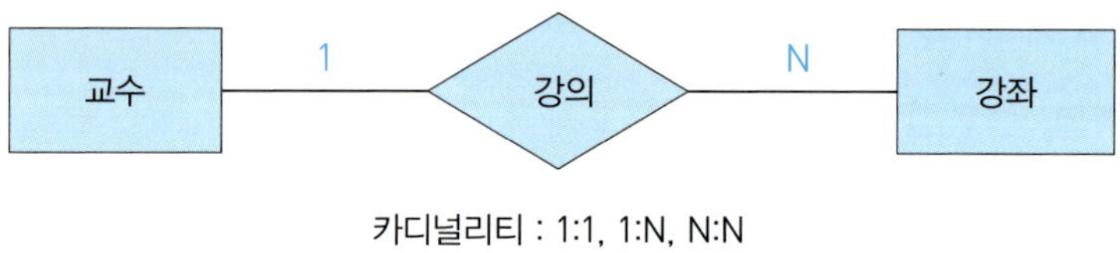

엔티티에는 엔티티의 기본 키라고 하는 자료의 식별을 위한 속성이 있어야 한다. 기본 키는 속성 레이블 하단에 밑줄 표시로 구분된다.

카디널리티(Cardinality)는 [그림 5.4]와 같이 숫자 측면에서 엔티티 간의 관계를 정의한다. 엔티티들 간의 세 가지 주요 기본 관계는 일대일(1:1), 일대다(1:N), 그리고 다대다(N:N)이다.

논리적 설계는 일반적으로 ERD를 기반으로 하는 논리적 데이터 모델로 표시된다. 대학정보시스템 데이터베이스의 논리적 데이터 모델은 [그림 5.5]와 같이 표현될 수 있다.

논리적 설계는 이후 물리적 설계에서 물리적 모델로 표시된다. 물리적 설계 단계에서는 [그림 5.6]에 나타난 바와 같이 모든 엔티티는 테이블로 변환하고 각 엔티티의 속성들은 필드로 변환한다. 성적 테이블과 같이 일반적으로 하나 이상의 속성을 포함하는 관계도 테이블로 생성된다.

그림 5.5 대학정보시스템 데이터베이스 ERD

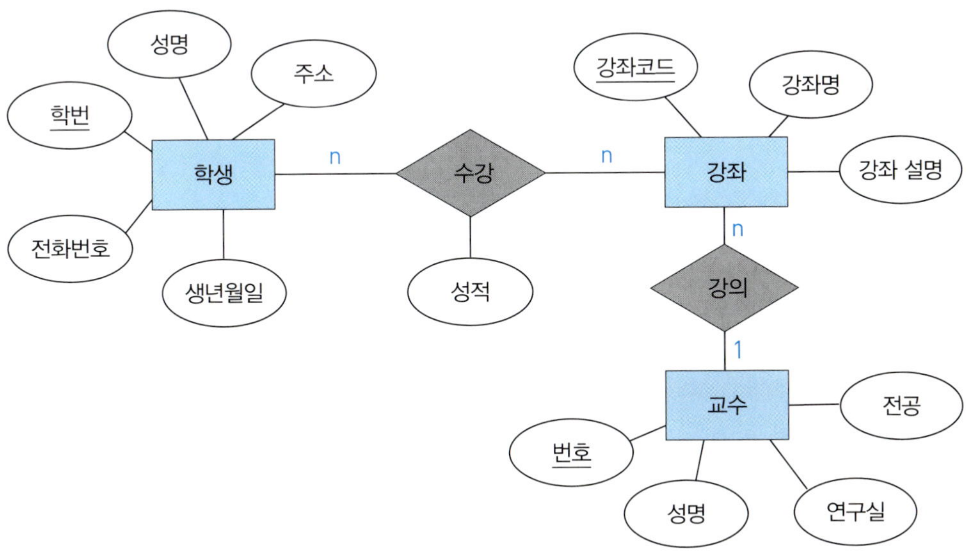

그림 5.6 대학정보시스템 데이터베이스의 물리적 모델

학생 테이블

학번	성명	생년월일	주소	전화번호

성적 테이블

학번	강좌코드	성적

강좌 테이블

강좌코드	강좌명	강좌 설명

교수 테이블

교수번호	성명	전공	연구실

3.3. 데이터베이스 구현

데이터베이스 구현은 물리적 설계를 통해 확인된 테이블들과 필드들을 DBMS에 설정하는 것으로 테이블과 필드들은 SQL이란 데이터베이스 언어에 의해 데이터베이스의 구조로 정의된다. SQL(Structured Query Language)은 관계형 데이터베이스관리시스템에서 데이터를 생성, 검색, 수정 및 삭제하는 데 사용되는 데이터베이스 언어로 SQL은 데이터베이스 구조를 정의하기 위한 언어인 DDL과 데이터를 조작하기 위한 언어인 DML로 구분된다.

DDL(Date Definition Language)은 테이블, 열, 인덱스 및 파일 위치와 같은 데이터베이스 세부 사항을 포함하여 데이터베이스의 구조를 정의하는 데 사용된다. DDL의 가장 일반적인 명령은 테이블을 생성하는데 사용되는 CREATE TABLE 명령이다. 예를 들어, s_code, s_name, birthday, address 및 phone_no 열이 있는 Students라는 테이블을 생성하는 명령은 다음과 같다.

```
CREATE TABLE Students (
    s_code        INT            NOT NULL,        /* 학번 */
    s_name        CHAR (8)       NOT NULL,        /* 성명 */
    birthday      Date,                           /* 생년월일 */
    address       VARCHAR (50),                   /* 주소 */
    phone_no      VARCHAR (12),                   /* 전화번호 */
PRIMARY KEY (s_code));
```

Students Table(학생 테이블)

s_code	s_name	birthday	address	phone_no

상기 CREATE TABLE 명령에서 INT, CHAR, Date VARCHAR는 데이터 타입을 설정하는 것으로, INT는 나이, 학생 ID, 수량 등과 같은 숫자를 나타내는 정수형, CHAR는 이름, 성별과 같이 고정 길이 문자열, VARCHAR는 이메일, 주소와 같은 가변 길이 문자열, 그리고 Date는 날짜를 저장하는 데이터 타입들이다.

요구사항 분석 단계, 논리적 설계 단계, 물리적 설계 단계를 거쳐 개발된 대학 데이터베이스에서 테이블들을 생성하는 명령어는 아래와 같다.

```
CREATE TABLE Students
(       s_code      INT          NOT NULL,
        s_name      CHAR(8)      NOT NULL,
        birthday    Date,
        address     VARCHAR (50),
        phone_no    VARCHAR (12),
        PRIMARY KEY (s_code) );
CREATE TABLE Courses
(       c_code      INT          NOT NULL,
        title       Char(20)     NOT NULL,
        description VARCHAR(50),
        PRIMARY KEY (c_code) );
CREATE TABLE Professors
(       p_code      INT          NOT NULL,
        p_name      CHAR(8)      NOT NULL,
        major       VARCHAR(20),
```

```
        lab             VARCHAR(10),
        PRIMARY KEY (p_code) );
CREATE TABLE Course_offering
(       s_code      INT             NOT NULL,
        c_code      INT             NOT NULL,
        grade Char(4)               NOT NULL,
        PRIMARY KEY (s_code, c_code) );
```

DML(Data Manipulation Language)은 생성된 데이터베이스에서 데이터를 검색, 등록, 수정 및 삭제하는 데 사용된다. DML은 명령문의 첫 번째 동사 형태 단어의 기능을 수행한다. DML의 경우 이러한 단어들은 다음과 같다.

- INSERT: 자료를 등록하는 명령문
- UPDATE: 등록된 자료를 수정하는 명령문
- DELETE: 등록된 자료를 삭제하는 명령문
- SELECT: 등록된 자료를 조회하는 명령문

INSERT 문은 데이터를 테이블에 추가할 때 사용하는 명령어이다. INSERT 문을 사용하여 새로운 행(row)을 테이블에 삽입할 수 있다. 기본적인 형식은 다음과 같다.

```
INSERT INTO table_name (column1, [column2, ... ])
    VALUES (value1, [value2, ...])
```

예를 들어, Students 테이블에 자료 삽입하는 명령은 다음과 같이 테이블의 모든 열에 대해 값을 제공하여 수행한다.

```
INSERT INTO Students (s_code, s_name, birthday, address, phone_no)
    VALUES  (9834720, '이강수', ' 30-Dec-1975', '서울시, 강남구', '012-106-4539');
```

Students Table(학생 테이블)

s_code	s_name	birthday	address	phone_no
9834720	이강수	30-Dec-2021	서울시, 강남구	02-106-4539

UPDATE 문은 테이블의 기존 데이터를 수정할 때 사용하는 명령어이다. UPDATE 문을 사용하면 특정 조건을 만족하는 행의 값을 변경할 수 있다. 즉, 모든 행을 수정하거나 조건을 사용하여 수정을 위한 하위 집합을 선택할 수 있다. UPDATE 문의 형식은 다음과 같다.

```
UPDATE table_name
    SET column_name=value [, column_name=value ...]
[WHERE condition]
```

예를 들어 Students 테이블의 안희정 자료에서 address와 phone_no 값을 변경하고 싶다면 다음과 같은 UPADATE 명령을 수행한다.

```
UPDATE Students
    SET address = '서울시, 강남구 ', phone_no = '02-250-0461'
    WHERE s_code = 9834721;
```

Students Table(학생 테이블)

s_code	s_name	birthday	address	phone_no
9834723	김철수	30-Dec-2001	서울시, 강남구	02-108-4539
9834721	안희정	09-May-2001	경기도, 수원시	031-849-4601
9834722	이강원	16-Jun-2000	경기도, 성남시	031-848-4577
9834720	이강수	30-Dec-2021	서울시, 강남구	02-106-4539

s_code	s_name	birthday	address	phone_no
9834723	김철수	30-Dec-2001	서울시, 강남구	02-108-4539
9834721	안희정	09-May-2001	서울시, 강남구	02-250-0461
9834722	이강원	16-Jun-2000	경기도, 성남시	031-848-4577
9834720	이강수	30-Dec-2021	서울시, 강남구	02-106-4539

상기 명령어에서 WHERE는 조건절로 WHERE을 사용하여 특정 조건을 만족하는 행들을 수정할 수 있다. 상기의 예와 같이 s_code가 9834721인 안희정의 자료만 변경시킨다.

DELETE 문은 테이블의 기존 데이터를 삭제할 때 사용하는 명령어이다. DELETE 문을 사용하면 특정 조건을 만족하는 행(row)을 삭제할 수 있다. 삭제할 레코드는 조건에 따라 정의되어야 하며, 그렇지 않으면 모든 레코드가 제거되기 때문에 사용시 주의해야 한다. DELETE 문의 형식은 다음과 같다.

```
DELETE FROM table_name [WHERE condition]
```

예를 들어 Students 테이블에서 s_code 열 값이 '9834721'인 레코드를 삭제하려는 경우 삭제 명령은 다음과 같다.

```
DELETE FROM Students
    WHERE s_code = 9834721;
```

Students Table(학생 테이블)

s_code	s_name	birthday	address	phone_no
9834723	김철수	30-Dec-2001	서울시, 강남구	02-108-4539
9834721	안희정	09-May-2001	서울시, 강남구	02-250-0461
9834722	이강원	16-Jun-2000	경기도, 성남시	031-848-4577
9834720	이강수	30-Dec-2021	서울시, 강남구	02-106-4539

s_code	s_name	birthday	address	phone_no
9834723	김철수	30-Dec-2001	서울시, 강남구	02-108-4539
9834722	이강원	16-Jun-2000	경기도, 성남시	031-848-4577
9834720	이강수	30-Dec-2021	서울시, 강남구	02-106-4539

SELECT 문은 데이터를 조회할 때 사용되는 명령어이다. SELECT 문을 통해 테이블에서 원하는 데이터를 추출할 수 있다. SELECT 문의 기본 형식은 다음과 같다.

```
SELECT column1, [column2, ... ]
    FROM table_name
    [WHERE condition]
    [ORDER BY column1, [column2, ... ]]
```

SELECT 문에는 다음과 같은 많은 선택적 절이 있다.

- WHERE: 조건절로 검색할 행들을 지정
- ORDER BY: 반환하는 행들의 순서를 지정

예를 들어 Students 테이블에 s_code, s_name 및 address 값들을 추출하는 SELECT 명령은 다음과 같다. WHERE 절을 이용하여 Students 테이블의 데이터 중에서 s_code가 9834720 보다 큰 자료만 검색하고 ORDER BY는 검색한 자료들의 순서를 지정한 것으로 address로 자료가 정렬되어 추출된다.

```
SELECT s_code, s_name, address
    FROM    Students
    WHERE s_code > 9834720
    ORDER BY address
```

s_code	s_name	address
9834722	이강원	경기도, 성남시
9834723	김철수	서울시, 강남구

Students Table(학생 테이블)

s_code	s_name	birthday	address	phone_no
9834723	김철수	30-Dec-2001	서울시, 강남구	02-108-4539
9834722	이강원	16-Jun-2000	경기도, 성남시	031-848-4577
9834720	이강수	30-Dec-2021	서울시, 강남구	02-106-4539

4. 데이터베이스 응용 기술

데이터베이스 응용 기술에서는 데이터베이스를 통하여 축적된 대규모 데이터를 분석하고 활용하는 데 중요한 기술들인 데이터웨어하우스, OLAP 및 데이터 마이닝을 다룬다.

4.1. 데이터웨어하우스

데이터웨어하우스(Data Warehouse)는 기업의 다양한 정보시스템에서 수집된 데이터의 중앙 저장소로서 일반적으로 데이터웨어하우스는 기업의 메인프레임급 서

그림 5.7 데이터웨어하우스

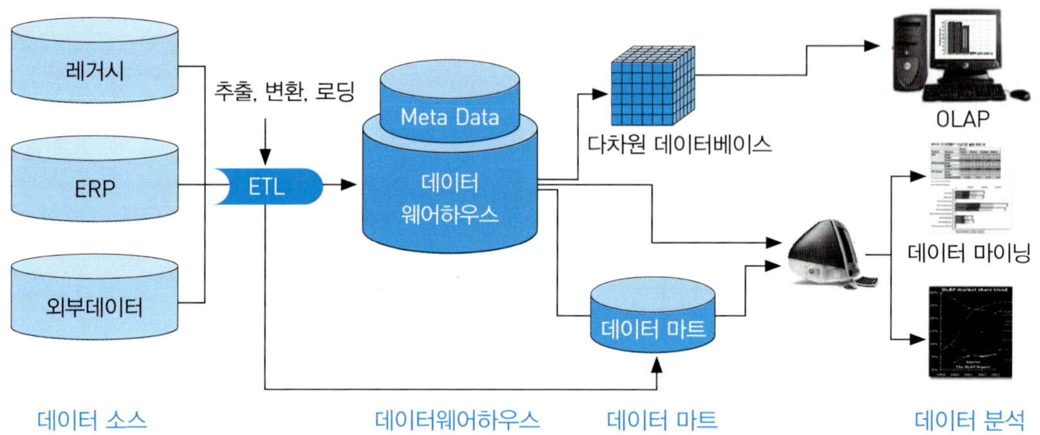

버에 위치한다. [그림 5.7]에서 볼 수 있듯이 ERP 시스템과 같은 다양한 온라인 트랜잭션 처리(OLTP) 애플리케이션의 데이터는 OLAP 및 데이터 마이닝과 같은 분석 애플리케이션 및 사용자 쿼리에서 사용할 수 있도록 ETL 프로세스를 통하여 데이터웨어하우스에 선택적으로 추출되어 저장된다. ETL(Extraction, Transformation, Loading)은 데이터웨어하우스로 데이터를 이동시키는 과정으로 데이터를 추출(Extraction)하고, 분석에 적합한 형식으로 변환(Transformation)하여, 데이터웨어하우스에 적재(Loading)하는 과정을 말한다.

ETL을 통해 축적된 데이터웨어하우스의 데이터들의 특성은 트랜잭션 기반의 운영 데이터와 다르게 주제 지향성, 통합성, 시계열 형식 그리고 비휘발성이라는 특성들을 가지고 있다. 주제 지향성(Subject-Oriented)은 판매, 고객, 제품 등과 같은 특정 주제별로 데이터웨어하우스의 데이터를 구성하는 것으로 이는 운영 데이터베이스가 트랜잭션을 처리하는 데 중점을 두는 것과 대비된다. 통합성(Integrated)은 기업내부 정보시스템, 외부 정보 등 다양한 출처에서 수집된 데이터가 일관된 형식으로 통합되는 것으로 일반적으로 데이터웨어하우스에 적재되기 전에 데이터의 일관성을 유지하기 위해 데이터 정제 및 통합 작업이 수행된다. 시계열(Time-Variant) 형식은 데이터웨어하우스가 트랜잭션 데이터가 아닌 시간별로 요약된 형식의 데이터로 보관 관리하는 것으로 이를 통해 매출 추이와 같은 경향(trend) 분석을 빠르게 할 수 있도록 한다. 마지막으로 비휘발성(Non-Volatile)은 데이터웨어하우스에 저장된 데이터는 수정되지 않는 읽기 전용의 비휘발성 데이터로 한 번 적재되면 변하지 않기 때문에 일관된 분석이 가능하다. 상기와 같은 특성 이외에 데이터웨어하우스는 운영 시스템들과 분리되어 있기 때문에 ERP 시스템과 같은 운영 시스템의 속도를 저하시키지 않고 10년간 매출/매입 현황과 같은 장기간에 관한 보고서를 생성할 수 있는 장점을 제공한다.

데이터웨어하우스가 전사적 데이터베이스웨어하우스를 나타낸다면 데이터 마트(data mart)는 전략적 사업 단위(SBU) 또는 특정 부서를 위해 설계된 소규모 웨어하우스를 말한다. 데이터 마트는 데이터웨어하우스의 저비용의 축소 버전으로 빠른 시간 내에 데이터웨어하우스와 같은 효과를 내기 위하여 구축된다.

4.2. OLAP

온라인 분석 처리(OnLine Analytical Processing, OLAP)는 사용자가 다양한 관점에서 데이터를 쉽고 선택적으로 추출하고 볼 수 있도록 하는 기술로 분석을 용이하게 하기 위해 OLAP 데이터는 일반적으로 큐브형의 다차원 데이터베이스에 저장된다. 다차원 데이터베이스는 각 데이터 속성, 예를 들면 제품, 판매 지역, 기간 등을 별도의 차원(dimension)으로 설정하고 OLAP 소프트웨어는 이들 데이터 속성들에 대한 다차원 분석을 지원한다. [그림 5.8]은 OLAP 소프트웨어의 예시이다.

그림 5.8 OLAP 소프트웨어

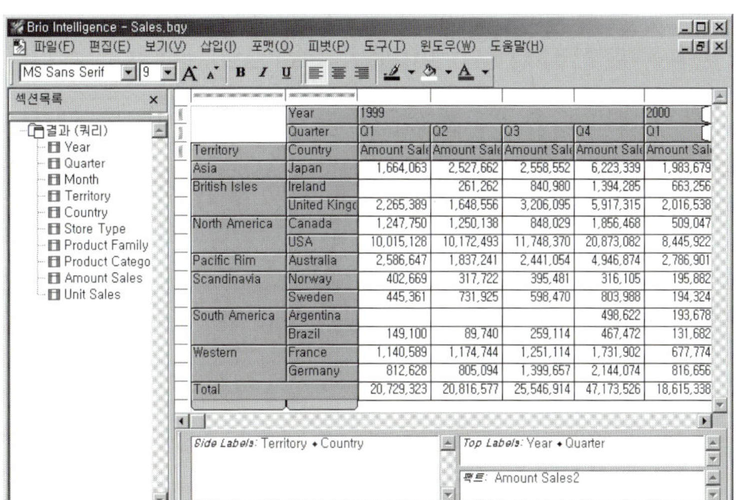

일반적으로 OLAP 소프트웨어는 다차원 분석 자료 제공은 물론 특정 차원에서 데이터를 하위 수준으로 세분화하는 드릴다운(Drill-Down) 기능, 특정 차원의 한 값을 고정하여 데이터를 분석하는 슬라이싱(Slicing) 기능, 여러 차원의 특정 값들을 선택하여 데이터를 분석하는 다이싱(Dicing) 기능 등도 제공한다.

4.3. 데이터 마이닝

데이터 마이닝(data mining)은 대량의 데이터를 분석하여 유용한 정보나 지식을 찾아내는 과정으로 데이터 마이닝 도구는 사용자가 다양한 차원이나 각도에서 데이터를 분석하고, 분류하고, 식별된 관계를 요약하는 데 도움을 준다.

가장 잘 알려진 데이터 마이닝 기술은 시장 바구니 분석이다. 장바구니 분석(Market basket analysis, MBA)은 누군가가 특정 품목 그룹을 구매하면 다른 품목 그룹을 구매할 가능성이 더 높거나 낮다는 이론을 기반으로 한다. 예를 들어 월마트(Wal-Mart)는 데이터웨어하우스를 통해 기저귀 판매량을 파악한 결과, 금요일에 기저귀를 구입한 남성 중 70%가 맥주도 구입한다는 사실을 발견했다. 월마트는 소규모 설문조사를 거쳐 그 이유를 추적했고 그것은 아빠가 집에 가서 엄마로부터 기저귀를 챙기라는 전화를 휴대폰으로 받았기 때문에 자연스럽게 맥주 6팩을 동시에 가져간다는 것을 발견했다. 결과적으로 월마트는 맥주 진열대를 기저귀 근처로 옮기는 진열 전략을 수행했다.

데이터 마이닝의 또 다른 응용의 예는 신용카드 사용과 관련된 사기탐지시스템이다. 사기탐지시스템(Fraud detection system)은 신용카드 불법사용을 방지하기 위한 정보시스템으로, 신경망이나 의사결정나무 등의 데이터 마이닝 기법을 이용해 고객의 구매행동을 분석해 개발된다. 예를 들어 고가의 보석을 신용카드로 구매하는 등 비정상적인 구매행위가 있을 경우 시스템은 해당 카드 소지자의 과거 구매패턴을 분석해 이것이 해당 카드 소지자의 정상적인 행위와 일치하는지 판단하고 신용카드 사용 여부를 결정한다. 요즘은 대부분의 신용카드사에서는 데이터 마이닝 기반의 사기탐지시스템을 적용하고 있다.

이탈 관리(Churn management)는 데이터 마이닝의 또 다른 예이다. 이탈 관리는 이탈을 고려하고 있는 잠재 고객을 찾아 이탈을 방지하는 프로세스로 이탈관리의 목적은 가입자 이탈로 인한 손실을 최소화하고, 안정적이고 수익성 있는 고객 기반을 유지하여 수익을 극대화하는 것이다. 이탈 관리의 가장 효과적인 방법은 가입자의 이탈 관련 행동을 사전에 이해하고 이에 대처하기 위한 실행 계획을 수립하는 것으로 가입자의 이탈 관련 행동을 파악하기 위해 군집분석(Cluster analysis)과 같은 데이터 마이닝 기술이 사용된다. 이탈 관리가 활발히 적용되는 업종은 통신업과 은행업계이다.

5. 비관계형 데이터베이스

비관계형 데이터베이스(Non-Relational Operational DataBase, Not Only SQL, NoSQL)는 RDBMS의 제약을 벗어나고 다양한 데이터 형태를 저장하고 관리하기 위해 만들어진 데이터베이스로 NoSQL은 대부분 대규모 데이터 처리와 분산 시스템에서 사용되며, 유연한 스키마, 높은 가용성 및 확장성 등의 특징을 가지고 있다. NoSQL은 데이터의 구조를 변경하거나 확장할 수 있는 유연한 스키마를 사용하기 때문에 데이터 모델의 변경이나 업데이트를 쉽게 수행할 수 있다. 또한 NoSQL가 대부분 분산 환경을 지원하기 때문에 데이터베이스가 여러 서버에 분산되어 데이터의 가용성을 높이고, 성능 향상 및 확장성을 제공한다. 아울러 대부분의 NoSQL 데이터베이스는 고속 데이터 처리를 위해 최적화되어 있어 대규모 데이터셋에 대한 빠른 읽기 및 쓰기 작업을 지원하여 데이터를 신속하게 처리할 수 있다. 따라서 NoSQL은 대용량 데이터 처리에 적합하다.

상기와 같은 특징을 지원하기 위하여 NoSQL은 다양한 데이터 모델을 지원한다. 주요한 데이터 모델과 NoSQL은 다음과 같은 것들이 있다.

- 문서형 NoSQL: 몽고DB, 카우치DB, 다이나모DB
- 키 - 값 NoSQL: 레디스, 다이나모DB
- 열 지향 NoSQL: 카산드라, HBase
- 그래프 NoSQL: Neo4j, 아마존 넵튠

5.1. 문서형 NoSQL

문서(Document)형 NoSQL은 데이터를 문서 형식으로 저장하는 비관계형 데이터베이스로 유연하고 확장이 가능하며, 구조화된 데이터를 JSON, BSON, XML 등의 형식으로 저장한다. 문서형 데이터베이스는 일반적으로 대규모 웹 애플리케이션의 빠르게 자료를 전달하려는 요구를 충족시키기 위해 설계되어 있다. 주요 문서형 NoSQL 데이터베이스는 몽고DB, 카우치DB, 다이나모DB 등이 있다. 몽고DB(MongoDB)는 가장 널리 사용되는 문서형 데이터베이스로 JSON과 유사한 BSON 형식으로 데이터를 저장한다. 뛰어난 확장성과 유연성을 제공하며, 복잡한 쿼리와 집계 프레임워크를 지원한다. 아파치 카우치DB(Apache CouchDB)는 JSON 형식으로 데이터를 저장하며, RESTful HTTP API를 통해 접근할 수 있다. 멀티 버전 병행 제어(MVCC)를 사용하여 높은 데이터 일관성을 유지한다. 다이나모DB(Amazon DynamoDB)는 몽고DB와 호환되는 문서형 데이터베이스로, 아마존 AWS의 관리형 서비스이다. 확장성과 성능 최적화를 제공하며, AWS 생태계와의 통합이 용이하다.

5.2. 키-값형 NoSQL

키-값(Key-Value)형 NoSQL은 단순한 데이터 모델을 제공하는 비관계형 데이터베이스로, 키(key)와 값(value)의 쌍으로 데이터를 저장한다. 키-값형 데이터베이스는 키를 기반으로 데이터를 검색하기 때문에 매우 빠른 읽기/쓰기 성능을 제공하고 분산 환경에서 쉽게 확장할 수 있으며, 서버를 추가하여 데이터와 트래픽을 분산시킬 수 있어 대규모 분산시스템에서 매우 유용하다. 주요 키-값형 NoSQL 데이터베이스는 레디스, 다이나모DB 등이 있다. 레디스(Redis)는 인메모리 데이터 저장소로서 주로 키-값 구조를 사용한다. 높은 속도와 성능을 제공하며, 캐싱, 세션 관리, 메시지 브로커 등 다양한 용도로 사용된다. 아마존의 다이나모DB은 문서형 NoSQL 데이터베이스 기능뿐 아니라 키-값형 NoSQL 데이터베이스 기능도 제공한다.

5.3. 열 지향 NoSQL

열 지향(Column-Family) NoSQL은 데이터를 열 단위로 저장하고 관리하는 비관계형 데이터베이스로 대량의 데이터를 빠르게 읽고 쓰는데 최적화되어 있으며, 특히 데이터 분석과 같은 작업에 유리하다. 대표적인 열 지향 데이터베이스로는 카산드라와 HBase가 있다. 아파치의 카산드라 (Cassandra)는 페타바이트 규모의 데이터를 처리할 수 있는 고성능 분산 데이터베이스로 멀티 데이터센터 지원, 고가용성, 무중단 확장 등의 기능을 제공한다. 데이터 모델이 복잡하지만, 열 지향 방식으로 유연하게 데이터를 저장할 수 있다. HBase는 아파치 하둡(Hadoop) 생태계의 일부로, 분산형 열 지향 저장 시스템으로 매우 큰 테이블을 처리할 수 있으며, 실시간 읽기 및 쓰기에 최적화되어 있다. 하둡 분산파일 시스템(Hadoop Distributed File System, HDFS)을 기반으로 하여 대규모 데이터 처리가 가능하다. HBase API와 호환되어 기존 HBase 애플리케이션을 쉽게 마이그레이션할 수 있는 장점을 가지고 있다.

5.4. 그래프 NoSQL

그래프(Graph) NoSQL은 노드(Node)와 엣지(Edge)를 통해 데이터를 저장하고, 이들 간의 관계를 표현하는 데이터베이스로 복잡한 관계를 관리하고 탐색하는 데 최적화되어 있으며, 소셜네트워크 분석, 추천 시스템, 사기 탐지 등 다양한 응용 분야에서 유용한다. 대표적인 그래프 NoSQL 데이터베이스로는 Neo4j, 아마존 넵튠 등이 있다. Neo4j는 가장 널리 사용되는 그래프 데이터베이스로, ACID 트랜잭션을 지원한다. 사이퍼(Cypher)라는 고급 질의 언어를 제공하여, 복잡한 그래프 쿼리를 쉽게 작성할 수 있고 엔터프라이즈 기능과 고가용성 클러스터링을 지원한다. 아마존 넵튠(Neptune)은 AWS에서 제공하는 완전 관리형 그래프 데이터베이스 서비스로 다양한 쿼리 언어를 지원하고 높은 가용성과 자동 백업, 복구 기능을 제공한다.

6. 인메모리 데이터베이스

인메모리 데이터베이스(In-memory Database)는 하드디스크나 SSD에 데이터를 저장하는 일반 데이터베이스와 달리, 데이터 저장을 RAM 등 메인 메모리에 주로 의존하도록 구축된 데이터베이스 유형으로 인메모리 데이터베이스는 디스크에 접근할 필요가 없기 때문에 응답 시간을 최소화하도록 설계되어 실시간 분석과 같이 트래픽이 급증할 수 있는 애플리케이션에 이상적이다. 따라서 최근 비즈니스에서 분석을 위한 데이터가 증가함에 따라 데이터웨어하우스, 데이터마트, OLAP이 인메모리 애플리케이션들로 대체되고 있다. 최근 데이터웨어하우스용 SAP HANA 등의 인메모리 데이터베이스가 인메모리 애플리케이션을 지원하고 있다.

6.1. SAP HANA

SAP HANA는 SAP가 개발한 인메모리 열 중심 관계형 데이터베이스관리시스템으로 SAP HANA의 주요 기능은 데이터베이스 서버로서 애플리케이션이 요청한 대로 데이터를 저장하고 검색하는 것이다. SAP HANA는 예측 분석, 공간 데이터 처리, 텍스트 분석, 텍스트 검색, 스트리밍 분석, 그래프 데이터 처리 등의 고급 분석도 수행하며 ETL 및 애플리케이션 서버 기능을 포함하고 있다. 원래 SAP HANA는 서울대학교 전기컴퓨터공학부 차상균 교수가 설립한 TIM(Transact in Memory, Inc.)에서 개발을 시작했고 2005년 SAP가 인수 이후 6년간 개발을 이어가며 2011년 6월 정식 출시됐다.

CHAPTER

06

네트워크와 인터넷 기술

학습목표

1. 네트워크를 정의하고 그 목적을 설명할 수 있다.
2. 네트워크 유형들을 설명할 수 있다.
3. 네트워크 하드웨어의 역할들에 대하여 설명할 수 있다.
4. 네트워킹에서 프로토콜 및 소프트웨어의 역할에 대하여 설명할 수 있다.
5. 무선 네트워크에 대하여 분류할 수 있다.
6. 인터넷 서비스들에 대하여 설명할 수 있다.
7. 웹 2.0과 웹 3.0에 대하여 설명할 수 있다.
8. 인터넷 기술의 실무적 활용들에 대하여 설명할 수 있다.

1. 네트워크

네트워크는 [그림 6.1]에서와 같이 두 대 이상의 컴퓨터와 같은 정보처리 장치들이 유선 또는 무선의 통신 시스템을 사용하여 연결된 것을 의미한다. 초기 네트워크의 주요 목적은 네트워크에 연결된 컴퓨터들 간에 서로 통신하는 것 이외에 프린터나 서버의 저장장치와 같은 값비싼 장치를 공유하여 장비 사용의 효율성을 높인 것이었다.

그림 6.1 컴퓨터 네트워크

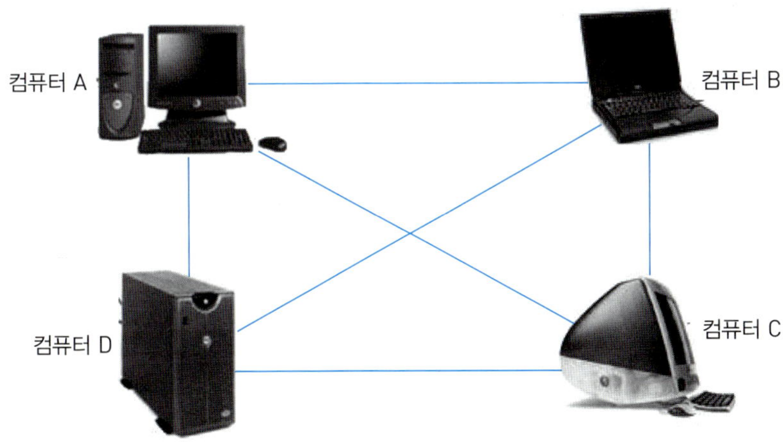

- 네트워크에 연결된 컴퓨터들 간에 서로 통신
- 프린터나 서버의 저장장치와 같은 값비싼 장치들의 효율적 활용

1.1. 네트워크 유형

일반적으로 네트워크 유형은 [그림 6.2]에서와 같이 네트워크의 물리적인 크기에 따라 근거리 통신망, 수도권 통신망, 광역 통신망 및 인터넷으로 구분된다.

근거리 통신망(Local Area Network, LAN)은 사무실, 소규모 회사, 학교 등 상대적으로 작은 지역에 국한된 네트워크로 LAN에서는 이더넷(Ethernet)이라는 통신 기술이 사용된다. 수도권 통신망(Metropolitan Area Network, MAN)은 LAN들이 함께 연결된 대도시 지역의 네트워크로 도시 경계를 넘지 않는 네트워크를 말하며 광역 통

그림 6.2 컴퓨터 네트워크 유형

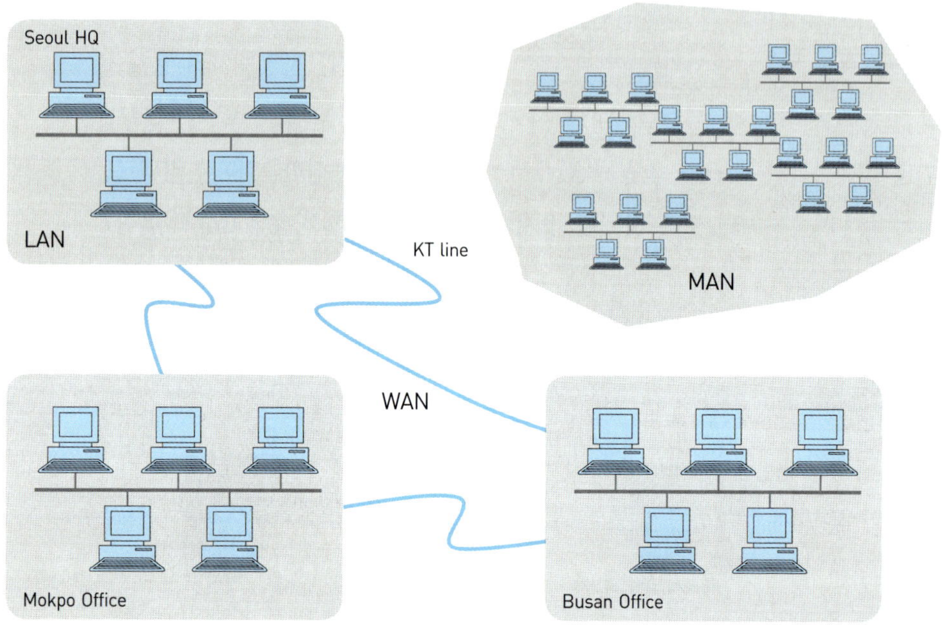

신망(Wide Area Network, WAN)은 도시경계를 넘어 통신이 이루어지는 광범위한 지리적 영역을 포괄하는 네트워크로 일반적으로 통신장비인 라우터(router)와 KT와 같은 통신사업자의 공용 통신 선로를 사용하여 구성된다. 마지막으로, 인터넷(Internet)은 상호 연결된 컴퓨터 네트워크로 이루어진 전 세계적으로 공개적으로 접근 가능한 네트워크로, '네트워크의 네트워크'라고도 불린다.

1.2. 네트워크의 구성

네트워크의 구성은 일반적으로 네트워크의 대상인 컴퓨터와 같은 정보처리장치들 이외에 네트워크를 구축하고 운영하는 데 필요한 물리적 형태의 장비인 네트워크 하드웨어를 관리하고, 네트워크상의 데이터 통신을 제어하고 통신을 가능하게 하는 프로그램들인 네트워크 소프트웨어, 데이터가 전송되는 물리적 경로를 제공하는 네트워크 매체 등으로 구성된다. 네트워크 매체는 크게 유선 매체와 무선 매체로 나눌 수 있다.

- 정보처리장치: 컴퓨터나 모바일 장치와 같은 정보를 처리하는 장치

- 네트워크 하드웨어: 네트워크를 구축 및 운영에 필요한 물리적 장비
- 네트워크 소프트웨어: 데이터 통신을 제어하고 통신을 가능하게 하는 프로그램
- 네트워크 매체: 데이터가 전송되는 물리적 경로를 제공하는 매체

1.3. 네트워크 통신 방식

네트워크 통신 방식은 패킷 교환 네트워크와 회선 교환 네트워크 방식으로 구분된다. 패킷 교환 네트워크(Packet-Switched Network)는 패킷이라고 하는 상대적으로 작은 데이터 단위가 각 패킷에 포함된 대상 주소를 기반으로 네트워크를 통해 통신하는 방식이다. [그림 6.3]에서와 같이 송신자와 수신자 사이에는 전용 연결선이 없고 메시지를 패킷으로 분리한 후 여러 경로를 통해 패킷 단위로 전송하는 방식이다. 일반적으로 데이터 통신에서 이 방식이 사용되며, 대표적인 패킷 교환 방식의 네트워크는 인터넷으로, 인터넷은 기본적으로 통신을 위한 전용 연결선이 없는 네트워크이다.

그림 6.3 패킷 교환 네트워크

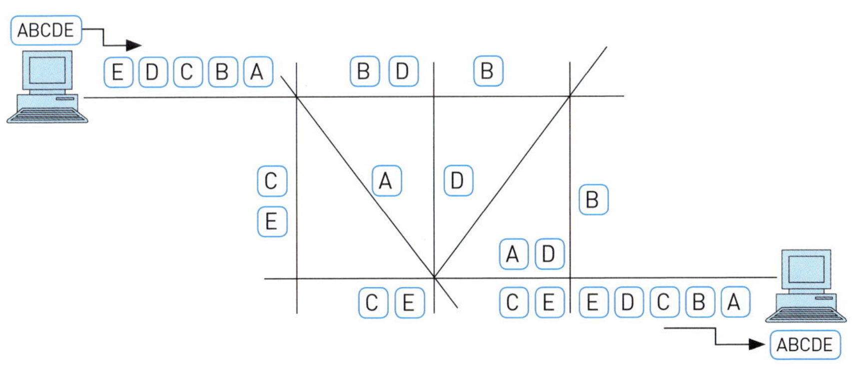

반면에 회선 교환 네트워크(Circuit-Switched Network)는 [그림 6.4]와 같이 통화를 위하여 일시적으로 통신 경로가 설정되어 통화 당사자들에게 전용으로 사용되는 네트워크 유형이다. 통화 중에는 다른 사용자가 사용 중인 회선을 사용할 수 없다. 따라서 회선이 모자랄 경우 신규 통신이 제한된다. 회선 교환 네트워크를 사용하는 대표적인 통신 방식은 음성 통화인 전화이다.

그림 6.4 회선 교환 네트워크

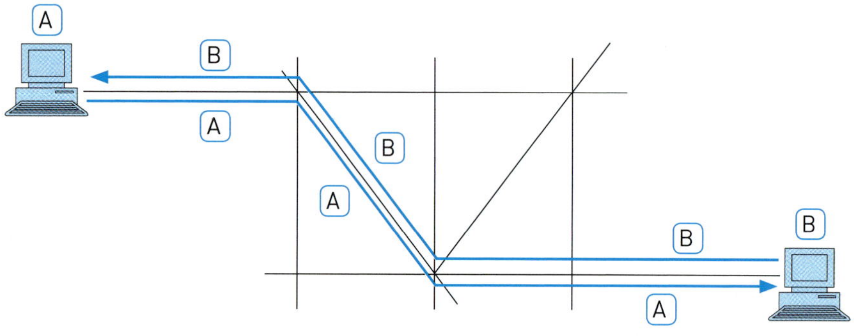

2. 네트워크 하드웨어

네트워크 하드웨어는 네트워크를 위한 장비들로 일반적으로 네트워크 카드, 모뎀, 허브, 그리고 인터네트워킹을 위한 장비들이 포함된다.

2.1. 네트워크 카드

네트워크 카드

RJ-45

무선 LAN 카드

네트워크 어댑터, NIC(network interface controller), 랜카드로 불리우는 네트워크 카드는 컴퓨터 사용자가 케이블이나 무선을 사용하여 서로 연결하는데 필요한 장비이다. 네트워크 카드에 유선 케이블을 연결하기 위해서는 일반적으로 8선 커넥터인 RJ-45(Registered Jack-45)가 사용된다. RJ-45 커넥터는 전화를 연결하는 데 사용되는 RJ-11 커넥터와 유사해 보이지만 조금 크게 생겼다.

오늘날 대부분의 컴퓨터들이 기본적으로 인터넷 접속을 위하여 네트워크 카드를 본체에 내장하고 있으나 무선으로 연결하기 위해서 무선 LAN 카드라 불리우는 랜카드를 USB 포트에 꽂아 사용해야 한다.

대부분의 네트워크 카드는 근거리 통신망에서 활용되는 이더넷 기술을 기반으로 하기 때문에 근거리 통신망(LAN)을 의미하는 랜카드로 잘 알려져 있다. 초기 이더넷 기술은 10Mbps의 데이터 전송 속도를 지원했지만 최신 버전인 기가비트 이더넷은 초당 1기가비트의 데이터 속도를 지원한다.

2.2. 모뎀

모뎀(Modem)은 디지털 정보를 아날로그 신호로 변조하고 반대로 아날로그 신호를 디지털 정보로 복조하는 장치이다. 기본적인 모뎀의 예는 컴퓨터의 디지털 '1과 0'을 전화선을 통해 전송할 수 있도록 음성 신호로 바꾸고, 상대방에서 수신되면 해당 신호를 다시 디지털 1과 0으로 변환하는 음성 대역 모뎀(voice-band modem)이다. 최근에는 빠른 데이터 전송 속도를 위하여 ADSL, VDSL, 케이블 모뎀, 그리고 광랜 모뎀 등이 사용된다.

ADSL(Asymmetric Digital Subscriber Line)은 기존 전화선에서 더 빠른 데이터 전송을 가능하게 하는 데이터 통신 기술로 초고속 전화망 기술인 DSL(Digital Subscriber Line)의 변형이다. ADSL의 "비대칭(Asymmetric)"은 다운스트림 데이터 속도와 업스트림 데이터 속도가 다르다는 것을 의미하고, 이는 데이터 전송을 효율적으로 활용하기 위해 웹 페이지 요청은 많은 대역폭이 필요하지 않은 작은 소규모 데이터라는 점에 착안하여 다운스트림에 비해 업스트림 속도가 낮도록 구성되어 있다. VDSL(Very-high-bit-rate Digital Subscriber Line)은 기존 전화선을 통해 제공되는 고속 인터넷 기술로 ADSL보다 높은 주파수를 사용하여 더 빠른 속도를 제공하며, 특히 업로드 속도에서도 상당한 차이를 보인다. VDSL 기술은 주로 짧은 거리에서 최고의 성능을 발휘하며, 전화국에서 사용자까지의 거리가 가까울수록 더 높은 속도를 제공하다.

케이블 모뎀(Cable Modem)은 케이블 텔레비전 네트워크를 이용하여 인터넷 서비스를 제공하는 장치로 기존의 케이블 TV 인프라를 이용해 고속 인터넷 접속을 가능하게 한다. 케이블 모뎀은 주로 HFC(Hybrid Fiber-Coaxial) 네트워크를 사용하여 인터넷 서비스를 제공하며, 이 네트워크는 광섬유와 동축케이블을 혼합한 형태이다. 광랜(Fiber Optic) 모뎀은 광섬유 케이블을 이용하여 매우 빠르고 안정적인 네트워크 접속을 제공하는 기술로 빛을 통해 데이터를 전송하므로, 전통적인 구리선이나 동축케이블보다 훨씬 빠르고 안정적인 연결을 제공한다. 일반적으로 광랜은 주로 가정, 기업, 그리고 데이터 센터에서 고속 인터넷 접속을 위해 사용된다.

2.3. 이더넷 허브와 무선 AP

이더넷 허브(Ethernet Hub)는 여러 대의 컴퓨터를 하나의 네트워크로 연결해주는

그림 6.5 단순 근거리 통신망

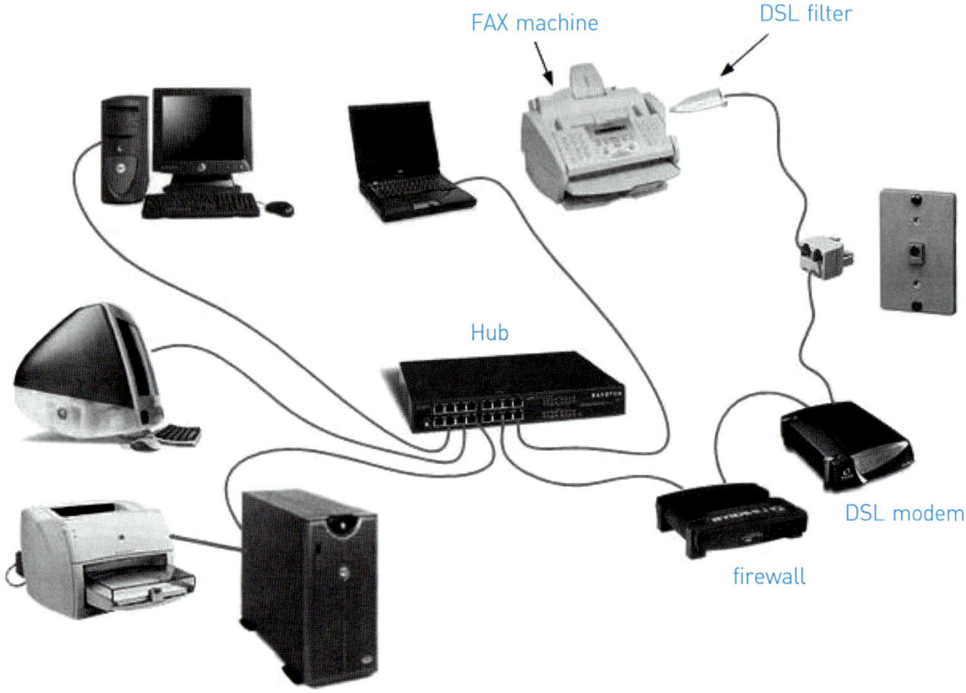

역할을 하는 장비로 기본적으로 여러 포트를 가지고 있어 각각의 포트에 컴퓨터를 연결할 수 있다. 일반적으로 이더넷 허브는 LAN 구현을 위한 필수 네트워크 장비이다.

[그림 6.5]는 이더넷 허브와 네트워크 카드로 구현된 간단한 LAN을 보여주고 있다.

최근 무선 인터넷 기술의 발전으로 [그림 6.6]과 같이 이더넷 허브 대신에 무선 AP를 이용하여 무선 LAN을 구현하고 있다. 무선 AP(Access Point)는 유선 및 무선 네트워크를 연결하는 네트워크 장비로 와이파이 무선 표준은 2.4GHz와 6GHz 대역에서 작동하여 무선 인터넷이 가능하게 한다.

그림 6.6 무선 근거리 통신망

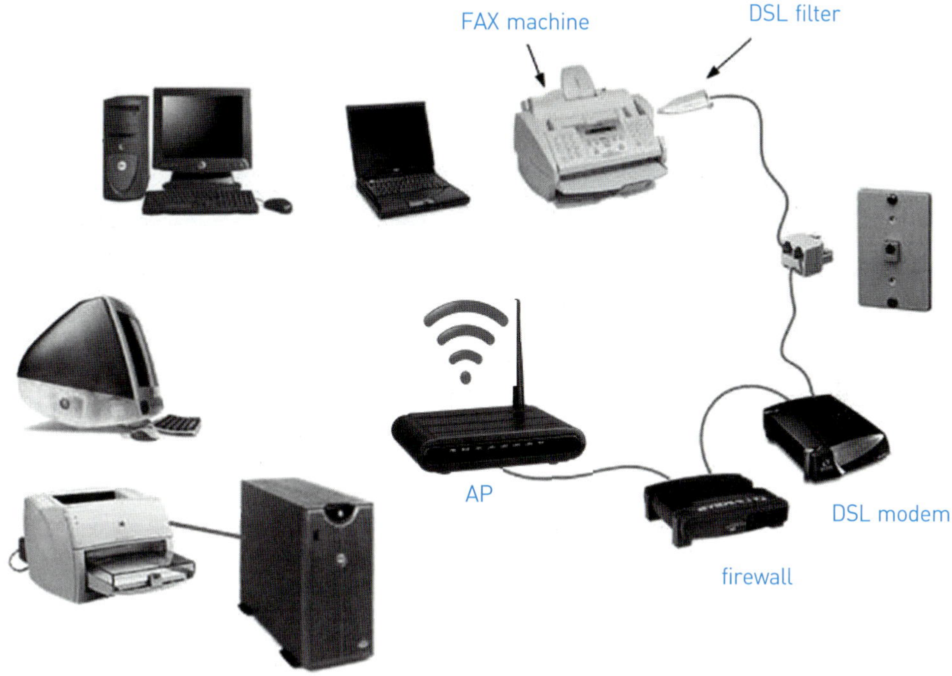

2.4. 인터네트워킹 장비

인터네트워킹(Internetworking)은 두 개 이상의 서로 다른 컴퓨터 네트워크 또는 네트워크 세그먼트를 연결하는 것을 의미한다. 인터네트워킹을 위한 주요 장비는 리피터, 브리지, 라우터, 게이트웨이 등이 있다.

리피터(Repeater)는 디지털 신호를 수신하고 매체의 다음 구간을 따라 신호를 재생성하는 네트워크 장비로 신호를 증폭하여 더 먼 거리로 전송함으로써 신호의 감쇠를 방지한다.

브리지(bridge)는 동일한 프로토콜을 사용하는 두 개의 네트워크를 연결하는 네트워크 장비로 네트워크들 간 트래픽을 필터링하고 MAC 주소를 기반으로 데이터를 전달한다. 라우터(router)는 한 네트워크에서 다른 네트워크로 패킷을 전달하는 네트워크 장비로 내부 라우팅 테이블(internal routing table)을 기반으로 라우터는 들어오는 각 패킷을 읽고 이를 전달할 방법을 결정한다. 게이트웨

Router

이(gateway)는 다른 프로토콜을 사용하는 다른 네트워크와 연결하기 위한 네트워크 장비로 프로토콜 변환, 데이터 포맷 변환 등을 수행한다.

3. 네트워크 소프트웨어

네트워크 소프트웨어는 프로토콜을 근간으로 한다. 프로토콜(protocol)은 두 컴퓨터 간의 연결, 통신 및 데이터 전송을 가능하게 하는 특별한 규칙들의 집합으로 컴퓨터나 네트워크 장치가 서로 통신하고 데이터를 교환할 때 일관되고 이해 가능한 형식을 유지할 수 있게 해준다. 네트워크에 컴퓨터간 통신을 위하여 다양한 프로토콜이 존재하며 이러한 다양한 프로토콜들의 기능은 OSI 모델로 설명될 수 있다. 일반적으로 프로토콜은 네트워크 소프트웨어로 구현되어 데이터 전송, 연결 관리, 통신 보안 등 다양한 기능을 수행한다. 인터넷에서 사용되는 주요 프로토콜과 네트워크 소프트웨어는 TCP/IP, FTP, 이메일, 텔넷, HTTP 등이 있다.

3.1. OSI 모델

OSI 모델(Open Systems Interconnection model)은 국제표준화기구(ISO)에서 개발한 모델로, 네트워크 통신을 7계층으로 나누어 각 계층에서 수행되는 작업과 프로토콜을 구분하여 정의한 모델이다. OSI 모델의 각 계층별 명칭과 기능은 다음과 같다.

- 1계층(물리 계층): 실제 하드웨어와 물리적 전송 매체
- 2계층(데이터 링크 계층): MAC 주소를 사용한 데이터 프레임의 전송 및 오류 검출
- 3계층(네트워크 계층): IP 주소를 사용한 패킷의 라우팅 및 전달
- 4계층(전송 계층): 데이터 전송의 신뢰성 및 흐름 제어
- 5계층(세션 계층): 통신 세션의 설정, 유지, 종료
- 6계층(프레젠테이션 계층): 데이터 형식 변환 및 암호화
- 7계층(애플리케이션 계층): 사용자와 직접 상호작용하는 응용 프로그램 및 서비스

일반적으로 잘 알려진 프로토콜들과 OSI 모델의 계층과 비교하면 이더넷은 물리계층과 데이터 링크계층을 담당하고, IP는 네트워크 계층, TCP는 전송계층, HTTP, FTP, SMTP 등은 애플리케이션 계층의 기능을 담당한다.

3.2. TCP/IP

TCP/IP(Transmission Control Protocol/Internet Protocol)는 인터넷의 기본 프로토콜로 OSI 모델의 네트워크 계층(3계층)과 전송계층(4계층) 기능을 담당한다. [그림 6.7]에 표시된 것처럼 데이터 전송을 담당하는 TCP는 메시지를 패킷들로 분리하고 인터넷을 통해 전송한 후 패킷들을 원본 메시지로 재결합하는 작업을 관리한다. 이를 통해 데이터 전송의 신뢰성을 보장한다. 패킷 교환 네트워크를 통해 데이터를 전송하는 데 사용되는 프로토콜인 IP는 각 패킷의 주소 부분을 처리하여 패킷들이 정해진 목적지에 도달하도록 한다.

그림 6.7 TCP/IP 프로토콜

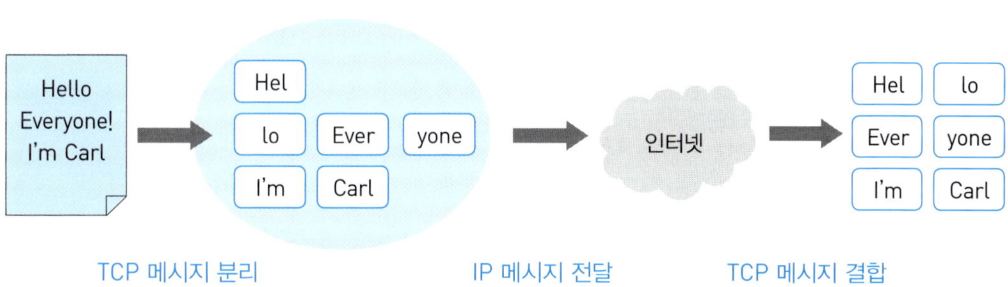

TCP/IP를 기반으로 하는 상위 계층인 애플리케이션 계층의 프로토콜은 FTP, SMTP, Telnet 및 HTTP 등이 있고 이를 지원하는 FTP, 이메일, 텔넷, 월드와이드 웹과 같은 응용 프로그램들이 있다.

3.3. FTP

FTP는 애플리케이션 계층의 프로토콜로 하위 계층인 TCP/IP 기반의 네트워크에서 파일을 교환하는 데 일반적으로 사용되는 프로토콜이다. FTP는 한 컴퓨터를 사용하여 파일을 전송하고 다른 컴퓨터에서 파일 받기를 수행한다. 따라서 FTP 전송에는 서버와 클라이언트라는 두 대의 컴퓨터가 있다. FTP 서버 소프트웨어를 실행하는 FTP 서버는 네트워크에서 다른 컴퓨터의 연결 요청을 수신하고 FTP 클라이언트 소프트웨어를 실행하는 클라이언트 컴퓨터는 서버에 대한 연결을 시작한다. 연결되면 클라이언트는 서버에 파일 업로드, 서버에서 파일 다운로드, 서버에서 파일 이름 변경 또는 삭제 등과 같은 다양한 파일 조작 작업을 수행할 수 있다.

3.4. 이메일

이메일(e-mail)은 통신을 통해 컴퓨터에 저장된 메시지를 교환하는 응용 프로그램으로 오늘날 이메일은 웹과 더불어 인터넷이 제공하는 가장 인기 있는 서비스이다. 이메일은 특이하게 보낼 때 사용되는 프로토콜과 받을 때 사용되는 프로토콜이 다르다. 즉, 이메일을 보낼 때는 SMTP(Simple Mail Transfer Protocol)이라는 프로토콜이 사용되고, 받을 때는 POP3(Post Office Protocol 3)가 사용된다.

3.5. 텔넷

텔넷(Telnet)은 사용자가 원격 컴퓨터에 접속할 수 있도록 하는 네트워크 프로토콜이지만, 원격 접속을 위한 클라이언트 부분의 응용 프로그램을 지칭하기도 한다. 텔넷을 통해 관리자나 다른 사용자는 다른 사용자의 컴퓨터에 원격으로 액세스할 수 있다. 오늘날 텔넷은 자주 사용되는 프로그램은 아니다.

3.6. HTTP

HTTP(Hypertext Transfer Protocol)는 웹에서 텍스트, 그래픽 이미지, 사운드, 비디오 및 기타 멀티미디어 파일 등을 전송하기 위한 애플리케이션 계층의 프로토콜로 웹서버와 웹 브라우저 간에 상호작용시에 사용된다. 웹 브라우저는 서버에 HTTP 요청을 보내고 웹 페이지 파일이 포함된 웹서버는 HTTP 요청을 기다리고 도착하면 이를 처리한다.

4. 네트워크 매체

네트워크 매체는 데이터가 전송되는 물리적 경로나 방법을 의미하며, 크게 유선 매체와 무선 매체로 구분된다.

4.1. 유선 매체

유선 매체(Wired Media)는 데이터 전송을 위해 물리적 케이블을 사용하는 전송 매체를 말하여 일반적으로 데이터의 안정성과 빠른 전송을 보장하기 위해 사용된다. 주요 유선 매체는 구리선, 동축 케이블, 광섬유 케이블 등이 있다.

구리선(Copper Cables)은 구리 와이어가 꼬여 있는 형태로 주로 이더넷 네트워크에 사용된다. 네트워크에 사용되는 주요 구리선은 언쉴드 트위스티드 페어(Unshielded Twisted Pair, UTP)와 쉴드 트위스티드 페어(Shielded Twisted Pair, STP)가 있다. UTP는 가장 일반적으로 사용되는 네트워크 케이블로, 여러 쌍의 구리선이 서로 꼬여 있어 전자기 간섭을 줄인다. STP는 UTP와 유사하지만, 각 쌍의 선이 금속 차폐막으로 감싸져 있어 전자기 간섭에 더욱 강하다. UTP와 같은 구리선은 설치가 간편하고 저렴하지만 거리와 간섭에 민감한 단점을 가지고 있다.

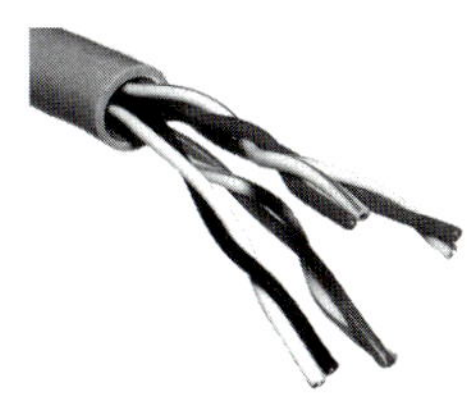

UTP 케이블

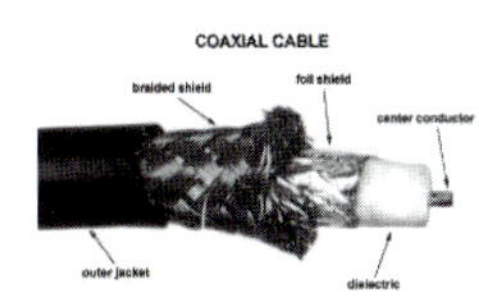

동축 케이블

동축 케이블(Coaxial Cable)은 구리 도체를 중심으로 절연체, 금속 차폐층, 외부 절연층으로 구성되어 있으며 주로 케이블 TV, 인터넷 서비스, 그리고 일부 구내 통신망에서 사용된다. 동축 케이블은 높은 대역폭, 전자기 간섭에 대한 저항성과 같은 장점을 가지고 있으나 무겁고 굵으며 설치가 복잡하다.

광 케이블

광섬유 케이블(Fiber Optic Cables)은 빛의 신호를 통해 데이터를 전송하는 매체로, 매우 높은 대역폭과 전송 속도를 제공한다. 단일 모드 광섬유와 다중 모드 광섬유가 있으며 단일 모드 광섬유는 작은 코어를 통해 레이저 빛을 직선으로 전송하며, 긴 거리에서도 높은 대역폭을 지원하여 주로 장거리 데이터 통신에 사용된다. 반면 다중 모드 광섬유는 큰 코어를 통해 LED 빛을 다양한 경로로 전송하여 단거리에서 주로 사용되며, 데이터 센터나 LAN 환경에서 주로 사용된다.

4.2. 무선 매체

네트워크 무선 매체(Wireless Media)는 데이터를 전송하기 위해 물리적인 케이블 대신 무선 신호를 사용하는 전송 매체를 말하며 주로 전파를 사용하여 데이터를 전송한다. 무선 네트워크에서는 도달 거리 및 장애물의 유무에 따라 무선 주파수, 마이크로파, 위성 통신과 같은 다양한 주파수 대역의 기술을 통해 데이터 전송을 가능하게 한다.

무선 주파수(Radio Frequencies)는 무선 주파수(RF)는 무선 통신을 위해 사용하는 전자기파의 주파수 범위를 의미하며 일반적으로 3Hz에서 300GHz까지의 주파수를 포함한다. 마이크로파(Microwave)는 기지국 간에 데이터 전송을 위해 사용되는 전파로 직접적인 가시선(Line of Sight) 통신이 필요하여, 중계탑이 설치된 고정된 경로에서 주로 사용된다. 위성 통신(Satellite Communication)은 지구 궤도에 있는 인공위성을 통해 데이터가 전송된다. 매우 넓은 지역을 커버할 수 있어, 지리적으로 접근하기 어려운 곳에서도 네트워크 연결이 가능하다. 그러나 지연 시간이 크다는 단점이 있다. 세부적인 무선 매체별 특징은 [표 6.1]과 같다.

표 6.1 무선 매체별 특징 비교

특성	무선 주파수	마이크로파	위성 통신
주파수	3Hz~300GHz	1GHz~100GHz	4GHz~40GHz
전송거리	~ 수 km	수 km ~ 수십 km	지구 전역 (수천 km)
주요용도	라디오, Wi-Fi	레이더, 기지국	위성 TV, 인터넷, GPS
장점	다양한 용도, 저렴함	높은 데이터 속도, 긴 거리	광범위 커버리지, 멀티캐스트 가능
단점	간섭 가능	높은 비용	높은 초기 비용

5. 무선 네트워크

무선 네트워크는 물리적인 케이블 연결 없이 무선 매체를 사용하여 데이터 통신을 하는 네트워크로 오늘날 무선통신 기술의 발전과 무선네트워킹의 편리성으로 무선 네트워크가 보편화되고 있다. 무선 네트워크 기술은 데이터 전송을 위한 컴퓨터 무선 네트워크 기술과 통신을 위한 모바일 통신 기술로 구분된다.

5.1. 무선 컴퓨터 네트워크

무선 컴퓨터 네트워크는 기존의 유선 기반의 네트워크를 무선 매체를 사용한 것으로 개인 영역 네트워크인 PAN, 무선 지역 네트워크인 WLAN 그리고 무선 도시 지역 네트워크인 WMAN 등으로 분류될 수 있다.

PAN(Personal Area Network)은 개인의 작업 공간을 중심으로 전자기기를 상호 연결하는 네트워크로 컴퓨터, 스마트폰, 태블릿과 같은 장치와 헤드셋이나 스마트 시계와 같은 개인용 디지털 단말기 간의 데이터 전송을 제공한다. PAN은 유선과 무선으로 구분되며, 유선 PAN은 USB, 파이어와이어 등의 데이터 인터페이스 기술을 사용하고, 무선 PAN은 블루투스, 적외선 전송 등의 기술을 사용한다. WLAN(Wireless LAN)은 집, 학교 캠퍼스 또는 사무실 건물과 같은 제한된 영역 내에서 두 개 이상의 장치를 연결하는 무선 컴퓨터 네트워크로 대부분의 WLAN은 IEEE 802.11 표준을 기반으로 하는 와이파이를 활용한다. WMAN(Wireless MAN)은 대도시 규모로 컴퓨터를 무선으로 상호 연결하는 컴퓨터 네트워크로 WLAN이 일반적으로 와이파이 기술의 도달 범위인 30m 이내의 제한된 지역에서 컴퓨터 네트워킹을 위해 사용되는 반면, 무선 MAN은 컴퓨터 네트워킹을 도시 규모로 확장하는 네트워크를 의미한다. 가장 잘 알려진 WMAN기술은 IEEE 802.16 표준인 와이맥스(WiMAX)로 와이맥스는 수 킬로미터를 커버하는 장거리 시스템이다. 참고로 와이브로(Wibro)는 와이맥스의 한국 서비스 명칭이다.

5.2. 모바일 통신 기술

모바일 통신 기술은 전화 이동통신에 사용되는 기술로 여러 세대를 거쳐 발전해 왔으며, 각 세대는 이전 세대에 비해 더 빠르고 효율적인 데이터 전송을 가능하게 했다.

1G는 1세대 무선전화 기술로 1979년에 도입된 아날로그 통신 표준을 기반으로 음성 통신을 지원한 기술이다. 이 기술은 데이터 전송은 불가하고 낮은 보안성과 저속 음성 통화만 가능한 최소 모바일 통신 기술이다. 2G는 2세대 무선전화 기술로 디지털 통신 기술을 기반으로 음성 통신의 품질 및 보안을 향상시켰다. 2G는 1991년에 GSM(Global System for Mobile Communications) 표준으로 상업적으로 출시되었고 이후 CDMA(Code Division Multiple Access) 기반 디지털 셀룰러 기술이 출시되었다. 퀄컴에서 개발한 CDMA는 한국에서 처음으로 상용화되었으며 나중에 통신 산업 협회의 표준으로 채택되었다. 3G는 2G보다 훨씬 더 빠른 정보 전송 속도를 제공한 기술로 무선 음성 통화는 물론 모바일 인터넷 접속, 화상 통화 및 모바일 TV 기술에 적용될 수 있었다. 3G의 기반 기술은 WCDMA(Wideband Code Division Multiple Access)으로 데이터 전송 속도가 최대 3.6 Mbps 수준이었다. 4G는 고속 데이터 전송, 고해상도 비디오 스트리밍, 고품질 VoIP(Voice over IP) 지원 등을 지원할 수 있는 기술로 기반 기술은 LTE(Long Term Evolution)로 데이터 전송 속도는 최대 1 Gbps를 지원하고 있다. 4G 무선 서비스 기술인 LTE는 초기 와이브로 등의 와이맥스 기술과 경쟁했지만 실질적으로 승리하여 초고속 무선 네트워크의 사실상 표준이 되었다. 5G는 2020년대 초반에 등장한 기술로 4G 표준을 넘어서는 최대 10 Gbps 이상의 초고속 데이터 전송 속도를 지원하는 기술이다. 네트워크의 속도와 용량이 향상되면 자율 주행차, 스마트 시티, 가정과 사무실의 IoT 등 새로운 IoT 트렌드를 지원하고 있다.

5.3. 다중 접속 기술

다중 접속 기술은 여러 사용자가 동시에 동일한 물리적 매체를 공유하여 통신할 수 있도록 하는 기술로 주로 무선 통신에서 사용되며, 통신 네트워크의 효율성과 용량을 증가시키는 데 중요한 역할을 한다. 다중 접속 기술은 다중 주파수 다중 접속, 코드 분할 다중 접속 그리고 시분할 다중 접속 기술이 있다.

다중 주파수 다중 접속(Frequency Division Multiple Access, FDMA)는 주파수를 여러 개의 채널로 나누어 여러 사용자가 각각의 주파수 대역을 할당받아 통신하는 방식으로 각 사용자는 서로 다른 주파수 대역을 사용하므로 동시에 통신할 수 있다. 전통적인 유선 통신에서 사용되던 방식으로 대표적으로 FM 라디오가 FDMA 방식이다. 코드 분할 다중 접속(Code Division Multiple Access, CDMA)는 사용자들이 동일한 주파수 대역을 공유하지만 각 사용자에게 고유한 코드가 할당되어 서로를 구별한다. 사용자가 데이터를 전송할 때, 데이터는 고유한 코드로 인코딩되어 전송되며, 수신 측에서는 해당 코드를 사용하여 원래의 데이터로 복원한다. 이러한 특성으로 인해 CDMA는 다중 접속을 위한 간단한 시스템 구축과 동적 대역폭 할당이 가능하며, 노이즈에 대한 내성이 뛰어나다는 장점이 있다. CDMA는 2G, 3G 네트워크에서 사용되었다. 시분할 다중 접속(Time Division Multiple Access, TDMA)은 주파수 대역을 시간으로 나누어 여러 사용자가 동일한 주파수 대역을 번갈아 가며 사용하는 방식이다. 각 사용자는 정해진 시간 슬롯(slot)을 할당 받아 해당 시간에만 통신을 수행한다. 이러한 방식으로 여러 사용자가 동일한 주파수를 공유하면서도 상호 간섭을 최소화할 수 있다. TDMA는 GSM과 같은 2G 네트워크에서 주로 사용되었다.

6. 인터넷

인터넷(Internet)은 세계적인 컴퓨터 네트워크, 즉 네트워크의 네트워크(network of networks)이다. 1969년 미국 정부 산하 ARPA(Advanced Research Projects Agency)가 고안했으며 처음에는 ARPANET으로 알려졌다. 원래 목표는 한 대학의 연구용 컴퓨터 사용자가 다른 대학의 연구용 컴퓨터와 "통신"할 수 있도록 하는 네트워크를 만드는 것이 인터넷의 시발이었다.

오늘날 인터넷은 전 세계 수십억 명의 사람들이 사용할 수 있는 공공적이고 협력적이며 자립적인 네트워크가 되었다. 인터넷은 TCP/IP 프로토콜을 기반으로 하기 때문에 FTP, 이메일, 텔넷, 월드와이드웹 등 다양한 애플리케이션 서비스를 제공한다. 특히, 월드와이드웹은 인터넷에서 가장 널리 사용되는 애플리케이션이다.

6.1. 월드와이드웹

월드와이드웹(World Wide Web, WWW)은 인터넷을 통해 접속되는 하이퍼텍스트로 문서를 상호 연결해주는 서비스이다. 웹 브라우저를 사용하여 사용자는 텍스트, 이미지, 비디오 및 기타 멀티미디어가 포함된 웹 페이지를 보고 하이퍼링크를 사용하여 웹 페이지 사이를 이동한다. 월드와이드웹은 스위스 제네바에 있는 유럽 입자물리연구소(CERN)에서 근무하던 팀 버너스 리(Tim Berners-Lee)가 1989년에 만들어서 1992년에 공개되었다.

월드와이드웹에 지원하는 가장 뛰어난 기능은 즉각적인 상호 참조 방법인 하이퍼텍스트(Hypertext)로 대부분의 웹사이트에서는 특정 단어나 문구가 나머지 부분과 다른 색상의 텍스트로 표시되거나 밑줄이 그어져 있다. 이러한 단어나 문구 중 하나를 선택하면 해당 단어나 문구와 관련된 사이트나 페이지로 이동한다. 하이퍼텍스트에서 파생된 하이퍼미디어(Hypermedia)는 하이퍼텍스트 링크의 개념을 확장하여 사운드, 모션 비디오, 가상 현실을 포함한 모든 멀티미디어 자원 간의 링크를 포함한다.

웹사이트의 페이지에 접근은 웹 브라우저(Web browser)를 통해 이루어지며, 그 중 가장 널리 사용되는 브라우저는 구글 크롬과 마이크로소프트 엣지(Microsoft Edge)이다. [그림 6.8]에서 볼 수 있듯이 이러한 웹 브라우저는 이메일 및 FTP와 같은 다른 인터넷 서비스도 통합하고 있다.

그림 6.8 브라우저

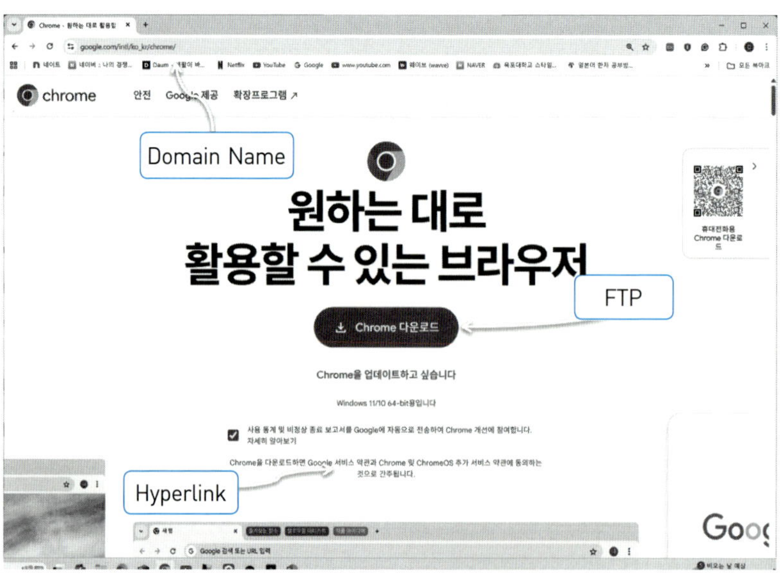

웹 페이지의 파일 형식은 HTML로 지정된다. HTML은 웹 페이지를 만드는 데 사용되는 마크업 기호 집합이자 저작 언어로 웹 페이지 보기는 일반적으로 웹 브라우저에 페이지의 URL을 입력하는 것으로 시작된다. URL의 서버 이름 부분은 DNS으로 알려진 글로벌 분산 인터넷 데이터베이스를 사용하여 IP 주소로 확인된다.

6.2. HTML

HTML(Hypertext Markup Language)은 웹에서 문서를 작성하는 데 사용되는 저작 언어이다. HTML은 다양한 태그와 속성을 사용하여 웹 문서의 구조와 레이아웃을 정의한다. HTML 문서의 구조는 〈html〉〈head〉(문서에 대한 일반 정보 포함), 〈body〉로 시작하고 〈/body〉〈/html〉로 끝난다. 웹 페이지에 포함하고 싶은 모든 정보는 〈body〉와 〈/body〉 태그 사이에 들어가야 한다.

[그림 6.9]는 간단한 HTML 파일과 그 표현을 보여주고 있다.

HTML은 웹 기술과 표준화의 발전에 따라 진화되어 새로운 기능과 개선 사항을 도입하여 왔다. 현재의 HTML 버전은 HTML5로 이전 주요 버전들의 특징은 다음과 같다.

최초의 HTML 버전은 1991년에 팀 버너스리에 의해 개발된 버전으로 웹 페이지의 기본적인 구조에 대한 정의 및 텍스트와 하이퍼링크를 생성하는 간단한 마크업 기능을 제공하였다. 1995년에 공개된 HTML 2.0은 이미지, 폼, 테이블 등과 같은

그림 6.9 단순 HTML

```
〈html〉
〈head〉
〈title〉Book Title〈/title〉
〈/head〉
〈body〉
〈p〉Book Title〈/p〉
〈p〉--------------------------〈/p〉
〈p〉Introduction to HTML〈/p〉
〈p〉HTML, XHTML, and CSS〈/p〉
〈p〉Beginning Web Programming with HTML〈/p〉
〈/body〉
〈/html〉
```

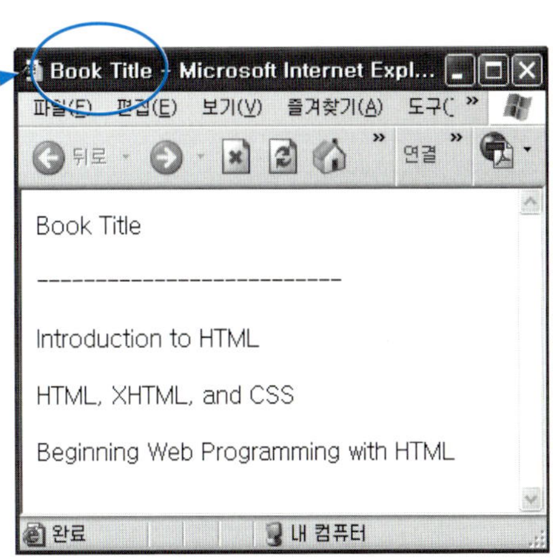

새로운 요소와 기능을 추가하여 웹 페이지를 다양하게 구성할 수 있도록 하였다. 1997년에 발표된 HTML 3.2는 표준화된 형태로 W3C에 의해 제정되었고, 프레임, 플로팅 요소, 배경 이미지 등과 같은 다양한 기능이 추가되었다. 1999년에 발표된 HTML 4.01은 동적 콘텐츠와 스타일링을 위한 스크립트 언어, 주로 자바스크립트의 지원을 강화하였고, CSS를 통한 스타일링을 도입하여 웹 디자인의 유연성을 향상시켰었다. HTML5는 2014년에 공식적으로 W3C에서 표준으로 제정되었고 멀티미디어 요소, 그래픽 및 애니메이션, 로컬 저장소, 반응형 웹 디자인 등 다양한 기능이 추가되었으며, 또한 웹 애플리케이션의 개발과 오프라인 기능을 향상시키는데 많은 변화가 있었다.

6.3. XML

XML(eXtensible Markup Language)은 사용자 정의 태그를 생성할 수 있는 마크업 언어이다. HTML의 주요 약점 중 하나는 태그에 포함된 데이터가 의미가 없다는 것이다. 예를 들어 HTML 코드에서 〈p〉HTML 소개 〈/p〉 코드는 제목을 표시한다. 그러나 사용자는 제목이 무엇을 가리키는지 알 수가 없다. 이러한 문제를 극복하기 위해 W3C에서는 XML을 제안했다. XML은 사용자 정의 마크업 언어를 생성하기 위한 범용 사양으로 사용자가 자신의 요소를 정의할 수 있기 때문에 확장 가능한 언어로 분류된다. 태그로 '〈book title〉'을 정의하면 '〈 book title〉 소개 HTML 〈/ book title〉'을 사용할 수 있으며 사용자는 태그를 통하여 내용의 의미를 알 수 있다.

오늘날 XML은 웹 페이지를 구성하기 용도보다는 사람이 읽을 수 있는 형태로 데이터를 구조화하고, 다양한 시스템과 애플리케이션 간의 데이터 교환을 하는데 주로 사용된다.

6.4. URL

URL(Uniform Resource Locator)은 인터넷에서 액세스할 수 있는 파일의 고유 주소로 URL에는 아래와 같이 파일을 액세스하는 데 사용되는 프로토콜 이름, 인터넷에서 특정 컴퓨터를 식별하는 도메인 이름, 그리고 해당 컴퓨터에서 파일 위치를 지정하는 경로가 포함된다.

protocol://computer address/directory (or file name)

하이퍼텍스트 전송 프로토콜을 사용하는 웹에서 URL의 예는 다음과 같다.

http://www.abc.co.kr/index.html

6.5. DNS

DNS(Domain Name Service)는 도메인 이름을 IP 주소로 변환하는 인터넷 서비스이다. 인터넷은 숫자인 IP 주소를 기반으로 하기 때문에 주소를 기억하는 것이 쉽지 않지 때문에 주소를 더 쉽게 기억할 수 있도록 알파벳 도메인 이름을 사용한다. 따라서 클라이언트에서 서버에 접근을 위하여 도메인 이름을 사용할 때마다 DNS 서비스는 도메인 이름을 해당 IP 주소로 변환한다. 예를 들어, 도메인 이름 "www.naver.com"은 실질적인 IP 주소인 202.131.30.82로 변환된다.

도메인은 사람들이 컴퓨터 용도를 개략적으로 이해할 수 있도록 조직 및 국가 유형에 대한 일반적인 명명 규칙을 가지고 있다. [표 7.2]은 일반적인 도메인 명명 규칙을 보여준다.

인터넷이 전 세계적으로 사용하기 이전에 미국에서는 인터넷이 사용되었기 때문에 미국에서는 다른 명명 규칙이 사용된다. 국가 코드는 없으며 다른 형태의 조직 코드를 사용한다(예: edu=학교, com=회사, gov=정부, org=조직, net=네트워크 관리, mil=군대).

예시 www.whitehouse.gov; www.westinghouse.com; www.ucla.edu.

표 6.2 도메인 명명 규칙

Organization		National	
ac	school	kr	Korea
co	company	jp	Japan
go	government	ca	Canada
or	organization	nz	New Zealand
nm	network management	au	Australia
re	research center	uk	United Kingdom
		fr	France

7. 인터넷/웹 기반 서비스

인터넷은 TCP/IP를 기반으로 하기 때문에 파일전송(FTP), 이메일, 원격접속(Telnet), 웹과 같은 기본적인 인터넷 서비스를 제공한다. 또한 오늘날 인터넷 기반으로 포털 사이트, 검색 엔진, 메신저, 온라인 커뮤니티와 같은 다양한 웹 서비스들이 제공되고 있다.

포털 사이트(Portal Site)는 사용자가 인터넷을 탐색하고 다양한 온라인 서비스를 이용할 수 있도록 종합적인 기능을 제공하는 웹사이트로 인터넷 사용자들에게 인터넷의 "입구" 역할을 하며, 다양한 정보와 서비스를 한 곳에서 접근할 수 있도록 통합된 플랫폼을 제공한다. 주요 포털 사이트는 구글, 빙, 네이버, 야후, 다음 등이 있다. 검색 엔진(Search Engine)은 포털 사이트의 핵심 기능 중 하나로 사용자가 웹상의 정보를 쉽게 찾을 수 있도록 도와준다. 검색 엔진(Search Engine)은 사용자가 입력한 키워드나 문장에 따라 인터넷상의 정보를 검색하고 결과를 제공하기 위하여 웹 크롤링, 인덱싱, 검색 알고리즘 등을 통해 웹 페이지를 수집하고 정리하여 사용자가 필요로 하는 정보를 빠르게 찾아준다. 메신저(Messenger)는 인터넷을 통해 실시간으로 메시지와 파일을 주고받을 수 있는 서비스로 메신저는 개인 간의 소통, 그룹 채팅, 업무 협업 등 다양한 용도로 사용된다. 주요 메신저는 왓츠앱, 위챗, 카카오톡, 라인 등이 있다. 온라인 커뮤니티(Online Community)는 인터넷을 통해 사람들이 공통의 관심사, 목표, 또는 주제를 중심으로 소통하고 상호작용하는 가상 공간으로 온라인 커뮤니티는 포럼, 소셜 미디어 그룹, 메신저 그룹, 위키, 블로그 네트워크 등 다양한 형태로 존재한다.

7.1. 웹 2.0

웹 2.0은 2004년 미국 오라일리미디어의 팀 오라일리(Tim O'reilly)가 제창한 개념으로, 초기의 정적인 웹 페이지에서 벗어나 사용자 간의 상호작용이 활발한 동적인 웹 환경을 의미한다. 웹 1.0이 포털과 같이 사용자가 콘텐츠를 수동적으로 보는 것으로 제한되는 웹사이트들을 말한다면, 웹 2.0은 사용자가 단순히 소비자가 아닌, 적극적으로 참여하고 정보를 공유하는 주체로 활동하는 참여와 공유라는 기본적인 사상 아래 제공되는 소셜 미디어, 블로그, 위키, 유투브와 같은 웹 애플리케이션들을 포함한다.

웹 2.0은 사용자 생성 콘텐츠(User-Generated Content, UGC), 소셜 네트워킹, 태그와 폭스노미, 참여와 협업과 같은 서비스를 제공하는 특징을 가지고 있다. UGC 서비스는 블로그, 위키, 유튜브 등의 플랫폼을 통해 사용자가 직접 콘텐츠를 생성하고 공유하는 것을 의미하며, 소셜 네트워킹 서비스는 페이스북, 트위터, 인스타그램 등의 소셜 네트워크 플랫폼에서 사용자들이 서로 연결되고 소통할 수 있는 공간을 제공한다. 태그와 폭스노미(Folksonomy) 서비스는 사용자가 콘텐츠에 태그를 추가하여 쉽게 검색하고 정리할 수 있도록 하여 사용자가 생성한 분류 체계인 폭스노미를 형성하도록 한다. 마지막으로 참여와 협업을 위한 서비스는 위키피디아(Wikipedia)와 같은 플랫폼에서는 다수의 사용자가 협력하여 콘텐츠를 생성하도록 지원한다.

상기와 같은 웹 2.0의 서비스를 제공하기 위하여 웹 2.0은 AJAX, HTML5와 CSS3, 자바스크립트 프레임워크, API와 같은 웹 2.0 기술들을 제공하고 있다. AJAX(Asynchronous JavaScript and XML)는 웹 페이지가 서버와 비동기적으로 데이터를 교환하여, 전체 페이지를 새로 고침을 하지 않고도 일부만 업데이트할 수 있게 하는 기술로 웹에서 대화형 애플리케이션 작성을 지원하는 핵심적인 기술이다. HTML5와 CSS3는 웹 2.0 애플리케이션 작성의 기본 기술로 더 나은 사용자 인터페이스와 경험을 제공하기 위한 새로운 웹 표준으로, 멀티미디어 콘텐츠를 쉽게 통합할 수 있게 한다. 또한 자바스크립트 프레임워크는 리액트, 앵귤러, Vue.js 등과 같은 프레임워크는 동적이고 상호작용적인 사용자 인터페이스를 구축하는 데 사용된다. API(Application Programming Interface)는 외부 서비스와의 상호 운용성을 높이기 위해 활용된다.

7.2. 웹의 미래 웹 3.0

웹 3.0은 차세대 웹 기술로 기존 웹에 비하여 더 지능적이고 연결된 인터넷을 목표로 하는 웹 기술을 의미한다. 웹 3.0에 대하여 명확하게 정의된 내용은 없지만 일반적으로 시맨틱 웹, 분산화, 인공지능 및 머신러닝 활용, 3D 그래픽 및 가상현실과 같은 특징들 가지고 있는 것으로 제시되고 있다.

시맨틱 웹(Semantic Web)은 데이터를 의미론적으로 이해하고 처리할 수 있는 웹으로 데이터가 의미론적으로 구조화되어, 기계가 데이터를 더 쉽게 이해하고 처리할 수 있게 한다. 이를 통해 웹상의 정보와 데이터 간의 관계를 명확하게 파악할 수 있다. 분산화(Decentralization)는 웹 3.0은 블록체인 기술을 사용하여 중앙 서버가 아닌 분산된 네트워크에서 데이터를 관리하는 것으로 이를 통해 보안성과 투명성이 향상된다. 분산형 애플리케이션과 스마트 계약이 이 개념의 중요한 요소이다. 웹 3.0에서는 인공지능 및 머신러닝 기술을 활용하여 사용자 맞춤형 콘텐츠 제공 및 예측 분석, 그리고 자연어 처리 등이 가능해질 것이다. 예를 들어, AI 기반 추천 시스템이 사용자에게 맞춤형 콘텐츠를 제공할 것이다. 마지막 웹 3.0에서는 더 풍부하고 몰입감 있는 사용자 경험을 위해 3D 그래픽과 가상현실 기술이 사용될 것이다. 예를 들어, 가상 쇼핑몰이나 가상 학습 환경이 이러한 기술을 활용할 수 있다.

8. 인터넷 기술의 실무적 활용

전통적으로 기업에서 TCP/IP 프로토콜을 사용하여 이루어진 대표적 인터넷 기술의 실무적 적용은 인트라넷과 엑스트라넷이다. 또한, 공중 통신 인프라를 활용한 가상사설망(VPN), 실시간 음성 대화가 가능한 인터넷 전화 등도 인터넷 기술의 주요 실무적 활용의 예이다.

8.1. 인트라넷

인트라넷(Intranet)은 조직 내의 인터넷 프로토콜을 기반으로 하는 사설네트워크이다. 인트라넷은 보통 기업, 학교, 정부 기관 등에서 내부 정보의 공유, 협업, 커뮤니케이션을 효율적으로 하기 위해 구축되나 일반적으로 인트라넷에는 하나 이상의 게이트웨이(gateway) 컴퓨터를 통해 외부 인터넷으로 연결되어 있다. 또한 [그림 6.10]에 표시된 것처럼 게이트웨이 컴퓨터에는 일반적으로 방화벽 기능이 포함되어 있다. 인트라넷의 주요 목적은 직원들 간에 회사 정보와 컴퓨팅 자원을 공유하는 것으로 그룹의 작업을 용이하게 하는 데에도 사용할 수 있다.

인트라넷은 TCP/IP, HTTP 및 다른 인터넷 프로토콜을 사용하므로 일반적으로 인터넷의 기업용 버전처럼 보인다. 일반적으로 기업에서는 인트라넷 내의 사용자

그림 6.10 인트라넷

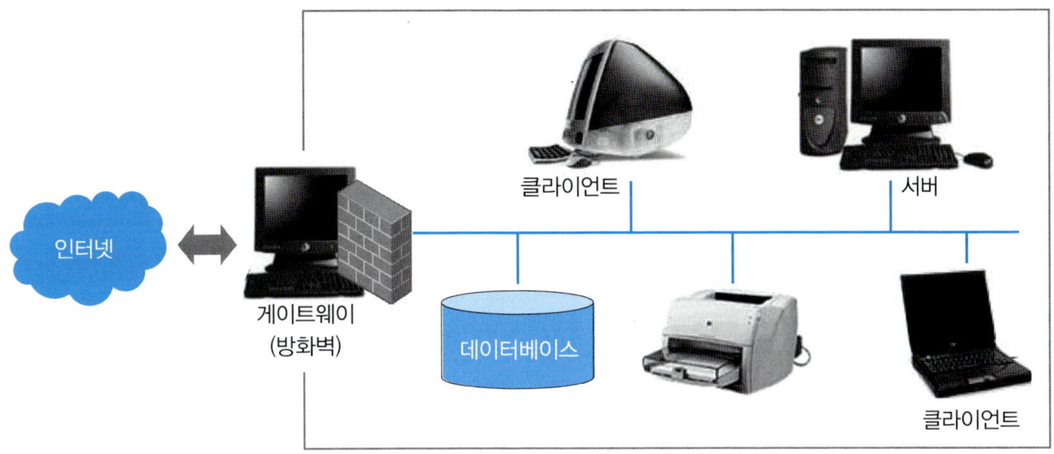

가 방화벽 서버를 통해 공용 인터넷에 액세스할 수 있도록 허용한다. 그러나 고객, 파트너, 공급업체 또는 회사 외부의 다른 사람이 인트라넷에 접근할 수 있는 경우 이를 엑스트라넷이라고 한다.

8.2. 엑스트라넷

엑스트라넷(Extranet)은 인트라넷과 같이 인터넷 기술을 사용하는 사설 네트워크로 공급업체, 공급업체, 파트너, 고객 또는 기타 기업과 기업의 정보나 운영을 안전하게 공유하는 데 사용된다. 이는 회사 외부 사용자에게 확장되는 회사 인트라넷의 일부로 볼 수 있다.

오늘날 많은 비즈니스 운영이 엑스트라넷을 통해 수행되므로 엑스트라넷에는 보안과 개인 정보 보호가 필요하다. 따라서 엑스트라넷에는 일반적으로 방화벽 서버 및 메시지를 암호화하여 공용 네트워크를 통해 터널링하는 가상사설망 기술이 적용된다.

8.3. 가상사설망

가상사설망(Virtual Private Network, VPN)은 인터넷과 같은 공용 네트워크를 사용하여 원격 사무실이나 개인 사용자에게 조직 네트워크에 대한 안전한 접근을 제공하는 네트워크 보안 기술이다. 가상사설망은 대규모 조직에서 사용할 수 있는 값

그림 6.11 가상사설망

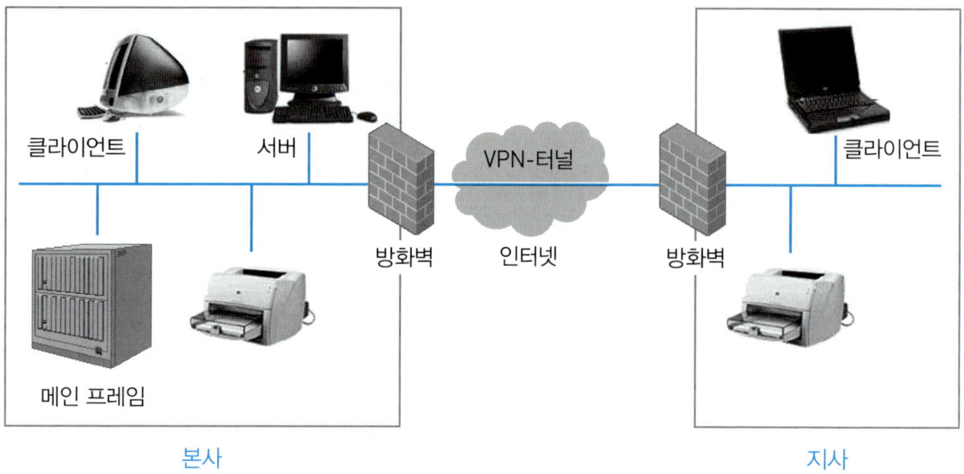

비싼 소유 또는 임대 회선으로 구성한 사설망과 대조된다. 즉, 가상사설망은 조직에 동일한 네트워킹 기능을 제공하면서도 훨씬 저렴한 비용이 사용된다.

가상사설망은 보안 기술과 L2TP(Layer Two Tunneling Protocol)와 같은 터널링 프로토콜을 사용하여 작동한다. [그림 6.11]에서 볼 수 있듯이 프로토콜은 송신측에서 데이터를 암호화하고 수신측에서 이를 해독하여 통신이 이루어진다. 이를 위해 정상적으로 암호화되지 않은 데이터가 통과할 수 없는 VPN-터널을 통해 데이터를 보낸다.

8.4. 인터넷 전화

인터넷 전화(IP Telephony)는 인터넷 프로토콜(IP)을 사용하여 음성 통화를 비롯한 다양한 멀티미디어 통신 서비스를 제공하는 기술이다. 전통적으로 음성 통화는 회선교환 방식의 공중 교환 전화망(PSTN)을 사용하나, 인터넷 전화에서는 인터넷을 통한 음성 전송에 VoIP(Voice-over-Internet) 프로토콜을 사용하여 음성 통화를 지원한다. VoIP가 인터넷 기반이기 때문에 인터넷 전화는 저렴한 비용으로 장거리 전화, 국제전화는 물론 첨단 통합 서비스를 제공한다. 따라서 개인은 물론 기업들도 VoIP 서비스를 통해 전화 통신 비용을 절감하고, 통합 커뮤니케이션 플랫폼을 구축하고 있다.

CHAPTER

07

기계학습과 인공지능 기술

학습목표

1. 기계학습과 인공지능의 관계에 대하여 설명할 수 있다.
2. 인공지능, 머신러닝, 딥러닝의 차이에 대하여 이해한다.
3. 기계학습 유형들에 대하여 설명할 수 있다.
4. 기계학습 분석 기법들에 대하여 설명할 수 있다.
5. 기계학습 분석 기술들에 대하여 이해한다.
6. 인공지능 발전 과정에 대하여 설명할 수 있다.
7. 인공신경망 유형들에 대하여 이해한다.

1. 기계학습과 인공지능

기계학습 또는 머신러닝은 데이터 마이닝과 인공지능을 구현하는 데 활용되는 알고리즘 방식으로 컴퓨터 시스템이 데이터를 분석하고 패턴을 학습하여 작업을 수행할 수 있도록 하는 기술을 의미한다. 오늘날 기계학습은 심화된 딥러닝 기술로 발전되어 인공지능을 구현하는 데 일반적인 기술로 활용되고 있다.

1.1. 인공지능, 머신러닝, 딥러닝

인공지능은 인간의 지능적인 행동을 모방하는 기계나 소프트웨어를 만드는 광범위한 분야를 말한다. 인공지능 시스템은 학습, 추론, 문제 해결, 이해, 인식 등의 작업을 수행할 수 있어 전문가 시스템, 규칙 기반 시스템, 검색 알고리즘, 자율주행, 의료 진단, 로봇 공학 등 다양한 영역에서 활용되고 있다. 머신러닝 또는 기계학습은 데이터를 사용하여 기계가 스스로 학습하고, 명시적인 프로그래밍 없이도 성능을 개선할 수 있는 인공지능의 한 하위 분야로 데이터를 통해 학습된 모형을 통해 예측하거나 결정을 내리는 작업에 이용된다. 따라서 주로 데이터 마이닝을 위한 기법으로 사용되며 금융 서비스의 사기 탐지, 추천 시스템, 이메일 스팸 필터링과 같은 애플리케이션 개발에 적용되어 왔다. 딥러닝은 머신러닝의 하위 분

그림 7.1 인공지능, 머신러닝, 딥러닝

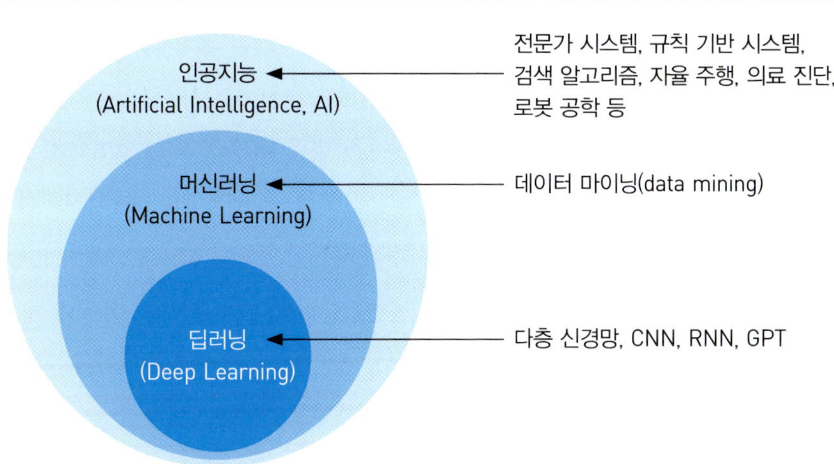

야로, 인공신경망, 특히 다층 신경망을 사용하여 데이터를 학습하는 방법으로 딥러닝은 여러 히든층(hidden layers)을 통해 데이터의 특징을 계층적으로 학습하고 대규모 데이터와 복잡한 모형을 사용하여 높은 성능을 낸다. 합성곱 신경망(CNN), 순환 신경망(RNN), 트랜스포머(Transformers) 등이 주요 딥러닝 기술들로 이미지 인식, 음성 인식, 자연어 처리(GPT-3, BERT) 등에서 활용된다.

따라서 [그림 7.1]에서 보이는 바와 같이 인공지능은 머신러닝과 딥러닝을 포함하는 넓은 개념이며, 머신러닝은 데이터를 통해 학습하는 인공지능 기술의 한 부분, 딥러닝은 신경망을 활용한 머신러닝의 한 부분이다.

2. 기계학습

기계학습 또는 머신러닝(Machine Learning)은 별도의 프로그래밍 없이 컴퓨터를 인간처럼 학습시켜 스스로 규칙을 생성하는 것을 의미한다. 기계학습은 학습 방법과 용도에 따라 훈련 데이터(training data)로부터 하나의 함수(모형)를 유추해내기 위한 기계학습 방법인 지도 학습과 입력데이터에 대한 목표값 없이 데이터가 어떻게 구성되었는지를 알아내는 비지도 학습 그리고 시스템이 환경과 상호작용하며, 특정한 작업을 수행하는 데 필요한 행동을 학습하는 강화 학습 등으로 구분된다.

2.1. 지도 학습

지도 학습(Supervised Learning)은 기계학습의 한 분야로, 주어진 입력 데이터와 해당 데이터에 대한 정답을 이용하여 모형을 학습시키는 방법으로 데이터와 정답 쌍(pair)이 주어졌을 때, 이를 학습하여 모형을 생성한다. 여기서 "지도"라는 용어는 모형에 정답을 근간으로 가르쳐 준다는 것을 의미한다. 따라서 학습 과정에서 모형은 입력 데이터를 분석하고, 주어진 정답과의 차이를 줄이면서 생성된다. 지도 학습은 주로 분류와 회귀 문제를 해결하는 데 사용된다. 분류(Classification)는 입력 데이터를 여러 범주(category) 중 하나로 분류하는 작업을 말한다. 예를 들어, 이메일이 스팸인지 아닌지를 분류하거나, 꽃이 어떤 종류인지를 분류하는 작업이 분류 문제의 예시이다. 지도 학습을 통해 생성된 분류 모형은 입력 데이터와 해당 범주 간의 관계를 학습하여 새로운 데이터에 대한 범주를 예측할 수 있다. 회귀(Regression)는 입력 데이터와 연속적인 값인 목표 변수(target variable) 간의 관계를 모델링하는 작업을 의미한다. 예를 들어, 집의 크기와 가격 사이의 관계를 모델링하여 새로운 집의 가격을 예측하는 작업이 회귀 문제의 예시이다. 회귀 모형은 입력 데이터와 목표 변수 간의 관계를 학습하여 새로운 입력에 대한 목표 변수 값을 예측할 수 있다.

2.2. 비지도 학습

비지도 학습(Unsupervised Learning)은 기계학습의 한 분야로, 입력 데이터에는 정답이 없으며, 전체 데이터를 가지고 데이터의 구조나 패턴을 스스로 학습하는 방법이다. 즉, 비지도 학습은 데이터의 내부 구조를 확인하고 데이터 간의 관계를 이해하는 데 중점을 두고 있다. 따라서 비지도 학습은 주로 데이터에서 숨겨진 규칙을 발견하거나 데이터를 그룹화하는 데 사용된다. 주요 비지도 학습 기법에는 연관 분석과 군집화가 있다. 연관 분석(Association Analysis)은 데이터에서 상호 관련된 아이템 간의 규칙을 찾는 작업으로 장바구니 분석이나 상품 추천 시스템에서 주로 사용된다. 군집화(Clustering)는 비슷한 특성을 가진 데이터들을 그룹화하는 작업으로 예를 들어, 고객 데이터가 주어졌을 때, 군집화를 통해 비슷한 특성을 가진 고객들로 그룹화할 수 있다. K-평균 군집화, 계층적 군집화 등이 흔히 사용되는 군집화 알고리즘이다.

2.3. 강화 학습

강화 학습(Reinforcement Learning)은 기계학습의 한 분야로, 환경과 상호작용하며 어떤 목표를 달성하는 에이전트(agent)를 학습하는 방법으로 강화 학습에서는 에이전트가 주어진 환경에서 특정한 상태(state)에 따라 행동(action)을 선택하고, 이에 대한 보상(reward)을 받아 목표를 달성하도록 학습한다. 강화 학습의 핵심은 에이전트가 시행착오를 통해 환경을 탐색하고, 어떤 행동이 최적인지를 배우는 것으로 이러한 행동에 대한 선택 과정은 보상을 최대화하기 위해 이루어진다.

강화 학습은 주로 게임이나 로봇 제어, 자율 주행 자동차, 자연어 처리 등 다양한 분야에서 사용된다. 대표적인 강화 학습 알고리즘으로는 Q-러닝(Q-Learning),

DQN(Deep Q-Networks), Policy Gradient 등이 있고 이러한 알고리즘들은 다양한 환경에서 에이전트가 보상을 최대화하기 위한 최적의 행동을 학습하도록 구성되어 있다.

3. 기계학습 분석기법

기계학습은 데이터 마이닝이나 인공지능을 구현하는 기술 중 하나로서 데이터에서 패턴을 찾아 분류분석, 예측분석, 연관분석 및 군집분석을 제공하여 데이터 분석 및 다양한 인공지능 응용분야에 활용된다.

3.1. 분류분석

분류분석(Classification)는 기계학습의 대표적인 기법으로서 데이터 범주를 설명하는 모형을 생성하고 이를 통해 데이터에 대한 범주자료가 없는 상태에서 자동으로 이들을 분류하는 것을 말한다. 즉, 분류는 주로 명목형(성별, 품종, 색상과 같이 아무런 순서가 없는 범주형(Categorical) 변수) 값을 예측하는데 사용한다. 예를 들어, 꽃받침의 폭, 꽃받침의 길이, 꽃잎의 폭, 꽃잎의 길이를 가지고 꽃의 품종을 분류하는 분류모형을 만들고 이를 통해 새로운 꽃에 대한 품종 분류를 수행하는 것이 분류분석이다, 분류분석의 주요 기계학습 분석기술은 단순 베이즈 분석, K-최근접 이웃, 서포트 벡터 머신, 의사결정나무 분석, 신경망 분석 등이 있다.

분류분석은 [그림 7.2]와 같이 예측변수와 범주형 반응변수가 포함된 훈련데이터를 가지고 단순 베이즈 분석, K-최근접 이웃, 서포트 벡터 머신, 의사결정나무 분석 또는 신경망 분석과 같은 기계학습 분석기술 알고리즘을 가지고 분류모형을 만든다. 이후 생성한 분류모형에 예측변수만 있는 데이터를 입력하여 범주형 반응변수를 산출하여 데이터를 분류한다.

3.2. 예측분석

예측분석은 연속형 속성이나 이항변수에 대한 예측 모형을 세움으로써 미래 데

그림 7.2 분류분석 절차

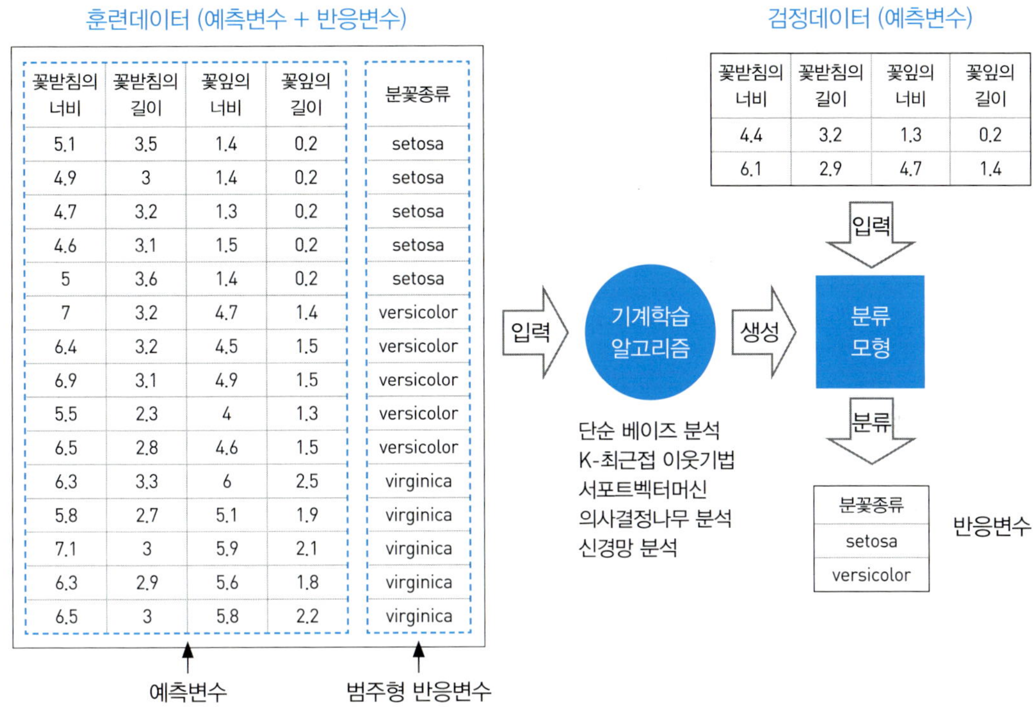

꽃받침의 너비	꽃받침의 길이	꽃잎의 너비	꽃잎의 길이	분꽃종류
5.1	3.5	1.4	0.2	setosa
4.9	3	1.4	0.2	setosa
4.7	3.2	1.3	0.2	setosa
4.6	3.1	1.5	0.2	setosa
5	3.6	1.4	0.2	setosa
7	3.2	4.7	1.4	versicolor
6.4	3.2	4.5	1.5	versicolor
6.9	3.1	4.9	1.5	versicolor
5.5	2.3	4	1.3	versicolor
6.5	2.8	4.6	1.5	versicolor
6.3	3.3	6	2.5	virginica
5.8	2.7	5.1	1.9	virginica
7.1	3	5.9	2.1	virginica
6.3	2.9	5.6	1.8	virginica
6.5	3	5.8	2.2	virginica

꽃받침의 너비	꽃받침의 길이	꽃잎의 너비	꽃잎의 길이
4.4	3.2	1.3	0.2
6.1	2.9	4.7	1.4

분꽃종류
setosa
versicolor

이터의 경향을 예측하는 것으로 분류가 범주형 값을 예측한다면 예측은 연속형 속성에 대한 모형을 근간으로 미래 데이터 경향을 예측할 수 있게 해 준다는 유사점을 가진다. 예측기법은 주가예측이나 매출, 소비예측과 같은 연속형 속성에 대한 예측과 대출상환 여부와 질병 여부와 같은 이항변수에 대한 예측에 주로 활용된다. 특히 연속적인 값에 대한 예측분석은 회귀(Regression) 문제를 해결할 수 있다. 예측분석에 사용되는 주요 기계학습 분석기술은 의사결정나무 분석과 신경망 등이 있다.

연속형 변수의 예측분석은 [그림 7.3]과 같이 예측변수와 연속형 반응변수가 포함된 훈련데이터를 가지고 의사결정나무 분석 또는 신경망 분석과 같은 기계학습 알고리즘을 가지고 예측모형을 만든다. 이후 생성한 예측모형에 예측변수만 있는 데이터를 입력하여 연속형 값을 산출하여 데이터를 예측한다.

그림 7.3 예측분석 절차

훈련데이터 (예측변수 + 반응변수)

Cement	Slag	Ash	Water	Superplasticizer	Coarseagg	Fineagg	Age	Strength
540	0	0	162	2.5	1040	676	28	79.99
540	0	0	162	2.5	1055	676	28	61.89
332.5	142.5	0	228	0	932	594	270	40.27
332.5	142.5	0	228	0	932	594	365	41.05
198.6	132.4	0	192	0	978.4	825.5	360	44.3
266	114	0	228	0	932	670	90	47.03
380	95	0	228	0	932	594	365	43.7
380	95	0	228	0	932	594	28	36.45
266	114	0	228	0	932	670	28	45.85
475	0	0	228	0	932	594	28	39.29
198.6	132.4	0	192	0	978.4	825.5	90	38.07
198.6	132.4	0	192	0	978.4	825.5	28	28.02
427.5	47.5	0	228	0	932	594	270	43.01
190	190	0	228	0	932	670	90	42.33
304	76	0	228	0	932	670	28	47.81
380	0	0	228	0	932	670	90	52.91
139.6	209.4	0	192	0	1047	806.9	90	39.36
342	38	0	228	0	932	670	365	56.14
380	95	0	228	0	932	594	90	40.56
475	0	0	228	0	932	594	180	42.62
427.5	47.5	0	228	0	932	594	180	41.84
139.6	209.4	0	192	0	1047	806.9	28	28.24
139.6	209.4	0	192	0	1047	806.9	3	8.06
139.6	209.4	0	192	0	1047	806.9	180	44.21

예측변수 연속형 반응변수

검정데이터 (예측변수)

Cement	Slag	Ash	Water	Superplasticizer	Coarseagg	Fineagg	Age
198.6	132.4	0	192	0	978.4	825.5	28

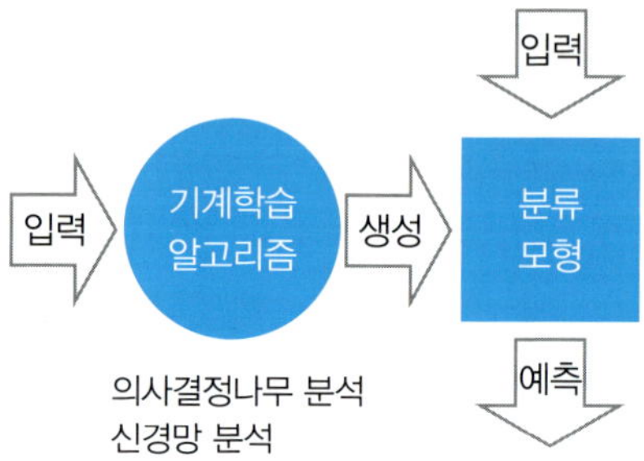

Strength
89.72

반응변수

3.3. 연관분석

연관분석(Association Analysis)은 데이터 안에 존재하는 항목 간의 연관규칙(Association rule)을 발견하는 과정으로 예를 들면 상품을 구매하거나 서비스를 받는 등의 일련의 거래나 사건들 간의 연관성에 대한 규칙을 생성한다. 연관분석은 마케팅에서 손님의 장바구니에 들어있는 품목 간의 관계를 알아본다는 의미에서 장바구니분석(market basket analysis, MBA)이라고도 한다.

연관분석은 [그림 7.4]와 같은 거래 데이터에 대하여 연관성 분석을 통하여 규칙을 생성하고 생성된 규칙들에 기반을 두어 새로운 사실을 발견한다.

그림 7.4 연관성 분석 절차

거래데이터

거래번호	항목1	항목2	항목3	항목4	항목5	항목6	항목7	항목8
10588	돼지고기	열대과일	전지우유	요거트	치즈	냉동 식품	냉동 디저트	계란
10596	감귤	열대과일	딸기	야채	전지우유	버터	생수	알코올
10597	전지우유	치즈	식빵	패스트리	소다			
10605	돼지고기	과일	전지우유	식빵	설탕	생수	소다	
10607	과일	버터	냉동 식품	파스타	생수			
10609	소시지	소고기	전지우유	요거트	롤빵	소다	병맥주	초콜릿
10612	열대과일	요거트	롤빵	식빵	생수	병맥주		
10614	소고기	감귤	롤빵	기름	마가린	세정제	신문	
10615	소고기	돼지고기	소고기	감귤	야채	전지우유	절인 야채	
10617	생수	소다	와인	신문				

입력

연관성 분석

규칙생성

	lhs		rhs	support	confidence	lift	count
[1]	{시리얼,}	=>	{전지우유}	0.0015	1	3.3	8
[2]	{꿀}	=>	{전지우유}	0.0011	0.86	2.8	6
[3]	{소고기,치킨,야채}	=>	{전지우유}	0.0013	1	3.3	7
[4]	{쌀,야채}	=>	{전지우유}	0.0015	0.8	2.6	8
[5]	{소다,요거트,크림 치즈}	=>	{롤빵}	0.0013	0.88	4.8	7

추출

새로운 사실발견

3.4. 군집분석

군집분석(cluster analysis)은 소비자, 제품과 같은 관심대상들이 지니고 있는 다양한 특성의 유사성을 바탕으로 세부적인 집단으로 나누어 주는 기법이다. 군집분석은 대상들을 분류하기 위한 명확한 기준이 존재하지 않거나 기준이 밝혀지지 않은 상태에서 자료들을 집단으로 분류하는데 단순히 자료들 간의 거리 또는 유사성을 이용하여 집단(cluster)으로 나누는 방식을 사용한다. 군집분석은 실무적 차원에서 소비자의 상품구매 행동이나 생활방식에 따라 소비자 군을 분류하는 시장 세분화와 같은 마케팅 전략수립에서도 유용하게 사용된다.

군집분석의 유형은 순차적으로 군집화해 나가는 계층적인 군집분석과 군집의 수를 미리 정해 놓고 수행하는 비계층적인 군집분석으로 구분된다. 계층적인 군집분석(hierarchical clustering method)은 계층적 트리 모형을 이용해 개별 개체들을 순차적, 계층적으로 유사한 개체 내지 그룹과 통합하여 군집화를 수행하는 기법이다. 계층적인 군집분석에서는 아래 [그림 7.5]와 같은 덴드로그램을 통하여 군집의 단계를 보여준다. 덴드로그램(dendrogram)은 각 단계에서 관측치의 군집화를 통해 형성된 그룹과 이들의 유사성 수준을 표시하는 트리 다이어그램으로 대상들의 군집화 과정을 시각적으로 보여준다. 계층적인 군집분석은 덴드로그램의 적절한 수준에서 트리를 잘라 전체 자료를 몇 개 군집으로 설정한다.

대표적인 비계층적인 군집화 기법인 k-평균 군집분석(k-means clustering)은 사전 정보 없이 지정한 군집의 숫자에 따라 대상들을 군집들에 할당하여 분류하는 분석 기법으로 k-평균 군집분석을 위해서는 계층적 군집분석과 다르게 사전에 군집의 수를 지정해야 한다. 군집의 수를 지정하고 군집분석을 수행하면 자료들의 유사성에 따라 자동적으로 군집화가 이루어진다.

그림 7.5 계층적인 군집분석의 덴드로그램

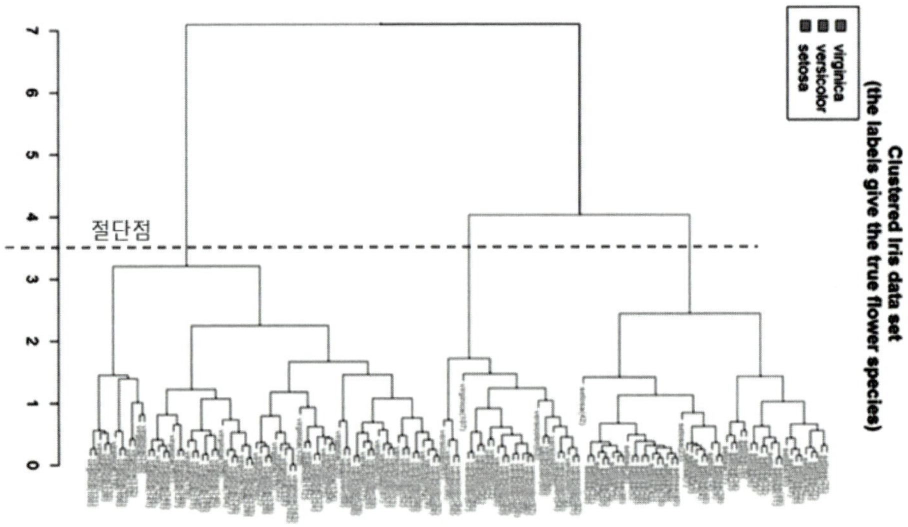

4. 기계학습 분석기술

기계학습 분석기술은 데이터를 분석하고 패턴을 발견하여 예측을 수행하는 데 사용되는 알고리즘으로 다양한 분석기술들이 존재한다. 이러한 다양한 분석기술들은 일반적으로 특정 문제에 해결하는 데 적합한 기술이 선택되어 사용된다. 주요 기계학습 분석기술은 단순 베이즈 분류, 서포트 벡터 머신, 의사결정나무 분석, 신경망 분석 등이 있다.

4.1. 단순 베이즈 분류

단순 베이즈 분류(Naive Bayes Classifier)는 기계학습의 지도학습을 사용한 가장 간단한 분석기법 중 하나이다. 단순 베이즈 분류기는 사용되는 데이터의 모든 특성 값이 서로 독립임을 가정하며, 분류를 위해 베이즈의 정리(Bayes's Theorem)를 기본적으로 사용한다. 단순 베이즈 분류기의 장점으로는 모형이 단순하며, 계산 과정이 간단함에도 분류 성능이 우수하다는 점과 독립성 가정으로 인해 독립 변수의 차원이 늘어날 경우 늘어난 독립 변수의 수에 비해 기하급수적으로 많은 데이터를 필요로 하는 차원의 저주(curse of dimensionality) 문제를 완화할 수 있다는 장점이 있다. 그러나 단점으로는 단순히 학습에 사용하는 데이터를 이용하여 확률 값을 계산하여 비교하기 때문에 학습에 사용되는 데이터에 따라 분류 성능이 차이가 크게 난다는 특징이 있다. 단순 베이즈 모형은 스팸 메일 여부에 대한 분류에서 많이 활용되고 있다.

4.2. 서포트 벡터 머신

서포트 벡터 머신(Support Vector Machine)은 입력되는 데이터를 두 집단으로 분리하여 분석하는 기계학습 알고리즘으로 두 집단으로 데이터를 분리하기 위해 데이터의 반대 집단에서 가장 멀리 떨어진 서포트 벡터(support vector)를 찾아 집단으로 나누는 기준인 초평면을 정하고 여백(margin)을 계산한다. 서포트 벡터 머신을 이용하여 데이터를 집단으로 분류를 할 때 아래 [그림 7.6]의 (a)와 같이 실제 입력 데이터들은 선형분리가 가능한 경우도 있지만 [그림 7.6]의 (b)와 같이 선형분리가 불가능한 상황인 경우도 있다. 이러한 경우, 고차원의 특정 공간에서 데이터를 분

그림 7.6 서포트 벡터 머신 분류

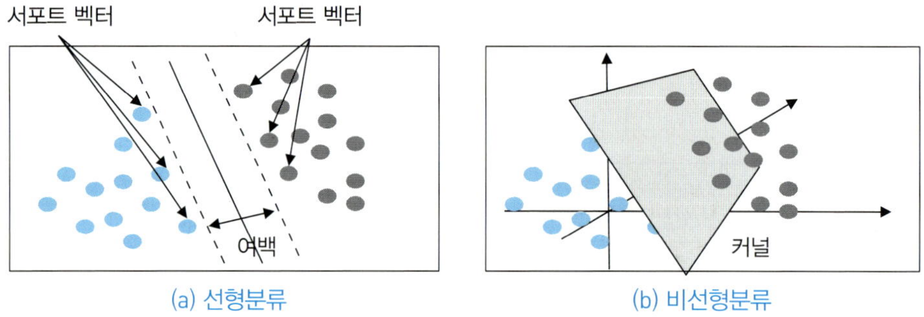

리하는 커널(kernel) 함수를 사용하여 비선형 문제를 해결해야 한다. 따라서 서포트 벡터 머신에서 커널 함수란 주어진 데이터를 고차원 특징 공간으로 사상해주는 것을 의미한다.

4.3. 의사결정나무 분석

의사결정나무(decision tree) 분석은 [그림 7.7]과 같이 의사결정규칙(decision rule)을 도표화하여 관심대상이 되는 집단을 몇 개의 소집단으로 분류하거나 예측을 수행하는 분석기법으로 분석과정이 나무구조에 의해서 표현되기 때문에 연구자가 분석과정을 쉽게 이해하고 설명할 수 있다는 장점을 가지고 있다.

그림 7.7 의사결정나무 분석

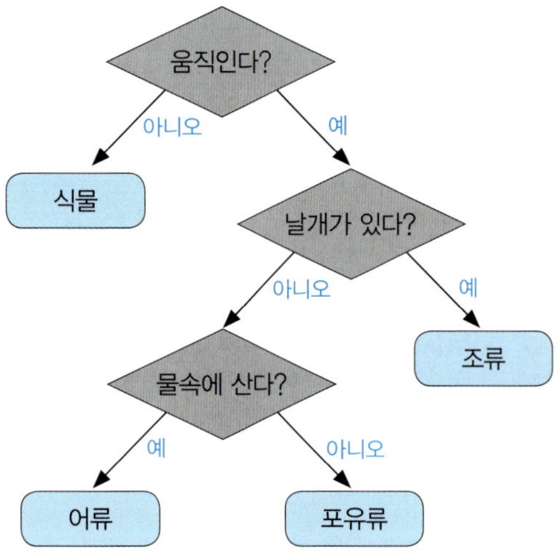

의사결정나무는 목표변수가 이상형인 경우의 분류나무(classification tree)와 연속형인 경우의 회귀나무(regression tree)로 구분된다. 따라서 의사결정나무는 분류 또는 예측을 목적으로 하는 어떤 경우에도 사용될 수 있으며, 분석의 정확도보다는 분석과정의 설명이 필요한 경우에 더 유용하게 사용된다. 이로 인해 의사결정나무 분석은 데이터베이스마케팅, 고객관계관리, 시장조사, 광고조사, 의학연구, 품질관리 등의 다양한 분야에서 활용되고 있으며, 구체적인 활용

예는 DM의 응답자 분석, 고객 타기팅, 고객들의 신용점수화, 캠페인 반응분석, 고객행동예측, 고객세분화, 시장 세분화, 신상품 수용도 분석, 광고효과측정, 상표 이미지 테스트 등 다양한 분야에서 활용되고 있다.

4.4. 신경망 분석

신경망(neural network) 분석은 인간의 두뇌에서 이루어지는 학습과 기억의 과정을 모방하여 다층 구조에서 반복학습을 통해 문제해결을 위한 최적의 모형을 구축하여 미래를 예측하는 기법으로 뉴런과 시냅스, 망(network)으로 구성되어 있는 생물학적 신경시스템이 정보 수용, 연산, 출력의 기능을 수행하며 복잡한 정보를 효율적으로 처리할 수 있고 반복 학습할 수 있는 기능을 모방하고 있다.

신경망은 [그림 7.8]과 같이 입력층, 히든층, 출력층으로 구성되어 있다. 입력층(input layer)에는 각각의 입력변수가 1:1로 매칭되는 뉴런(neuron)이 존재한다. 히든층(hidden layer)에는 입력층의 뉴런과 가중치(weight)의 결합으로 생성되는 뉴런이 존재하며, 히든층에서의 층의 개수에 따라 모형의 복잡도가 결정되고 히든층의 개수가 2개 이상이 되는 경우 다층구조라고 한다. 출력층(output layer)에는 히든층에서의 뉴런과 가중치가 결합하여 생성되는 뉴런이 존재하며, 예측하고자 하는 종속변수의 형태에 따라 출력층의 개수가 결정된다. 히든층과 출력층에 존재하는 뉴런은 이전 층에서의 입력값과 가중치를 합을 계산하는 기능과 뉴런의 가중합을 입력값으로 신호를 출력하는 활성화 함수 기능을 수행한다.

그림 7.8 인공신경망

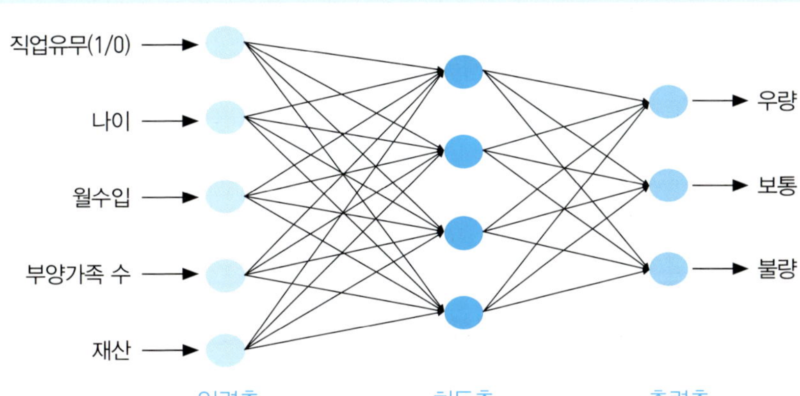

활성화 함수(activation function)는 인공 뉴런의 핵심 중에서도 가장 중요한 요소로 인공신경망을 통과해온 값을 최종적으로 어떤 값으로 만들지를 결정한다. 의사결정나무 기법과 같이 신경망 기법도 분류 또는 예측을 목적으로 하는 어떤 경우에도 사용될 수 있다.

5. 인공지능

인공지능(Artificial Intelligence, AI)은 인간의 지능적인 능력을 모방하거나 대체하기 위해 설계된 컴퓨터 시스템이나 프로그램으로 스스로 데이터를 분석하고 패턴을 식별하며, 문제를 해결하거나 의사 결정을 내릴 수 있다. 인공지능은 머신러닝, 딥러닝, 자연어 처리, 컴퓨터 비전 등의 다양한 기술을 사용하여 구현되어, 음성인식, 이미지 인식, 예측 분석, 자율 주행, 의료 진단 등의 기능을 제공할 수 있다. 따라서 오늘날 아래와 같은 다양한 분야에서 활발하게 활용되고 있다.

- 의료 및 보건: 의료 진단, 약물 개발, 환자 모니터링, 의료 영상 분석 등 다양한 의료 및 보건 관련 분야에서 적용되고 있다.
- 금융 서비스: 사기 탐지, 신용평가, 자산 관리, 자동화된 고객 서비스 등에서 활용된다.
- 자율 주행 차량: 주행 환경 인식 및 판단 그리고 운전을 자동화하는 데 사용된다.
- 소프트웨어 개발: 자동 코드 생성, 결함 검출, 코드 최적화 등에 적용되어 개발 생산성 및 소프트웨어 품질을 향상시킨다.
- 스마트 시티: 도시 인프라 운영 및 관리, 교통 관리, 에너지 효율화, 폐기물 관리 등에 사용된다.
- 교육: 학습 분석, 학습 자료 생성 및 개별 학습 경로 제공 등에 적용되어 학습 효율성을 향상시킨다.
- 제조업: 생산 라인 최적화, 고장 예측 및 예방, 품질 관리 등에 활용되어 생산성과 품질을 향상시킨다.

- 로봇 공학: 로봇 제어, 인간-로봇 상호 작용, 자율 로봇 등에 적용되어 로봇의 기능성과 유연성을 향상시킨다.

상기 이외에도 오늘날 마케팅, 엔터테인먼트, 환경 보호, 농업, 국방 등 다양한 분야에서도 인공지능이 활용되고 있다.

6. 인공지능의 발전

인공지능은 여러 단계를 거쳐 발전해왔으며, 각 단계마다 중요한 기술적 진보와 개념적 변화를 하여 왔다. 1950년 대 초기 전문가 시스템에 적용된 인공지능부터 최신의 GPT-5에 이르기까지 인공지능의 발전 과정을 살펴보면 다음과 같다.

6.1. 인공지능 탄생과 초기 발전

인공지능의 개념적 탄생은 1950년에 앨런 튜링(Alan Turing)이 "컴퓨터 기계와 지능" 논문에서 튜링 테스트를 제안하여 기계가 지능을 가질 수 있는지에 대한 기준 설정으로부터 시작되었다. 이후 1956년도 다트머스 회의에서 존 매카시(John McCarthy), 마빈 민스키(Marvin Minsky), 네이선 로체스터(Nathaniel Rochester), 그리고 클로드 섀넌(Claude Shannon) 등이 인공지능이라는 용어를 처음 사용하였고, 인공지능 연구의 기초를 다졌다. 1960년대의 초기 인공지능 연구는 문제 해결, 게임 이론 등에 집중되었으며, 초기 프로그램으로는 클로드 새넌(Claude Elwood Shannon)의 체스 프로그램과 아서 새뮤얼(Arthur Samuel)의 체커스 플레잉 프로그램(Checkers Playing Program)이 있었다.

6.2. 전문가 시스템

1970년대에 경영정보시스템 분야에서 전문가 시스템이 등장하였다. 전문가 시스템은 지식을 사용하여 문제를 해결하는 초기 인공지능 시스템으로, 분석화학 분야의 특정 문제 해결에 사용된 덴드럴(DENDRAL)과 혈액 감염 진단용 마이신(MYCIN) 등이 개발되었다. 전문가 시스템의 인공지능 구현기술은 규칙 기반 시스템(rule-based system)으로, 도메인 전문가의 지식을 규칙으로 변환하여 사용하였다. 또한 이 시기에는 논리 프로그래밍 언어 PROLOG와 함수형 프로그래밍 언어 LISP가 인공지능 연구에서 널리 사용되었다.

6.3. 머신러닝과 신경망

1980년대에 머신러닝이 인공지능 연구의 주요 흐름으로 부각되었고, 특히 신경망(neural networks)이 다시 주목받기 시작하였다. 1986년에 제프리 힌턴(Geoffrey Hinton), 데이비드 루멜하트(David Rumelhart), 로날드 윌리엄스(Ronald Williams)가 역전파 알고리즘을 발표하면서 다층 퍼셉트론(MLP)의 훈련이 가능해졌다. 역전파 알고리즘(backpropagation algorithm)은 출력층에서 입력층 방향으로 오차를 전파시키며 각 층의 가중치를 업데이트하는 알고리즘으로 신경망 학습의 효율성을 크게 높였다.

6.4. 다양한 머신러닝 알고리즘

1990년대부터 데이터의 폭발적인 증가로 인해 데이터 중심의 머신러닝이 본격화되었다. 서포트 벡터 머신, 의사결정나무 분석, 앙상블 기법 등 다양한 기계학습 분석기술인 머신러닝 알고리즘들 개발되어 인공지능 구현 기술로 활용되었다. 또한 2006년에 제프리 힌턴(Geoffrey Hinton)이 딥러닝이라는 용어를 소개하면서, 심층 신경망(deep neural networks)이 주목받기 시작했다.

6.5. 딥러닝의 부상

2012년에 앨릭스넷(AlexNet)이 이미지넷 대회에서 압도적인 성능을 보여주며 딥러닝의 가능성을 입증했고 합성곱 신경망(CNN)이 이미지 인식에서 큰 성공을 거두었다. 2014년도 생산적 적대 신경망(GAN)이 소개되어 생성 모델에서 혁신을 일으켰으며 2015년에 구글의 딥마인드가 개발한 알파고가 바둑 챔피언인 이세돌을 이기면서 인공지능의 대중적 관심이 크게 높아졌다.

6.6. 자연어 처리와 GPT

2018년도에 트랜스포머(Transformer) 모델이 도입되어 자연어 처리 분야에서 혁신을 가져왔다. BERT, GPT 등의 모델이 발전하면서 언어 이해와 생성 능력이 비약적으로 향상되었다. 2019년에 OpenAI가 GPT-2를 발표하여 대규모 언어 모델의 가능성을 보여주었고 2020년에 GPT-3가 발표되었다. 1,750억 개의 매개변수를 가진 이 모델은 다양한 언어 작업에서 뛰어난 성능을 발휘했다. 2023년에는 GPT-4가 출시되었으며, 이전 모델보다 더 큰 규모와 성능을 자랑하며 다양한 응용 분야에서 활용되었다. 2025년도에 출시된 GPT-5는 박사급 지능과 통합 추론, 향상된 에이전트 능력을 갖추고 있는 것으로 알려져 있다.

7. 인공신경망 유형

인공신경망(Artificial Neural Network)은 기계학습 분석 기법인 신경망(Neural Network)이 인공지능 분야에서 사용될 때 일반적으로 사용되는 용어로 인간의 뇌 구조와 기능을 모방하여 설계된 컴퓨터 알고리즘이다. 인공신경망 유형은 가장 기본적인 형태의 신경망인 인공신경망(ANN), 다수의 히든층을 포함한 심층신경망(DNN), 합성곱 층, 풀링 층, 완전 연결층으로 구성된 합성곱 신경망(CNN), 그리고 히든층에 이전 입력의 정보를 기억할 수 있는 순환 구조가 포함된 순환 신경망(DNN) 등이 있다.

7.1. 합성곱 신경망

CNN(Convolutional Neural Network)이라 불리는 합성곱 신경망은 이미지 인식 및 분류 작업에서 주로 사용되는 딥러닝 모델로 이미지의 특징을 추출하고 분류하는데 일반적으로 사용된다. 이를 위해 CNN은 [그림 7.9]에서와 같이 합성곱 층, 풀링 층, 플래튼 층, 그리고 완전 연결 층으로 구성되어 있다.

합성곱 층(Convolutional Layer)은 이미지의 특징을 추출하는 역할을 한다. 입력 이미지에 이미지의 특정 패턴이나 특징을 감지하는 여러 개의 필터를 적용하여 이미지를 스캔하면서 특징 맵(feature map)을 생성한다. 풀링 층(Pooling Layer)은 특징 맵의 크기를 줄이고 계산량을 줄이는 역할을 한다. 일반적으로 최대 풀링(max pooling)이 사용되며, 각 영역에서 최댓값을 선택하여 특징을 보존한다. 플래튼 층

그림 7.9 합성곱 신경망 구조

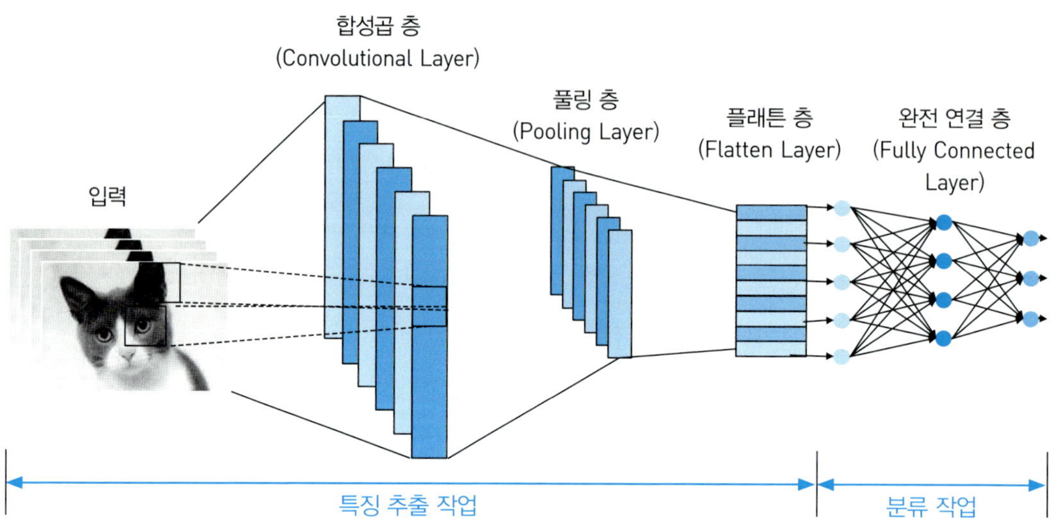

(Flatten Layer)은 이미지 자료와 같은 다차원 배열을 1차원 배열로 변환하는 역할을 한다. 이는 완전 연결 층에서 분류를 수행하기 위한 입력 데이터를 만드는 작업이다. 완전 연결 층(Fully Connected Layer)은 특징을 입력으로 받아들여 분류를 수행한다. 이 층은 모든 입력과 출력을 연결하여 분류를 위한 최종 예측을 생성한다.

상기의 처리 과정은 이미지로 예로 들어 설명하면 다음과 같다.

- 입력 이미지: 28×28 크기의 흑백 이미지
- 합성곱 층: 여러 개의 필터를 사용하여 이미지에서 특징을 추출
- 풀링 층: 특징 맵을 축소하여 계산량을 줄임
- 플래튼 층: 합성곱 및 풀링 층의 출력(다차원 배열)을 1차원 배열로 변환
- 완전 연결 층: 1차원 배열을 받아 분류 작업 수행

CNN은 이미지의 지역적 정보를 캡처할 수 있으며, 가중치 공유(weight sharing) 및 풀링을 통해 공간적 계층 구조를 인식할 수 있다. 이러한 구조는 이미지 인식에서 높은 성능을 보이며, 학습 데이터의 양이 적어도 일반화 성능을 유지할 수 있다.

7.2. 순환 신경망

순환 신경망(Recurrent Neural Network, RNN)은 시퀀스 데이터를 처리하는 데 사용되는 인공신경망의 한 유형으로 시간 흐름에 따른 정보를 처리할 수 있으며, 이전의 정보를 현재의 상태로 전달하여 순차적인 데이터를 처리한다. 이러한 구조는 많은 시퀀스 데이터, 예를 들면 텍스트, 오디오, 비디오 등을 다루는 데 유용하다. RNN의 기본적인 원리는 [그림 7.10]에서와 같이 각 단계에서 입력 데이터와 이전 시간 단계의 히든층 값을 입력으로 받고 현재 시간 단계의 히든층 값을 계산한다. 이후 히든층 값을 이용하여 현재 시간 단계의 출력을 생성한다. 이 출력은 필요에 따라 다른 작업에 사용될 수 있다.

그림 7.10 순환 신경망 구조

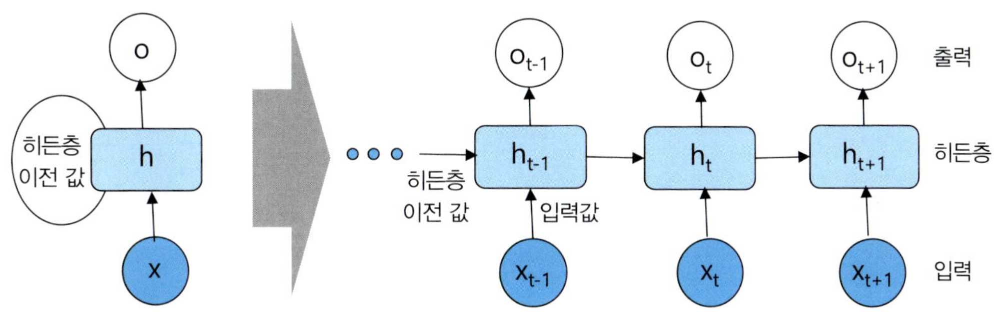

RNN은 시퀀스 데이터를 처리하기 위한 신경망 구조로, [그림 7.11]에서와 같이 기본적인 "일대일" 구조 이외에 " 일대다", " 다대일", " 다대다"와 같은 다양한 구조 유형을 가지고 있다.

일대다(One-to-Many) 구조는 하나의 입력이 주어지고, 그에 대한 여러 개의 출력이 생성되는 구조로 일반적으로 이미지를 입력으로 받아 이미지에 대한 설명을 생성하는 이미지 캡셔닝(image captioning)과 같은 작업에 사용된다. 다대일(Many-to-One) 구조는 여러 개의 입력이 주어지고 단일한 출력이 생성되는 구조로 텍스트 감정 분류와 같은 작업에 사용될 수 있다. 예를 들어, 여러 개의 문장으로 구성된 상품의 리뷰를 입력으로 받아 그에 대한 긍정 또는 부정과 같은 감정을 분류한다.

그림 7.11 RNN 구조 유형

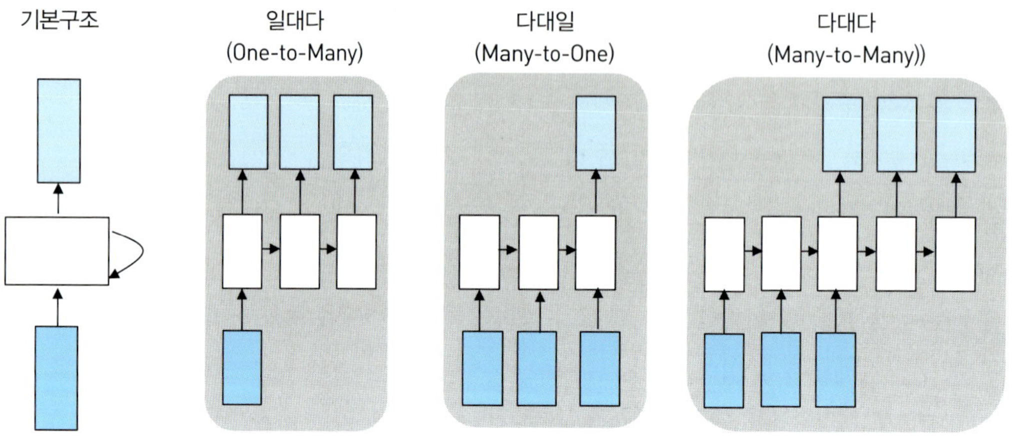

다대다(Many-to-Many) 구조는 여러 개의 입력이 주어지고, 그에 대한 여러 개의 출력이 생성되는 구조로 주로 기계 번역과 같은 작업에 사용된다. 예를 들어, 한 언어의 문장을 입력으로 받아 다른 언어의 번역된 문장을 출력하는 경우로 RNN은 입력값들을 순차적으로 처리하고 각 시간 단계에서 출력을 생성한다.

7.3. RNN의 진화와 자연어 처리 모델

RNN은 시퀀스 데이터를 처리하고 이전 정보를 기억하여 다음 단계의 데이터에 영향을 줄 수 있다. 그러나 일반적인 RNN은 이전 시점의 정보가 오랜 시간 동안 영향을 미치는 장기 의존성(long-term dependencies)을 처리하는 데 한계가 있다. 이를 극복하기 위해 LSTM(Long Short-Term Memory)과 GRU(Gated Recurrent Unit)와 같은 변형된 RNN 구조가 개발되었다.

LSTM(Long Short-Term Memory)은 RNN의 변형 중 하나로, 장기 의존성 문제를 해결하기 위해 고안되었다. LSTM은 셀 상태(cell state)와 게이트(gate) 메커니즘을 도입하여 중요한 정보를 오랫동안 유지한다. LSTM은 장기 의존성 문제를 해결하는 데 효과적이지만, 계산 비용과 복잡성, 병렬 처리의 어려움 등의 단점이 있다. GRU(Gated Recurrent Unit)는 LSTM과 마찬가지로 장기 의존성 문제를 해결하기 위해 고안되었다. LSTM보다 간단한 구조를 가지고 있으며, 게이트와 셀로 구성되어 있다.

이후 진화된 기술인 어텐션 메커니즘(Attention Mechanism)은 번역과 같은 작업에서 유용한 구조로 입력 시퀀스의 각 단어에 가중치를 부여하여 중요한 정보에 더 집중하도록 한다. 이를 통해 모델은 더 많은 문맥을 이해하고 정확한 번역을 생성할 수 있다. 어텐션 메커니즘을 기반으로 한 트랜스포머(Transformer) 모델은 자연어 처리(NLP) 분야에서 가장 중요한 딥러닝 모델 중 하나로, 셀프어텐션(self-attention) 메커니즘을 사용하여 입력 시퀀스의 모든 위치에 대해 병렬적으로 계산을 수행한다. 트랜스포머는 시퀀스를 병렬로 처리할 수 있어 훈련 속도가 빠르고, 더 긴 시퀀스에서도 효과적으로 작동한다. 따라서 트랜스포머는 BERT, GPT와 같은 최신 자연어 처리 모델의 기본이 되었다. GPT(Generative Pre-trained Transformer)는 트랜스포머를 기반으로 언어 생성에 특화된 모델로, 사전 학습(pre-training) 및 사후 학습(fine-tuning) 단계를 거쳐 다양한 언어 작업을 수행한다.

8. 인공지능 응용 개발 기술

인공지능 응용 개발에는 파이썬 프로그래밍 언어를 기반으로 텐서플로우, 파이토치, 케라스, OpenCV, NLTK 같은 라이브러리들이 주로 활용된다.

8.1. 파이썬

파이썬(Python)은 1991년 네덜란드의 프로그래머 귀도 반 로섬(Guido van Rossum)에 의해 처음 개발된 프로그래밍 언어로 간결하고 가독성이 높은 문법을 가진 인터프리터형 고급 프로그래밍 언어이다. 파이썬은 풍부한 표준 라이브러리가 포함되어 있어 웹 개발, 데이터 과학, 인공지능, 기계학습, 자동화, 게임 개발 등 다양한 분야에서 사용되고 있다. 특히, 머신러닝과 딥러닝을 위한 텐서플로우와 파이토치 등의 라이브러리들이 파이썬을 기반으로 개발되어 인공지능 응용 개발 분야에서 가장 인기 있는 언어이다.

8.2. 텐서플로우

텐서플로우(TensorFlow)는 구글 브레인팀이 개발한 오픈소스 머신러닝 프레임워크로, 딥러닝과 머신러닝 모델을 쉽게 구축하고 훈련시키는 데 사용된다. 텐서플로우는 계산을 시각적으로 표현하고, 분산된 환경에서 효율적으로 실행할 수 있게 하는 데이터 흐름 그래프(data flow graph)를 사용하여 여러 GPU나 클러스터에서 작업을 분산 처리할 수 있다. 또한 텐서플로우에는 다양한 머신러닝과 딥러닝 모델을 구축하기 위한 라이브러리와 도구가 포함되어 있다. 아울러 텐서플로우는 오픈소스 프로젝트로, 전 세계 개발자들이 기여하고 있다. 따라서 다양한 기능 추가와 버그 수정이 빠르게 이루어진다.

8.3. 케라스

케라스(Keras)는 고수준의 인공신경망 API로, 머신러닝과 딥러닝 모델을 쉽게 구축하고 실험할 수 있도록 도와준다. 원래는 독립적인 라이브러리였지만, 현재는 텐서플로우의 일부로 통합되어 사용된다. 케라스는 사용하기 쉽고, 모듈식이며, 확장 가능한 디자인을 갖추고 있어 빠른 프로토타이핑에 적합하다. 케라스는 CNN, RNN, GAN 등 다양한 딥러닝 모델 아키텍처를 지원하며, 데이터 전처리, 모델 평가, 시각화 도구도 제공한다.

8.4. 파이토치

파이토치(PyTorch)는 페이스북 AI 연구(Facebook AI Research, FAIR) 팀이 개발한 오픈소스 딥러닝 라이브러리로, 직관적인 인터페이스와 동적 계산 그래프 기능을 통해 빠르고 유연하게 모델을 구축하고 훈련할 수 있게 한다. 다양한 신경망 구성 요소와 유틸리티를 포함하고 있어, 복잡한 모델을 쉽게 구축할 수 있다. 토치비전(torchvision), 토치오디오(torchaudio), 토치텍스트(torchtext) 등의 서브 라이브러리를 통해 다양한 데이터 처리 도구도 제공한다.

8.5. OpenCV

OpenCV(Open Source Computer Vision Library)는 컴퓨터 비전과 머신러닝 소프트웨어 라이브러리로, 다양한 이미지 및 비디오 처리 작업을 수행할 수 있게 해준다. OpenCV는 빠르고 효율적인 이미지 처리 루틴을 제공하며, 실시간 컴퓨터 비전 애플리케이션을 쉽게 개발할 수 있도록 설계되어 있다. OpenCV는 이미지 및 비디오 처리, 얼굴 인식, 객체 검출, 모션 추적, 3D 재구성 등 다양한 기능을 포함한 수천 개의 알고리즘을 제공한다.

8.6. NLTK

NLTK(Natural Language Toolkit)는 자연어 처리(NLP)를 위한 파이썬 라이브러리로, 텍스트 데이터를 처리하고 분석하는 다양한 도구와 데이터셋을 제공한다. NLTK는 교육 및 연구 목적으로 매우 인기가 있으며, 다양한 NLP 작업을 수행할 수 있는 기능을 제공한다.

PART 2

비즈니스 정보시스템

CHAPTER

08

비즈니스 정보시스템

학습목표

1. 비즈니스 정보시스템이 무엇인지 설명할 수 있다.
2. 비즈니스 정보시스템 진화 과정에 대하여 설명할 수 있다.
3. 거래처리시스템의 개념을 설명할 수 있다.
4. 경영정보시스템의 역할을 설명할 수 있다.
5. 의사결정지원시스템의 역할 및 구성 요소를 알 수 있다.
6. 전략정보시스템이 무엇이고 이를 개발하기 위한 다양한 프레임워크를 설명할 수 있다.
7. BPR과 ERP의 역할에 대해 설명할 수 있다.
8. 전자상거래 및 e-비즈니스를 정의할 수 있다.
9. 모바일 비즈니스와 스타트업에 대해 이해한다.
10. 스마트 비즈니스에 대해 이해한다.

1. 비즈니스 정보시스템

비즈니스 정보시스템(Business Information System)은 다양한 정보기술을 활용하여 조직의 운영을 지원하고 비즈니스 의사결정을 돕기 위해 정보를 수집, 처리, 저장 및 배포하는 시스템으로 조직 운영의 효율성 제고 및 조직의 경쟁력을 향상시키는 역할을 한다. 비즈니스 정보시스템은 초기에는 컴퓨터를 사용하여 급여 처리나 미지급금 및 미수금 추적과 같은 간단한 운영 업무를 지원하였고 이후에는 관리자에게 기업 관리에 도움이 되는 판매, 구매, 회계 및 인사 정보를 제공하는 경영정보시스템들이 개발되어 활용되었으며, 인터넷의 발전함에 따라 비즈니스 정보시스템은 전자상거래와 e-비즈니스로 확대 적용되었다. 또한 오늘날 비즈니스 정보시스템은 의사결정지원시스템, 사무자동화 시스템, 전문가 시스템, 전자상거래와 같은 전통적인 기업 조직에서 사용되는 정보시스템들뿐만 아니라 교육기관, 의료기관, 금융기관, 정부 및 공공기관 등 모든 조직의 비즈니스를 위한 다양한 정보시스템을 포함한다.

1.1. 비즈니스 정보시스템의 진화

1950년대 컴퓨터가 처음 사용된 이후부터 현재까지 정보기술을 기반으로 한 비즈니스 정보시스템의 주요 시스템 및 진화된 방향을 살펴보면 다음과 같다.

- 1950년대~1960년대 – 거래처리시스템(TPS): 거래 처리, 기록 및 보관, 회계 및 다양한 비즈니스 기능 부서에서 전자적 자료처리(EDP)를 수행
- 1960년대~1970년대 – 경영정보시스템(MIS): 영업, 생산, 회계 및 인사와 같은 기능부서에서 발생하는 일상적인 의사결정을 지원하기 위해 관리자에게 사전 정의된 보고서 및 정보를 제공
- 1970년대~1980년대 – 의사결정지원시스템(DSS): 관리자에게 의사결정 프로세스에서 대화형 형태로 정보를 제공함으로써 관리자에게 특정 유형의 문제를 해결하는 데 도움을 줌
- 1980년대~1990년대 – 전략 및 최종 사용자 지원: 1980년대 정보기술과 통신 네트워크의 급속한 발전으로 인해 정보시스템은 다음과 같은 새로운 역할을 갖게 됨

  - 중역정보시스템(EIS): 최고 경영진들이 활용하는 시스템으로 이들의 의사결정을 위한 내외부의 포괄적인 정보를 제공
  - 전문가 시스템(ES): 지식 기반으로 전문가를 대신한 조언을 제공하여 사용자에게 전문가로서의 역할을 수행
  - 전략정보시스템(SIS): 기업이 시장에서 경쟁우위를 확보하도록 지원
- 1990년대~2000년대－비즈니스 프로세스 리엔지니어링(BPR) 지원 및 전사적 시스템(ES): 전사자원관리(ERP) 시스템을 기반으로 기업 전반의 활동에 대한 비즈니스 프로세스 리엔지니어링을 지원
- 2000년대~2010년대－전자상거래 및 e-비즈니스 지원: 인터넷 및 첨단 정보기술을 통해 구매 및 판매뿐만 아니라 고객에게 서비스를 제공하고 비즈니스 파트너와 협력을 지원하는 내외부의 업무를 전자적으로 수행
- 2010년대~현재－모바일 비즈니스와 스타트업: 모바일을 이용한 상거래와 첨단 정보기술을 활용하여 신규 비즈니스 창출에 기여
- 2020년대~현재－4차 산업혁명과 스마트 비즈니스: 4차 산업의 핵심기술인 인공지능을 기반으로 다양한 산업에서의 스마트화를 추구

2. 거래처리시스템

거래처리시스템(Transaction Processing System, TPS)는 판매 주문입력, 급여처리, 고객 대금청구 및 재고 수불과 같이 조직 운영에 중요한 반복 작업을 처리하기 위한 정보시스템을 말한다. 거래처리시스템은 일반적으로 조직의 실무급 직원이 운영하였고 조직의 일상적인 업무인 거래를 수행하고 이러한 거래를 거래처리시스템을 통해 처리 및 저장한다. 따라서 거래처리시스템의 주요 목적은 거래를 수행하고 자료를 수집하는 것이다.

[그림 8.1]은 거래처리시스템의 대표적인 예인 급여처리시스템을 보여준다.

상기의 급여처리시스템과 같이 거래처리시스템은 회사에서 필수적이면서 반복적으로 수행되는 비교적 단순한 작업들을 처리하기 위하여 개별적으로 구축되어 사용되었다.

그림 8.1 급여처리시스템

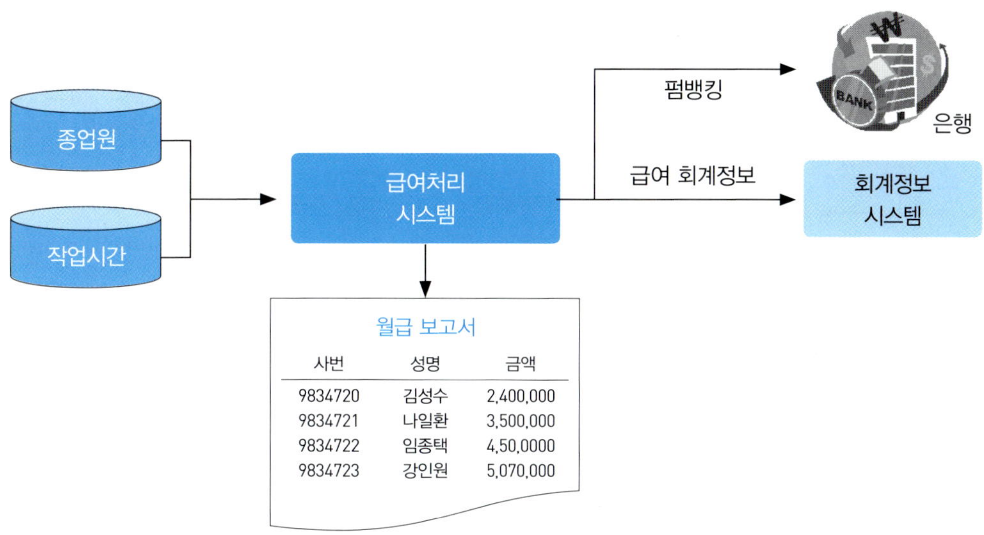

3. 경영정보시스템

경영정보시스템(Management Information System, MIS)은 영업, 회계, 생산운영, 인사 등 기능부서에서 일상적인 업무 및 의사결정을 지원하는 위한 정보시스템을 말한다. 중간관리자를 대상으로 한 경영정보시스템은 정보를 제공한다. 따라서 경영정보시스템의 주요 목적은 관리자에게 거래처리시스템으로부터 수집된 자료를 정보로 변환하여 제공하는 것이다. 경영정보시스템은 기능별 다양한 정보를 제공하지만 정보의 수준은 구조화된 의사결정을 지원하기 위한 것이다.

[그림 8.2]에서 볼 수 있듯이 경영정보시스템의 대표적인 예로는 영업정보시스템, 구매정보시스템, 회계정보시스템, 인사정보시스템 등이 있다.

상기와 같이 경영정보시스템은 기능부서별 정보시스템들이 개별적으로 구축되었고 부분적으로 연계되어 자료교환을 수행하였다. 경영정보시스템은 관리자에게 구조화된 의사결정을 지원하기 위한 것으로 구조화된 의사결정(Structured decision)

그림 8.2 경영정보시스템

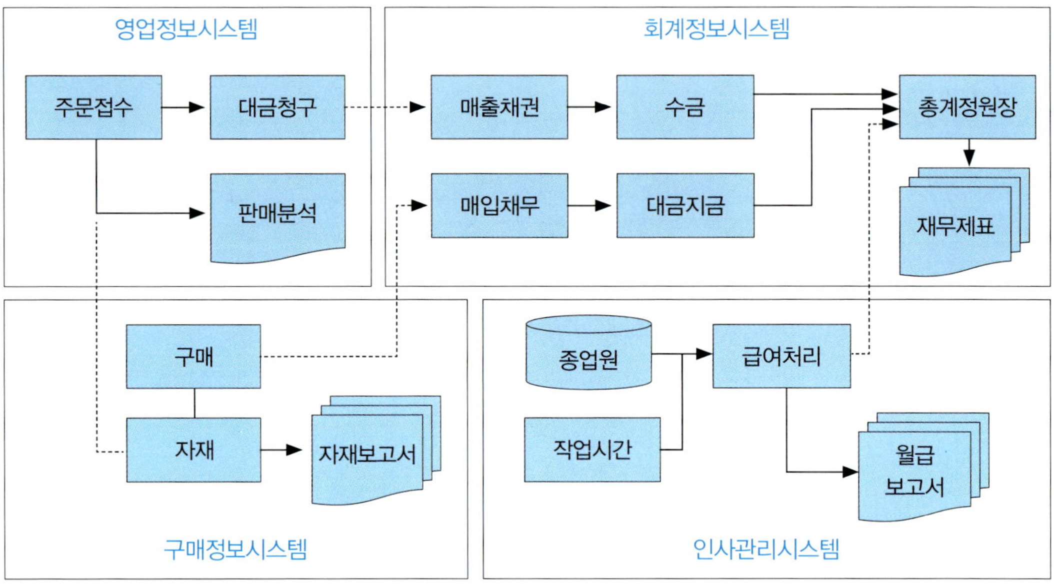

은 의사결정 절차나 의사결정 규칙에 따라 미리 정해진 의사결정을 의미한다. 즉, 구조화된 의사결정은 사전에 정해진 절차나 규칙에 기초하여 수행된다. 따라서 구조화된 결정들은 일반적으로 반복적이고 일상적인 의사결정들이 포함된다. 예를 들어, 재고 수준이 100개로 떨어지면 재고를 주문해야 한다는 규칙을 준수하는 경우 재고 주문은 구조화된 결정이 될 수 있다. 반면에 비구조화된 의사결정(Unstructured decision)은 대부분의 의사결정 절차 및 규칙을 미리 명시할 수 없는 상황에서 내려야 하는 의사결정을 의미한다. 따라서 의사결정자는 새롭고 비일상적인 의사결정에 자신의 판단, 평가 및 통찰력을 추가하여 비구조적인 의사결정을 수행한다. 마케팅 전략 결정, 새로운 제품라인 출시 여부, 자본예산 책정 등의 구조화되지 않은 의사결정이 여기에 포함된다.

- 구조화된 의사결정: 의사결정 절차나 의사결정 규칙에 따라 미리 정해진 의사결정
- 비구조화된 의사결정: 대부분의 의사결정 절차 및 규칙을 미리 명시할 수 없는 상황에서 내려야 하는 의사결정

4. 의사결정지원시스템

경영정보시스템이 관리자의 일상적인 작업을 수행하는 데 도움이 되는 반면, 의사결정지원시스템(Decision support systems, DSS)은 관리자가 일상적이지 않은 결정, 즉 비구조적인 의사결정을 내리는 데 도움이 되는 정보시스템을 말한다. 의사결정지원시스템은 관리자가 특정 유형의 문제를 해결할 수 있도록 데이터를 분석하고 제시한다. 따라서 의사결정지원시스템은 현금흐름 분석, 판매예측, 고객신용등급 책정 및 자원할당 분석과 같은 관리자가 일상적이지 않은 의사결정을 수행하는 데 도움을 준다. 다시 말해 의사결정지원시스템은 일반적으로 관리자가 구조화되지 않은 의사결정, 즉 비구조화된 의사결정을 수행하기 위해 사용된다.

구조화되지 않은 의사결정을 수행하기 위한 정보를 제공하기 위해 의사결정지원시스템은 [그림 8.3]과 같이 의사결정을 위한 모델, 데이터, 높은 수준의 소프트웨어로 구성된다. 의사결정을 위한 모델의 예는 다음과 같다.

- 경험적 관계를 파악하기 위한 통계적 회귀분석
- 다양한 잠재적 솔루션 개발을 위한 시뮬레이션 및 스프레드시트

그림 8.3 의사결정지원시스템

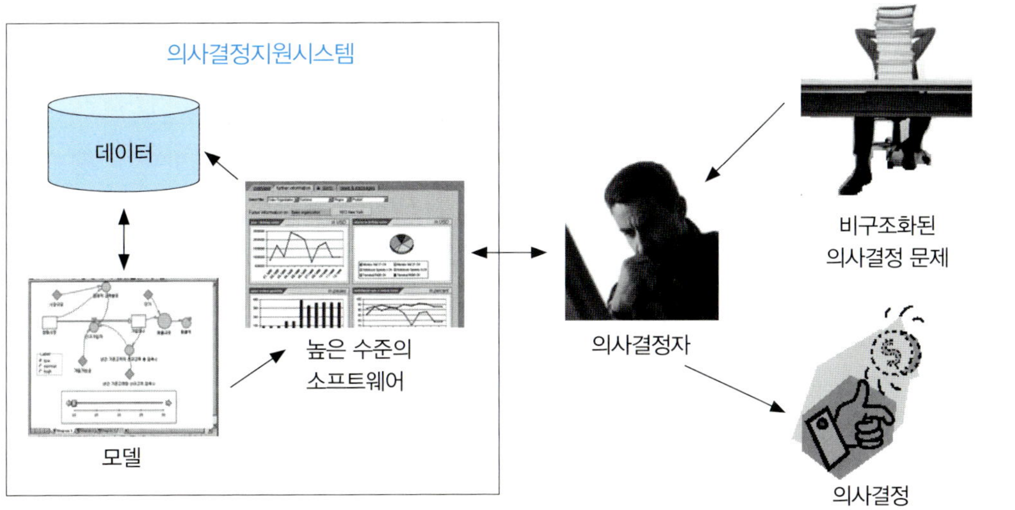

- 자원에 대한 제약이 있을 때 솔루션을 생성하는 최적화 모델

1970년대 제시된 의사결정지원시스템은 개발의 어려움과 기술적 한계로 기업 실무에서는 활발하게 활용되지 못하였다.

5. 중역정보시스템

중역정보시스템(Executive Information System, EIS)은 내부 및 외부의 다양한 정보를 요약하여 편리한 형태로 경영진에게 제공하는 정보시스템을 말한다. [그림 8.4]에서 볼 수 있듯이 경영정보시스템과 의사결정지원시스템은 일선 관리자의 의사결정을 지원하는 반면 중역정보시스템은 회사의 문제, 사업기회 또는 매출 추세 파악과 같은 경영진의 의사결정을 지원한다.

중역정보시스템은 경영진의 의사결정을 지원하기 위해 다음과 같은 특징을 가지고 있다.

그림 8.4 지원 기능에 의한 분류

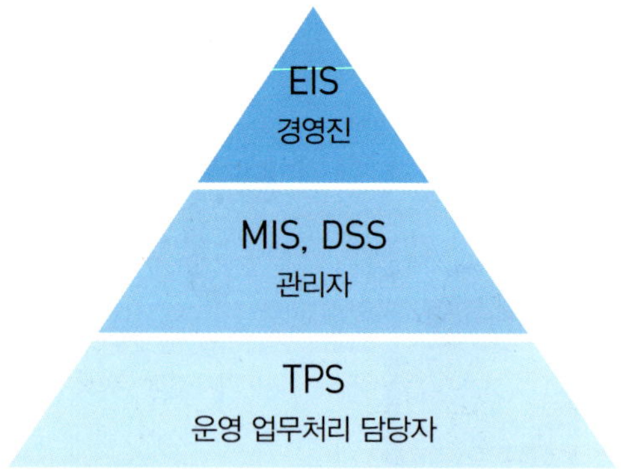

- 회사와 부서의 주요 성공요인을 반영하는 정보에 즉각적이고 쉬운 접근 기능 제공
- 그래픽 화면과 사용하기 쉬운 사용자 인터페이스 제공
- 통일된 인터페이스를 통해 내부 및 외부의 다양한 데이터베이스에 대한 접근이 가능한 기능 제공
- 강력한 보고서 및 드릴다운 기능 제공

6. 전문가 시스템

전문가 시스템(Expert System)은 전문가의 조언이 필요한 문제에 대한 해결책을 제공하는 정보시스템으로 인공지능 기술은 근간으로 하고 있다. [그림 8.5]에서 볼 수 있듯이 전문가 시스템에는 축적된 경험을 포함한 지식 베이스와 다양한 특정 상황에 지식 베이스를 적용하기 위한 일련의 규칙을 설명하는 전문가 시스템 프로그램이 포함되어 있다. 따라서 진단, 모니터링, 선택, 설계, 예측 및 교육 등에 유용하다. 가장 잘 알려진 전문가 시스템은 사람들이 다양한 의료 문제에 대해 저렴하게 검사를 받을 수 있도록 하는 의료진단시스템으로 이 시스템은 사용자에게 일련의 질문에 답하도록 요청한 후 제안된 조치 사항을 제공하였다.

1980년대 개발된 전문가 시스템의 인공지능 구현기술은 규칙 기반 시스템으로, 도메인 전문가의 지식을 규칙으로 변환하여 사용하였다. 규칙 기반 시스템(rule-based system)은 특정한 문제를 해결하기 위해 사전에 정의된 규칙들을 사용하여 결정을 내리는 시스템으로 전문가의 지식을 형식화하여 특정 도메인 문제를 해결하였다. 이를 위해 전문가 시스템에는 지식 베이스와 추론 엔진으로 구성되었다.

그림 8.5 전문가 시스템

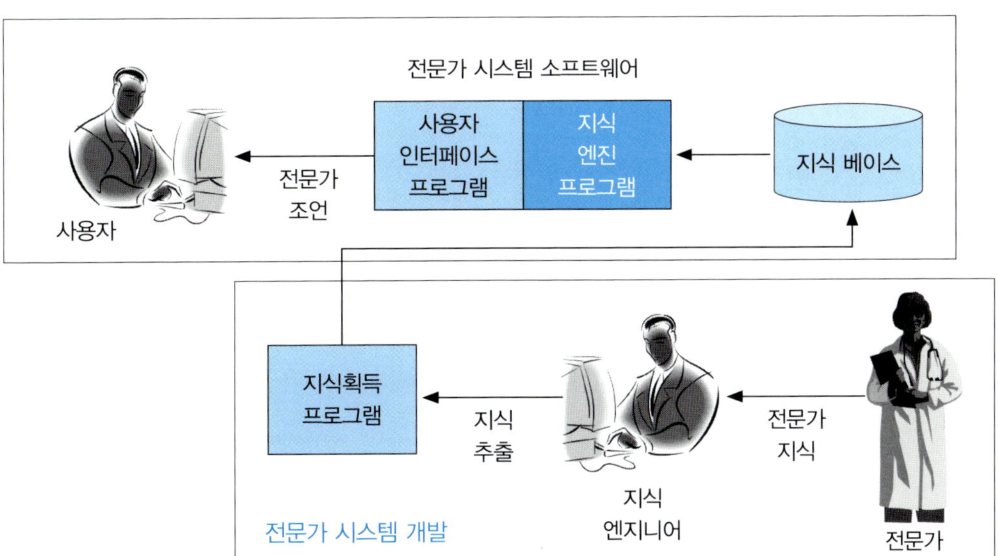

지식 베이스(Knowledge Base)는 도메인 전문가의 지식을 바탕으로 한 규칙들이 저장된 곳으로 규칙은 보통 "IF-THEN" 형식으로 작성된다.

예: IF 기침을 한다 THEN 감기 증상이 있다.

추론 엔진(Inference Engine)은 지식 베이스에 있는 규칙들을 이용하여 결론을 도출하는 역할을 하는 것으로 전방 추론과 후방 추론 방식이 있다. 전방 추론(Forward Chaining)은 데이터 기반 접근법으로 주어진 데이터로부터 출발하여 결론을 향해 규칙을 적용한다. 반면에 후방 추론(Backward Chaining)은 목표 기반 접근법으로 목표 결론을 설정하고, 그 결론을 지지하는 데이터를 찾기 위해 규칙을 역으로 적용한다. 규칙기반 인공지능은 명확하고 이해하기 쉬운 알고리즘으로, 특정 도메인에서 전문가의 지식을 활용하여 문제를 해결하는 데 유용하다. 그러나 전문가 지식획득의 어려운, 유연성 부족, 유지보수 비용 등의 문제로 비즈니스 영역에서 활발하게 사용되지 못하였다.

7. 전략정보시스템

전략정보시스템(Strategic information system, SIS)은 기업이 경쟁 우위를 확보하는 데 도움이 되는 정보시스템들을 말한다. 전략정보시스템의 초기 사례는 아메리카 에어라인(American Airlines)의 컴퓨터 예약시스템인 세이버(Sabre)이었다. 수년 동안 세이버 시스템은 여행사가 항공기를 검색할 때 첫 번째 화면에 아메리카 에어라인의 항공편이 나타나도록 보장하여 경쟁사에 비해 예약을 늘렸다. 이로 인해 세이버 시스템은 아메리카 에어라인이 미국항공업계에서 경쟁우위를 점하는데 상당한 기여를 하였다. 또 다른 예는 ASAP 시스템이다. 병원용품 유통업체인 American Hospital Supply Corporation(현 Baxter Healthcare Corporation)은 재고분석 및 자동구매 시스템인 ASAP(Analytical Systems Automated Purchasing)을 개발하여 사용했다. ASAP 시스템은 주문 입력과 연결된 병원 네트워크를 구축하고 전자 송장과 영수증, 자재 관리 등 다양한 서비스를 제공했다. 그 결과 고객들이 ASAP 시스템에 의존하게 되었고 박스터(Baxter)는 병원용품 유통업계에서 가장 경쟁력 있는 회사가 되었다.

7.1. 5가지 경쟁세력 모형

전략정보시스템을 개발하기 위해 5가지 경쟁세력 모형, 일반적 경쟁우위 전략, 가치사슬 모형을 포함하는 마이클 포터(Michael Porter) 교수의 전략 프레임워크들이 자주 활용되었다. 5가지 경쟁세력 모형(5 Forces mode)은 기업이 산업에서 5가지 경쟁세력에게 영향을 받는 것으로 모형화한 프레임워크로 이 모형은 전략적 비즈니스 관리자가 다양한 경쟁자를 찾아 회사가 운영되는 업계 상황을 더 잘 이해하는데 도움을 준다.

마이클 포터(1980)는 [그림 8.6]에서와 같이 산업 내 경쟁을 주도하는 5가지 경쟁 요인들을 제시했다.

- 새로운 경쟁자의 진입 위협
- 기존 경쟁자 간의 경쟁 강도
- 대체제품의 압박
- 구매자의 협상력
- 공급업체의 협상력

비즈니스 정보시스템 분야에서 5가지 경쟁세력 모형은 기업이 정보기술 자원을

그림 8.6 5가지 경쟁세력 모형

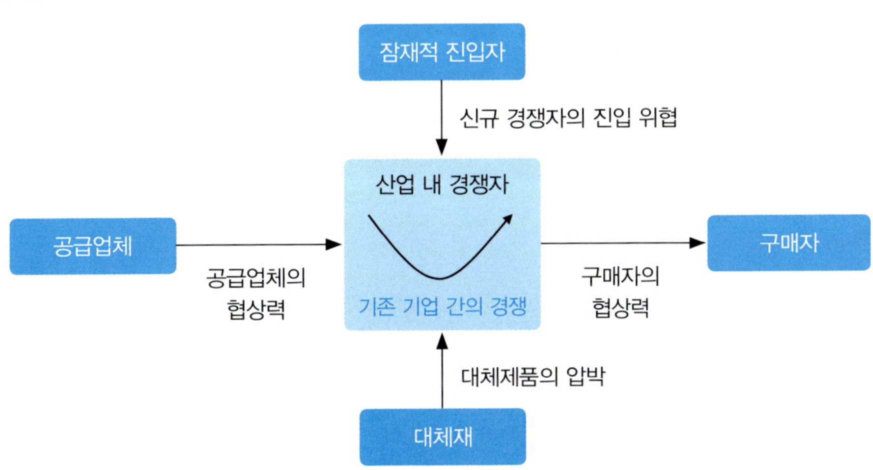

우선적으로 적용해야 하는 외부 영역을 식별할 때 주로 사용된다. 예를 들어 경쟁 세력 중에서 구매자의 협상력이 가장 위협적인 경우 고객관계관리 시스템을 우선 도입하여 경쟁력을 확보한다.

7.2. 일반적 경쟁우위 전략

경쟁우위(competitive advantage)는 기업이 경쟁 환경에서 차지하는 위치를 말한다. 마이클 포터(1985) 교수는 경쟁우위를 달성하고 유지하기 위한 세 가지 일반적인 유형의 경쟁우위 전략을 제시하였다. 세 가지 일반적인 전략은 비용우위, 차별화 및 집중화 전략이다. [그림 8.7]에서 볼 수 있듯이 비용우위와 차별화 전략은 넓은 범위의 시장영역에서 수행될 수 있으며 집중화 전략은 좁은 범위의 시장영역에서 수행된다.

그림 8.7 일반적 경쟁우위 전략

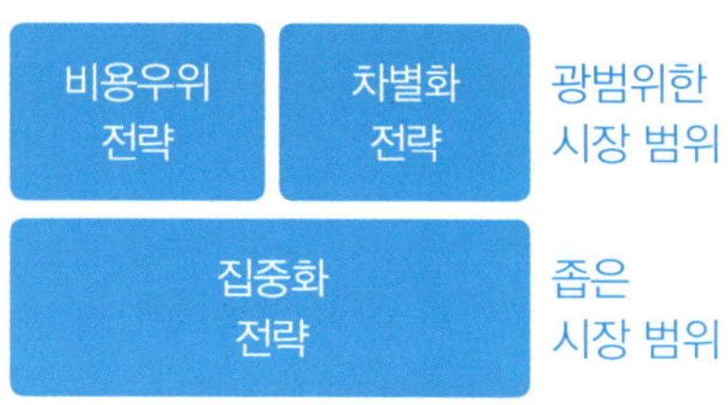

비용 우위(Cost leadership) 전략은 기업이 업계에서 저비용 제품의 판매자가 되려고 할 때 사용되며, 비용우위의 원천은 규모의 경제 추구, 독점 기술, 원자재에 대한 우선적 접근 등으로 이루어 낼 수 있다. 차별화(Differentiation) 전략은 기업이 해당 업계에서 독특함을 추구하는 것으로 고객이 가치 있게 여기는 독특한 제품이나 서비스의 개발을 하여 수행한다. 차별화 전략을 수행할 경우 기업은 프리미엄 가격으로 그 독창성을 보상받을 수 있다. 집중화(Focused) 전략은 기업이 특정 목표 시장에 집중할 때 사용된다. 회사는 업계에서 특정 부문 또는 부문 그룹을 선택하고 다른 부문을 배제하고 해당 부문에 서비스를 집중적으로 제공하도록 전략을 맞춤화한다.

정보기술은 상기의 경쟁우위 전략을 지원하는 데 사용될 수 있다. 예를 들어 월

표 8.1 경쟁우위 전략과 정보기술

전략	정보기술 예시
비용우위	월마트의 재고관리 및 유통 시스템
차별화	페더럴 익스프레스의 분산 추적 시스템
집중화	도미노 피자의 온라인 주문 시스템

마트의 경쟁우위 전략은 비용우위 전략으로 이를 위해 월마트는 비용 절감을 위한 재고관리 및 유통 시스템을 구현하였다. [표 8.1]은 경쟁우위 전략을 지원하는 정보기술의 예를 보여주고 있다.

7.3. 가치사슬모형

기업이 경쟁 우위를 창출할 수 있는 구체적인 활동을 분석하려면 기업을 가치 창출 활동들을 사슬로 모형화하는 것이 유용하다. 이를 위해 마이클 포터 교수는 다양한 기업에서 공통적으로 적용되는 일련의 상호 연관된 일반 활동을 식별하고 이를 가치사슬모형으로 제시하였다. 가치사슬모형에서 가치사슬(Value Chain)은 기업 내 일련의 활동으로 가치사슬은 주 활동과 지원 활동으로 구분된다. 주 활동(Primary activities)에는 인바운드 물류, 생산운영, 아웃바운드 물류, 마케팅 및 판매, 고객 서비스가 포함되고, 지원 활동(Secondary activities)에는 행정 인프라 관리, 인적자원관리, 연구개발(R&D) 및 조달 등이 포함된다.

[그림 8.8]에서 볼 수 있듯이 가치사슬모형을 통해 취약한 활동 영역이 식별되면

그림 8.8 가치사슬모형

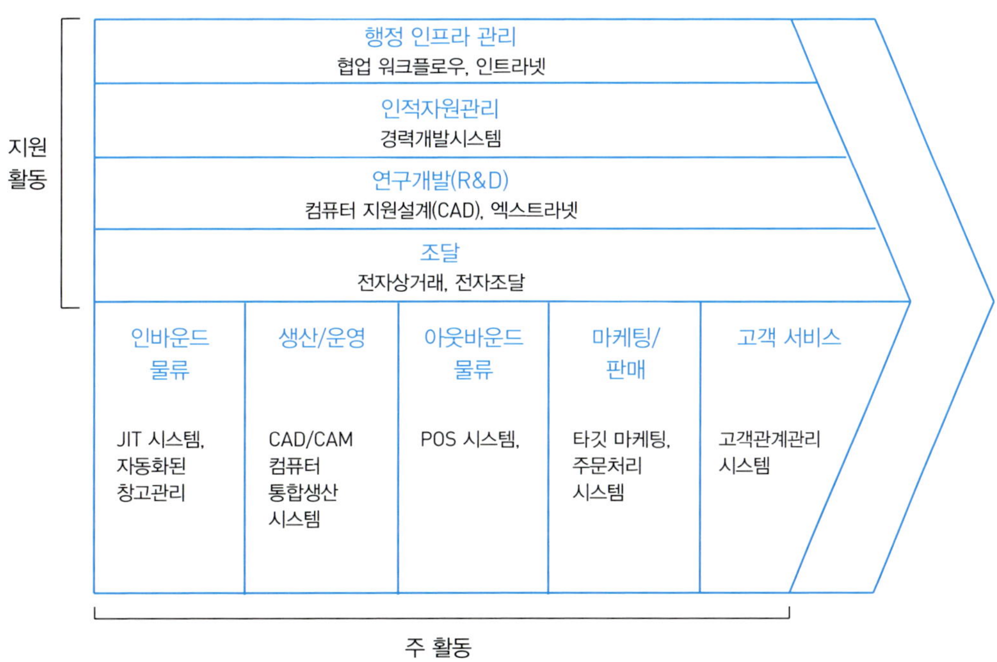

기업은 정보기술을 사용하여 취약한 영역을 보완할 수 있다. 예를 들어, 기업이 자사의 아웃바운드 물류 활동이 취약하다고 판단한 경우 POS 및 주문 처리 시스템을 도입하여 이 취약한 부분을 보완할 수 있다.

8. BPR과 정보기술

비즈니스 프로세스 리엔지니어링(Business process reengineering, BPR)은 1990년대 초에 마이클 해머(Michael Hammer)와 제임스 챔피(James Champy)에 의해 제시된 경영혁신 기법으로 기업의 정보기술 활용에 큰 영향을 주었다. BPR은 조직의 업무 방식을 혁신적으로 재구성하여 비즈니스 프로세스의 효율성을 극대화하고 비용을 절감하는 것을 목표로 하는 것으로 단순히 기존의 프로세스를 개선하거나 자연스럽게 진화시키는 것이 아니라, 전면적으로 새로운 방식으로 재구성하는 것을 강조하고 있다.

조직 내외에 존재하는 프로세스의 효율성과 효과성을 높여 경영혁신을 목표로 하는 BPR은 부가가치가 없는 활동을 수정하거나 제거하는 근본적이고 급진적인 접근 방식으로 마이클 해머와 제임스 챔피(1993)는 BPR을 "비용, 품질, 서비스 및 속도와 같은 중요한 현대적 성과 척도에서 극적인 개선을 달성하기 위해 비즈니스 프로세스를 근본적으로 다시 생각하고 근본적으로 재설계하는 것(Hammer and Champy 1993, p. 32.)"으로 정의하고 있다. BPR에서 프로세스(process)는 입력을 보다 가치 있는 출력으로 변환하여 가치를 창출하는 일련의 연결된 활동으로 프로세스는 "하나 이상의 종류의 입력을 취하고 고객에게 가치 있는 출력을 생성하는 활동의 모음(Hammer와 Champy 1993, p. 35.)"으로 정의된다.

[그림 8.9]에 표시된 것처럼 프로세스는 일반적으로 여러 부서들에 걸쳐 있다. 따라서 프로세스 관점의 리엔지니어링은 내부 조직 간의 조화와 조정을 강조함으로써 비즈니스의 획기적인 개선을 이룰 수 있다.

마이클 해머와 제임스 챔피(1993)는 비용을 낮추고 서비스 품질을 높이려면 기업의 근본적인 재설계와 재조직이 필요하다는 주장했다. 특히 그들은 정보기술이 급

그림 8.9 기업에서의 비즈니스 프로세스

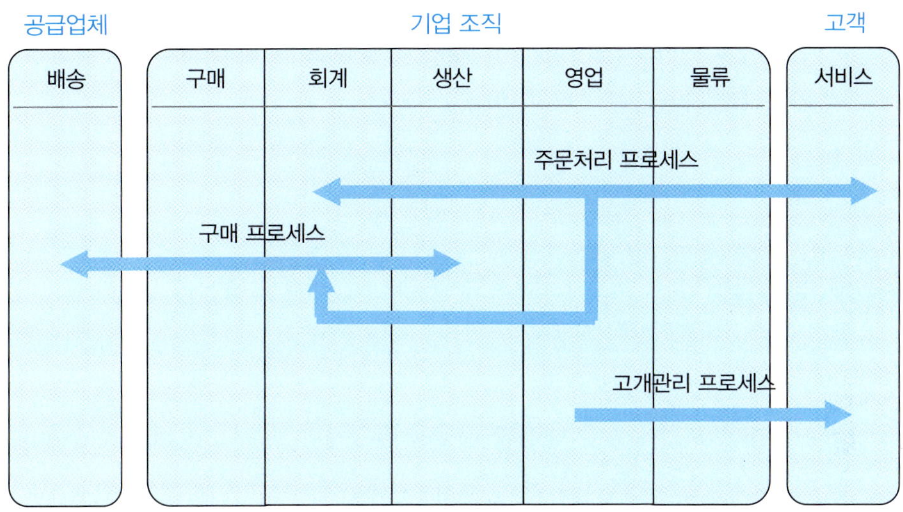

진적인 변화를 가능하게 하는 핵심 요소라고 강조했다. 즉, 정보기술은 리엔지니어링 개념에서 중요한 역할을 하는 것으로 조직 내에서 그리고 부서들 간의 경계를 넘어 새로운 형태의 업무와 협업을 가능하게 하는 주요 원동력으로 간주된다.

과거 BPR에서의 프로세스 개선은 일반적으로 종이를 사용하지 않으며 작업의 병렬 처리, 단일 의사결정 체계 및 권한 위임 등을 포함한다. [그림 8.10]에 표시된

그림 8.10 프로세스와 정보기술의 관계

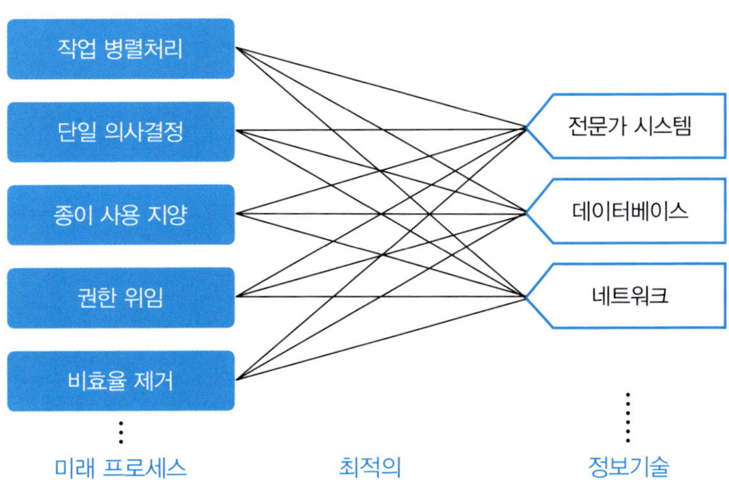

것처럼 이러한 프로세스 개선은 가장 적합한 정보기술을 통해 지원되어야 한다.

특히, 워크플로우 시스템은 프로세스 효율성 향상에 중요한 역할을 하는 것으로 간주되고 있다. 또한 ERP 시스템은 오늘날 비즈니스 프로세스 재설계 및 개선을 가능하게 하는 수단으로 제안되고 있다.

9. 전사적 시스템

BPR은 초기에 많은 관심과 성공을 끌었지만, 일부 기업에서는 구현방법론의 모호성과 정보기술의 지원 부족 등의 이유로 실패로 이어지기도 했다. 그러나 BPR은 기업들에게 업무재설계의 중요성과 BPR에 있어서 정보기술의 중요성을 각인시켰다. 이러한 BPR 실패에 근거하여 부각된 개념이 ERP이다. ERP(enterprise resource planning), 또는 전사적 자원관리(全社的 資源管理)라 불리는 ERP는 기업의 목적을 달성하기 위해 한정된 자원을 효율적으로 이용하고자 하는 개념으로 ERP 시스템은 이를 위하여 판매 주문에서 제품 생산, 출하까지의 일련의 공급사슬과 회계관리, 인적자원관리를 포함한 기업의 전체 업무를 통합·관리하는 정보시스템을 의미한다. 전사적 시스템인 ERP 시스템은 다중 모듈의 ERP 소프트웨어에서 제공하

그림 8.11 SAP ERP의 시스템 구성도

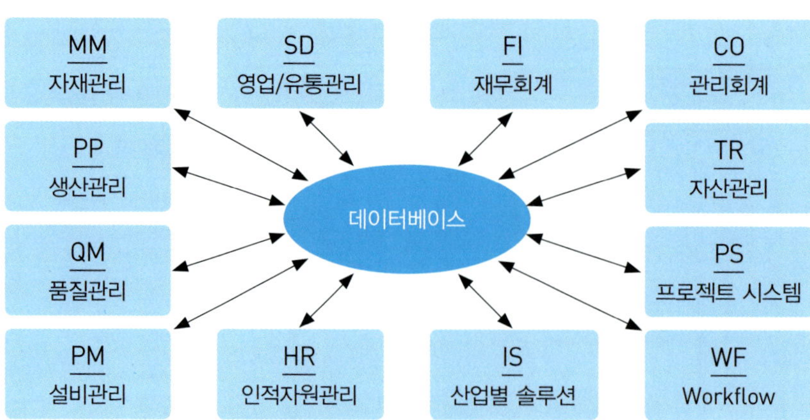

는 모범 사례(best practices)를 기반으로 조직의 BPR을 지원한다.

일반적으로 기업의 ERP 시스템은 상용 ERP 소프트웨어를 구매하여 구축된다. ERP 소프트웨어는 기업의 기능 부서 업무를 지원하는 다중 모듈로 구성되어 있으며 이들은 관계형 데이터베이스 시스템과 통합되어 있다. 주요한 ERP 소프트웨어에는 SAP ERP, 오라클 애플리케이션, 피플소프트(Peoplesoft) 등이 있다.

[그림 8.11]에서 볼 수 있듯이 ERP 소프트웨어의 대표명사인 SAP ERP는 조직의 일반적인 기능 부서들의 업무를 지원하는 모듈들로 구성되어 있다. 일반적으로 사용되는 모듈은 자재 관리(MM), 판매 및 유통(SD), 재무회계(FI), 관리회계(CO), 생산관리(PP) 및 인적자원 관리(HR) 등이다.

ERP 시스템에 대해서는 9장에서 좀 더 자세히 살펴본다.

10. 전자상거래와 e-비즈니스

인터넷의 확산으로 전자상거래와 e-비즈니스는 비즈니스 전략의 필수 구성 요소가 되었다. 비즈니스에 정보통신기술(ICT)이 통합되면서 조직 내 관계는 물론 조직과 개인 간 관계에도 혁명이 일어났다. 이러한 혁명의 중심에는 전자상거래와 e-비즈니스가 있다.

전자상거래(e-commerce)는 제품과 서비스에 대한 유통, 구매, 판매, 마케팅, 서비스 등 광범위한 온라인 비즈니스 활동으로 인터넷과 웹 기반 기술의 발전으로 인해 기업들은 전 세계 어디에서나 많은 수의 고객에게 접근이 가능하게 되였다. 또한 기업들은 마케팅 유통 채널을 줄이고 대화형, 일대일 방식으로 고객 서비스를 촉진하기 위해 전자 상거래를 활용하고 있다.

e-비즈니스(e-business)는 IBM의 전 CEO인 루스 거스너(Louis Gerstner)는 1996년 IBM의 마케팅을 위해 만든 용어로 인터넷, 인트라넷, 엑스트라넷 및 관련 정보기술을 통해 비즈니스를 수행하는 행위로서 구매 및 판매뿐만 아니라 고객에게 서비스를 제공하고 비즈니스 파트너와 협력하는 행위를 의미한다. 초기 기업들은 e-비즈니스를 통해 내부 및 외부 데이터 처리 시스템을 보다 효율적이고 유연하게 연

그림 8.12 e-비즈니스 지원 시스템

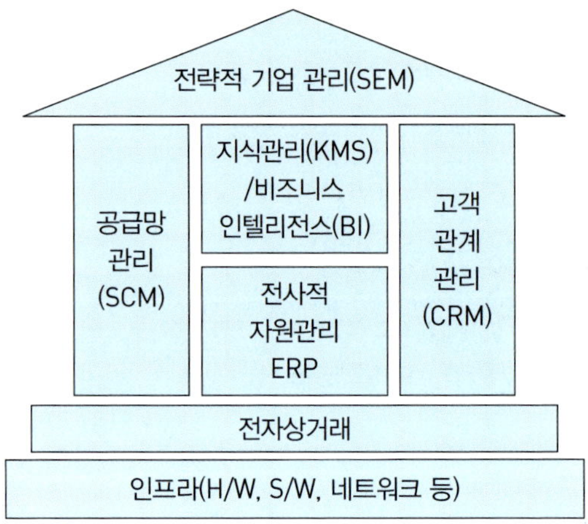

결하고 고객과 보다 긴밀하게 협력하고 고객의 요구와 기대를 더 잘 충족시키기 위해 노력해 왔다. 그러나 오늘날 기업은 데이터 처리뿐 아니라 새로운 문화와 기능 측면에서 e-비즈니스를 활용하고 있다.

e-비즈니스에는 전자 구매, 생산 계획 및 실행, 고객 관리, 비즈니스 파트너와의 협력 등 전체 가치 사슬에 걸친 비즈니스 프로세스가 포함된다. 따라서 [그림 8.12]와 같이 인터넷, 인트라넷, 엑스트라넷 등의 인프라와 전자상거래, 전사적 자원관리(ERP), 지식관리시스템(KMS), 비즈니스 인텔리전스(BI), 고객 관계 관리(CRM), 공급망 관리(SCM), 전략적 기업 관리(SEM) 등이 e-비즈니스를 지원하기 위한 시스템들에 포함된다.

전자상거래와 e-비즈니스 지원 시스템들에 대해서는 9장에서 좀더 자세히 살펴본다.

11. 모바일 비즈니스와 스타트업

2007년에 아이폰이 출시된 이후, 스마트폰 시장이 급속하게 성장하면서 모바일 비즈니스의 영역도 확장되었다. 아이폰의 출시로 모바일 앱 생태계가 형성되었고, 이로 인해 사용자들은 다양한 앱을 통해 서비스를 이용할 수 있게 되었다. 또한 이러한 앱 서비스들을 기반으로 한 다양한 스타트업 기업들이 출현하게 되었다.

모바일 비즈니스(Mobile business)는 모바일 기기를 활용하여 상품이나 서비스를 제공하고 거래하는 비즈니스 모델을 말한다. 이는 스마트폰, 태블릿 등의 모바일 장치를 통해 이루어지는 다양한 비즈니스 활동을 포함한다. 모바일 비즈니스의 핵심 기술인 모바일 앱의 발전은 다양한 산업 분야에서의 혁신을 이끌었다. 예를 들어, 전자상거래 업계에서는 모바일 쇼핑 앱들이 등장하여 소비자들에게 편리한 쇼핑 경험을 제공하고, 은행이나 금융 기관에서는 모바일 뱅킹 앱을 통해 사용자들이 언제든지 계좌를 확인하고 거래를 할 수 있게 되었다.

스타트업(Startup) 기업은 새로운 아이디어나 혁신적인 제품, 서비스를 개발하여 시장에 도입하고 성장을 추구하는 신생 기업을 말한다. 이들 기업들은 종종 미래의 큰 기업이 될 가능성을 내포하며, 빠른 변화와 고도의 혁신을 추구한다. 특히 정보기술 기반의 스타트업 기업들은 다양한 분야에서 혁신적인 기술을 활용하여 문제를 해결하거나 새로운 시장을 개척하는 기업들로 스타트업 기업들을 대변하고 있다. 구글, 페이스북, 아마존, 넷플릭스와 같은 전통적인 정보기술 기반 기업들이 이외에도 우버, 에어비앤비, 스퀘어, 로빈후드, 나레이티브 사이언스와 같이 정보기술 기반의 새로운 아이디어로 시작하여 오늘날 대기업들로 성장한 스타트업 기업들이 있다. 오늘날에도 클라우드 컴퓨팅, 빅데이터, 사물인터넷, 인공지능, 핀테크와 같은 정보기술을 기반으로 헬스케어, 교육, 금융 등 다양한 분야에서 스타트업들이 활발하게 활동하고 있다.

모바일 비즈니스와 스타트업에 대해서는 10장에서 좀더 자세히 살펴본다.

12. 4차 산업혁명과 스마트 비즈니스

4차 산업혁명은 제조업 분야에서의 디지털 기술을 중심으로 하는 새로운 혁명을 의미한다. 기존 산업혁명과는 달리 4차 산업혁명은 정보기술의 급격한 발전과 인공지능, 로봇공학, 빅데이터, 사물인터넷, 3D 프린팅 등의 첨단 기술이 융합함으로써 산업 전반에 혁명적인 변화를 가져오고 있다.

스마트 비즈니스란 기업이 혁신적인 기술과 전략을 활용하여 효율성과 경쟁력을 향상시키는 것을 말한다. 이는 4차 산업혁명의 핵심기술인 인공지능, 사물인터넷, 빅데이터, 로봇공학 등을 적극적으로 활용하여 비즈니스 프로세스를 최적화하고, 미래에 대비하는 것을 의미한다. 오늘날 스마트 비즈니스의 주요 영역은 다음과 같은 것들이 있다.

- 스마트 시스템 구축: 스마트 팩토리, 스마트 팜, 스마트 그리드
- 스마트 제품: 사물인터넷 (IoT)을 활용한 스마트 홈 디바이스
- 인공지능을 활용한 자동화: 자율 주행 자동차, 지능형 로봇 서비스

스마트 비즈니스에 대해서는 11장에서 좀더 자세히 살펴본다.

CHAPTER

09

전자상거래와 e-비즈니스

학습목표

1. 전자상거래와 그 역사, 범위, 배경을 설명할 수 있다.
2. 전자상거래 기본 모델들을 설명할 수 있다.
3. e-마켓플레이스에 대하여 설명할 수 있다.
4. 전자상거래 보안서비스를 이해하고 보안기술에 대해 설명할 수 있다.
5. e-비즈니스 정의하고 e-비즈니스 지원시스템에 대해 이해한다.
6. ERP 시스템을 설명할 수 있다.
7. CRM 시스템을 설명할 수 있다.
8. SCM 시스템을 설명할 수 있다.
9. 비즈니스 인텔리전스에 대하여 설명할 수 있다.
10. SEM 시스템을 설명할 수 있다.

1. 전자상거래

전자 상거래(e-Commerce)는 인터넷을 포함한 다양한 컴퓨터 네트워크를 통해 제품이나 서비스를 구매, 판매, 마케팅 및 서비스하는 것으로 여기에는 전자자금이체(EFT), 전자데이터교환(EDI), 온라인 상점, e-마켓플레이스 등이 포함된다. 전자상거래의 출현은 1970년대 초 전자자금이체(Electronic Funds Transfer, EFT)를 통해 시작되었으며, 이를 통해 기업은 전자적으로 금융 거래를 수행할 수 있었다. 전자상거래의 또 다른 예로는 전자데이터교환(Electronic Data Interchange, EDI)으로 거래 파트너 간에 자주 사용되는 구매 주문서, 송장 등 비즈니스 문서의 전자적 전송이 가능해졌다. 그러나 이러한 시스템의 사용은 대기업, 금융기관 등 거대 조직들에 국한되어 있어 소규모 기업의 경우 관리 비용이 많이 들어 사용이 어려웠다. 따라서 초기의 전자상거래 시스템들은 예상만큼 널리 받아들여지지 않았다. 실질적으로 인터넷 기술의 발전으로 전자상거래의 기반이 구축되었다. 1990년대부터 인터넷이 상업적인 용도로 개방되었고, 사람들이 월드와이드웹(WWW)을 사용하기 시작했으며, 개인용 컴퓨터(PC) 사용량이 급격히 증가했다. 따라서 이러한 인터넷의 확장, 웹의 발명, 급격한 PC의 사용이 오늘날 전자상거래를 가능케 하는 요인들이 되었다.

1.1. 전자상거래 모델

전자상거래 모델은 전자상거래에서 거래가 이루어지는 주체와 방식에 따라 다양한 형태로 나누어진다. [그림 9.1]에서 볼 수 있듯이 전자상거래 모델의 기본 범주는 기업 대 기업 간의 거래인 B2B, 기업 대 소비자 간의 거래인 B2C, 소비자들 간의 거래인 C2C 그리고 기업과 정부 간의 거래인 B2G이다.

- B2B(Business to Business): 기업과 기업 간의 제품, 서비스 또는 정보 교환하는 전자상거래 모델
- B2C(Business to Consumer): 기업과 소비자 간의 거래로 기업은 소비자에게 제품 및/또는 서비스를 제공하는 전자상거래 모델

그림 9.1 전자상거래 비즈니스 모델

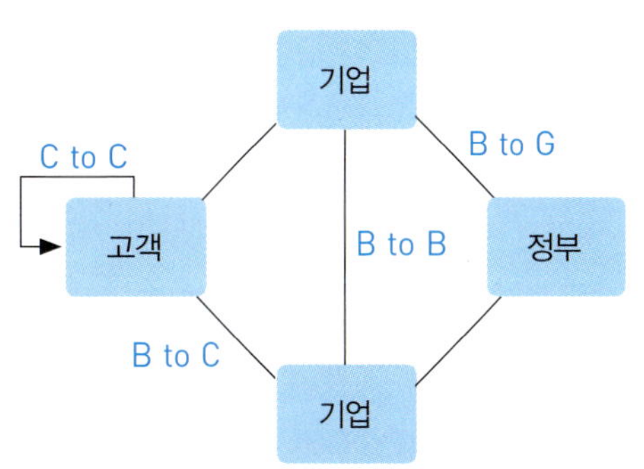

- C2C(Consumer to Consumer): 제3자를 통한 소비자 간 거래로 소비자가 판매할 품목을 게시하고 다른 소비자가 이를 구매하기 위해 입찰하는 온라인 경매와 같은 전자상거래 모델
- B2G(Business to Government): 기업과 정부 간의 거래로 전자상거래 네트워크를 통해 기업은 정부 RFP에 입찰하는 형식의 전자상거래 모델

상기의 기본 범주의 전자상거래 모델 이외에 오늘날 전자정부 포털, 세금 납부 시스템과 같이 정부가 국민에게 서비스를 제공하는 모델인 G2C(Government to Consumer), 제조업체가 중간 유통 단계를 거치지 않고 소비자에게 직접 제품을 판매하는 모델인 D2C(Direct to Consumer) 모델 등이 있다.

1.2. e-마켓플레이스

e-마켓플레이스(e-marketplace)는 다양한 판매자와 구매자가 모여 상품과 서비스를 거래하는 온라인 플랫폼으로 전통적인 오프라인 시장과 유사하게, e-마켓플레이스는 여러 판매자가 각자의 제품을 전시하고 구매자는 제품들을 비교하여 구매할 수 있는 환경을 제공한다. 개인 수준이 아닌 조직 수준에서 구매자와 공급자 간의 거래를 촉진하는 e-마켓플레이스는 수직형 e-마켓플레이스와 수평형 e-마켓플레이스로 나눌 수 있다.

수직형 e-마켓플레이스(vertical e-marketplace)는 특정 산업, 분야 또는 제품 카테고리에 특화된 e-마켓플레이스로, 해당 분야의 전문적인 제품과 서비스를 집중적으로 제공한다. 수직형 e-마켓플레이스는 업계의 구매자와 판매자들을 연결하여 운영 효율성을 높이고 공급망 비용, 재고 및 주기 시간을 줄이는데 기여한다. 철강 산업의 e-마켓플레이스, 조선 산업의 e-마켓플레이스 등이 여기에 포함된다. 수평적 e-마켓플레이스(horizontal e-marketplace)는 다양한 산업 분야의 기업에 여러 가지 상품이나 서비스를 제공하는 e-마켓플레이스로 일반적으로 구매의 비효율성을 줄이는 데 중점을 둔다. 수평적 e-마켓플레이스의 대표적인 상품은 나사, 볼트, 패킹, 접착제와 같이 공장 설비의 유지보수, 수리 및 운영을 위해 사용되는 MRO(Maintenance, Repair, and Operations) 자재들로 이러한 품목은 어떤 업계에 종사하든 상관없이 일상적인 비즈니스 운영에 매우 중요하기 때문에 수평적 e-마켓플레이스에서 주로 취급된다.

2. 전자상거래 보안

전자상거래가 네트워크를 통한 비대면 거래이기 때문에 전자상거래 보안은 안전한 거래를 위한 필수적인 요소이다. 전자상거래 보안은 온라인 거래를 안전하게 보호하고, 고객과 판매자의 민감한 정보를 보호하기 위한 다양한 기술과 절차로 전자상거래가 확대되고, 사이버 범죄와 데이터 유출에 대한 위험도 증가했기 때문에, 보안은 전자상거래에서 더욱 중요한 요소로 자리잡고 있다.

2.1. 전자상거래 보안 서비스

전자상거래 보안 서비스는 전자상거래에서 인지된 위협으로부터 보호하기 위한 서비스로 거래의 안전성을 보장하기 위하여 기밀성, 인증, 무결성, 부인 방지의 4가지의 보안 서비스를 제공해야 한다.

기밀성(Confidentiality)은 민감한 정보가 승인된 사용자에게만 접근 가능하도록 보장하는 것으로 이를 통해 정보가 비인가된 사람에게 노출되지 않도록 한다. 예를 들어, 신용카드 번호는 인터넷을 통해 전송될 때 기밀로 유지되어야 한다. 인증(Authentication)은 사용자의 신원을 확인하는 것으로 사용자가 누구인지 확인하여 시스템 접근을 허용하는 데 사용된다. 예를 들어, 은행 계좌를 사용할 경우 계좌의 실제 소유자만 자금을 인출해야 한다. 무결성(Integrity)은 데이터가 전송, 저장, 처리되는 동안 변경되지 않고 원본 그대로 유지되도록 보장하는 것으로 이는 데이터의 전송된 후 완전하고 정확하며 변경되지 않았음을 보장한다. 부인 방지(Non-repudiation)는 거래 당사자가 나중에 거래를 부인할 수 없도록 보장하는 것으로 송신자나 수신자가 전송된 메시지를 나중에 부인하는 것을 방지한다. 상기와 같은 전자상거래 보안 서비스를 제공하기 위하여 암호화와 디지털 서명 보안기술이 활용된다.

2.2. 암호화 및 디지털 서명

암호화는 전자상거래에서 기밀성과 무결성을 보장하는 기술로서 암호화는 일반적으로 키(key)를 보유한 사람 외에는 누구도 읽을 수 없도록 암호 알고리즘(Encryption Algorithm)을 사용하여 평문(Plaintext)을 암호문(Ciphertext)으로 변환하는 프로세스이다. 일반적인 암호화 유형은 대칭 키 암호화인 개인 키 암호화와 비대칭 키 암호화인 공개 키 암호화가 있다.

개인 키 암호화(private-key encryption)는 암호화와 복호화에 동일한 키를 사용하는 방법으로 정보를 보내는 사람과 받는 사람이 암호화와 암호 해독에 사용되는 비밀 키를 공유한다. 속도가 빠르고 구현이 간단하나 키 관리가 어려움이 있어 전자상거래에서는 사용되는지 않는다. 공개 키 암호화(public-key encryption)는 공개 키(Encryption Key)와 비밀 키(Decryption Key)를 쌍으로 사용하여 암호화하는 방법으로 수학적으로 관련된 두 개의 서로 다른 키가 데이터를 암호화하고 해독하는 데 사용된다. 대칭 키 암호화에 비해 속도가 느리나 키 관리가 용이하여 전자상거래 보안에서 사용된다.

공개 키 암호화는 [그림 9.2]에 표시된 것처럼 철수가 미나에게 메시지를 보내려고 할 때 철수는 미나의 공개 키를 사용하여 암호화하고 미나만이 자신의 개인 키를 이용하여 메시지를 해독할 수 있다.

디지털 서명(Digital signature)은 메시지 보낸 사람의 신원을 인증하고 전송된 메시지의 원래 내용이 변경되지 않았음을 보장하는 데 사용할 수 있는 전자 서명으로 디지털 서명은 일반적으로 수신자가 발신자의 신원을 알 수 있도록 공개 키 암호화 체계와 함께 사용된다. 디지털 서명은 쉽게 전송할 수 있고 다른 사람이 모방할 수 없으며 자동으로 타임스탬프가 찍힐 수 있다. 따라서 원래 서명된 메시지가 도착했음을 보장하는 기능인 보낸 사람이 나중에 이를 쉽게 부인할 수 없음을 보장하는 부인 방지 기능을 제공한다.

그림 9.2 공개키 암호화 방식

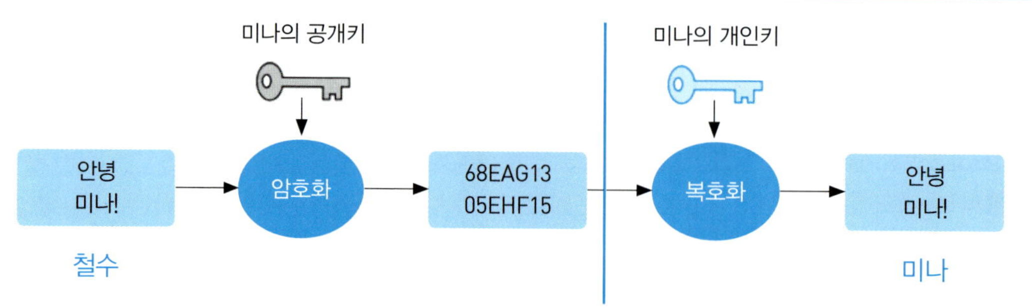

3. 전자상거래의 진화

전통적인 B2B, B2C 모델의 전자상거래는 오늘날 소셜 커머스, 서브스크립션 커머스, 라이브 커머스 그리고 O2O 서비스와 같은 다양한 비즈니스 모델로 진화하고 있다.

3.1. 소셜 커머스

소셜 커머스(Social Commerce)는 소셜미디어 플랫폼을 이용하여 상품과 서비스를 거래하는 형태의 전자상거래로 사용자들이 소셜미디어를 이용해 제품을 발견하고, 리뷰를 읽고, 친구들과 공유하며 구매하는 과정이 포함된다. 일반적으로 소셜 커머스는 SNS 연동형, SNS 웹형, 오프라인 연결형, 공동구매형의 네 가지 유형으로 구분된다. 첫째, SNS 연동형은 기존 전자상거래 사이트에 SNS를 연결해 광고와 소셜 마케팅을 하는 소셜 커머스며, 둘째, SNS 웹형은 SNS를 활용한 소셜 커머스로 웹 브라우저를 통해 접속하여 이용할 수 있는 형태이다. 셋째, 오프라인 연결형은 위치 기반 서비스를 활용한 소셜 커머스고, 넷째, 공동구매형은 구매를 조건으로 상품과 서비스를 대폭 할인된 가격으로 제공하는 소셜 커머스다.

소셜 커머스의 주요 특징은 다음과 같다. 첫 번째는 다양한 상품과 서비스를 대폭적으로 할인된 가격에 판매한다. 업체는 보증계약, 공동구매의 경우 1일 1거래 등의 기법을 활용하여 제품이나 서비스를 대폭 할인된 가격에 판매한다. 두 번째 특징은 SNS의 적극적인 활용이다. 대부분의 소셜 커머스 사이트는 트위터, 페이스북 등 주요 SNS와 직접 연결되며, 제품과 서비스에 대한 정보를 평가하고 교환하는 기능을 제공한다. 세 번째는 다양한 제품과 서비스를 판매하는 것이다. 소셜 커머스 기업은 레스토랑, 마사지숍, 사진관 등 다양한 상품과 서비스를 취급하고 있다. 마지막으로 소셜 커머스는 모바일을 적극적으로 활용하고 있다. 최초의 소셜 커머스 업체는 그루폰(Groupon)이고 국내 주요 업체에는 쿠팡, 위메프, 티몬 등이 있다.

3.2. 서브스크립션 커머스

서브스크립션 커머스(Subscription Commerce)는 고객이 정기적으로 상품이나 서비스를 구독하는 모델을 기반으로 하는 전자상거래로 고객이 매번 제품을 구매하는 것이 아니라, 정기적으로 일정한 금액을 지불하여 상품이나 서비스를 받는 방식으로 운영된다. 서브스크립션 커머스는 소비자에게 편리함과 접근성을 제공하면서 기업에게는 안정적인 수익 모델을 제공한다.

버치박스

서브스크립션 커머스의 주요 특징은 다음과 같다. 첫째, 정기 결제로 고객은 매월, 매주 또는 일정한 주기로 일정한 금액을 결제하여 상품이나 서비스를 자동으로 받는다. 이를 통해 고객은 매번 구매 과정을 거치지 않고도 필요한 상품을 계속해서 이용할 수 있다. 둘째, 다양한 카테고리로 의류, 식품, 화장품, 멤버십 서비스, 디지털 콘텐츠 등 다양한 분야에서 서브스크립션 모델이 적용된다. 셋째, 서브스크립션 커머스는 고객 유지와 충성도 향상 가능성이 높다. 고정된 결제 구조를 통해 기업은 고객을 장기적으로 유지하고, 고객은 편리함과 혜택을 누릴 수 있어 고객 충성도가 높다. 마지막으로 맞춤형 경험 제공으로 많은 서브스크립션 기업들은 고객의 취향과 필요에 맞춘 맞춤형 경험을 제공한다. 이를 통해 고객은 자신에게 가장 적합한 상품을 받을 수 있으며, 기업은 고객 경험을 최적화하여 충성도를 유지할 수 있다. 화장품 샘플을 정기적으로 배송해주는 서비스를 하는 버치박스(BirchBox)는 대표적인 서브스크립션 커머스 업체이다.

3.3. 라이브 커머스

라이브 커머스(Live commerce)는 온라인 쇼핑을 실시간으로 제공하는 전자상거래 모델로 기존의 전통적인 온라인 쇼핑에서는 고객은 단순히 제품을 검색하고 구매하는 것이었지만, 라이브 커머스는 실시간으로 방송되는 비디오 스트리밍(video streaming)을 통해 상품을 소개하고 온라인으로 판매하는 방식을 채택하고 있다. 라이브 커머스는 일반적으로 소셜 미디어 플랫폼이나 전문 온라인 플랫폼을 통해 제공된다. 주로 인플루언서, 전문 판매원 또는 브랜드 대표가 진행하는 온라인 방송에서 상품을 실제로 사용하거나 소개하면서 실시간으로 고객과 소통한다.

그림 9.3 알리바바의 타오바오 라이브

라이브 커머스의 장점은 실시간으로

진행되는 방송을 통해 고객들은 제품을 보다 실제적으로 경험할 수 있다. 또한, 판매자와 고객 간의 실시간 소통은 구매 결정을 내리는 데 도움이 되며, 구매 과정에서 발생할 수 있는 의문이나 우려를 해소할 수 있다. 라이브 커머스는 소셜미디어의 인기와 온라인 쇼핑의 편리함을 결합하여 소비자 경험을 혁신적으로 개선하는 것으로 평가되고 있다. 주요 라이브 커머스에는 알리바바의 타오바오 라이브(Taobao Live), 틱톡의 도우인(Douyin), 콰이쇼우(Kuaishou), 네이버 쇼핑 라이브, 카카오 쇼핑 라이브 등이 있다.

3.4. O2O 서비스

O2O 서비스(Online-to-Offline)는 정보통신기술(ICT)을 활용해 온라인 채널과 연결된 플랫폼에서 물품 거래, 자산 임대, 서비스 제공 등 오프라인 경제 활동을 구현하는 서비스이다. O2O 서비스 플랫폼은 소비자가 온라인에서 판매되는 제품에 대한 정보, 주문, 승인 등을 처리하고, 오프라인에서 최종 소비자 활동을 수행할 수 있는 ICT 기반의 통합 플랫폼으로 인터넷, 스마트폰 등 모바일 스마트기기를 통해 공급자와 소비자를 중개하고 고객의 요구에 적시 대응하며, 고객의 요구를 수집하고 즉각적으로 대응하는 것을 넘어 개인화된 서비스를 제공한다.

중소기업기술정보진흥원(2018)의 중소기업 기술로드맵에 따르면 O2O 서비스 플랫폼은 크게 서비스연계형, 자산임대형, 커머스형 등의 3가지로 분류된다. 서비스 연계 플랫폼은 배달 서비스, 숙박 시설 예약 및 결제 서비스, 택시 호출 및 결제 서비스, 가사 지원 서비스 등 기존 오프라인 서비스를 모바일 앱을 통해 온라인으로 중개하고 오프라인으로 서비스를 제공한다. 자산임대 플랫폼은 자동차, 공간, 숙박시설 등 오프라인 자산을 온라인으로 빌려주는 서비스로 실시간으로 차량을 예약하고 이용할 수 있는 카셰어링 서비스, 주거 공간을 임대해 주는 숙소 공유 서비스, 파티나 비즈니스 등 다양한 목적을 위한 공간 공유 서비스 등이 포함된다. 마지막으로 커머스 플랫폼은 시럽, 카카오 기프티콘 등의 쇼루밍과 웹루밍을 기반으로 한 전자상거래 플랫폼으로 스마트폰을 통해 수수료 및 레스토랑 할인을 받을 수 있는 쿠폰 서비스, 선택한 시간에 매장에서 직접 상품을 수령하는 오프라인 배송 서비스, 온라인 쇼핑 플랫폼과 연계해 오프라인 매장에서 제공하는 안내, 주문, 결제 서비스 등이 있다. O2O 서비스 플랫폼에서는 새로운 형태의 서비스가 계속해서 등장하고 있으며, 기존 서비스도 계속 진화하고 있다.

4. e-비즈니스

e-비즈니스(e-business)는 인터넷과 첨단 정보 기술을 사용하여 내부와 외부의 모든 업무를 전자적으로 수행하는 것으로 이전과는 근본적이고 새로운 방식의 비즈니스를 의미한다. 초기 e-비즈니스라는 용어는 IBM의 CEO인 루 거스트너(Lou Gerstner)에 의해 마케팅을 위하여 만들어졌지만, 기업은 e-비즈니스를 통해 내부 및 외부 데이터 처리 시스템을 보다 효율적이고 유연하게 연결할 수 있으며, 공급업체 및 파트너와 보다 긴밀하게 협력하고, 고객의 요구와 기대를 보다 잘 충족할 수 있다.

4.1. e-비즈니스 지원 시스템

e-비즈니스는 일부 전자상거래와 동의어로 사용되지만 단순한 전자상거래의 범위를 훨씬 뛰어넘는다. 즉, e-비즈니스는 구매, 생산계획 및 실행, 고객관리, 비즈니스 파트너와의 협력 등 가치사슬 전체를 포함하는 모든 비즈니스 프로세스로 확장된다. 따라서 e-비즈니스의 구현은 인터넷, 인트라넷, 엑스트라넷 등의 인프라를 기반으로 전자상거래를 포함한 전사적 자원관리 시스템(ERP), 고객관계관리시스템(CRM), 공급망 관리 시스템(SCM), 비즈니스 인텔리전스(BI) 전략적 기업경영(SEM)과 같은 기업용 애플리케이션 시스템들을 포함하고 있다.

그림 9.4 e-비즈니스 지원 시스템 구조

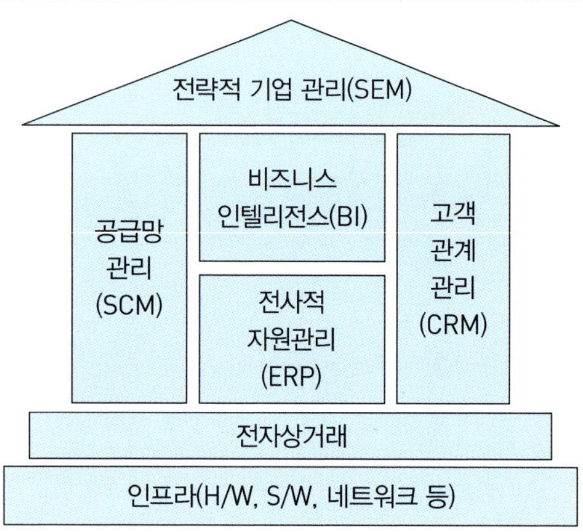

[그림 9.4]는 여러 기업 애플리케이션 시스템들로 구성된 e-비즈니스 시스템 구조를 보여준다.

5. 전사적 자원관리 시스템

ERP(Enterprise Resource Planning)라 불리는 전사적 자원관리 시스템은 기업의 모든 자원을 통합적으로 관리하여 운영의 효율성을 극대화하는 전사적 시스템이다. ERP 시스템은 영업, 생산 및 자재관리, 회계 및 재무, 인적자원 등 기능적 사업 영역의 기본 운영을 지원하는 전사적 거래 프레임워크로 e-비즈니스 지원을 위한 백본(backbone)으로써의 역할을 수행한다.

각 기능별 사업영역에서 ERP 시스템은 다음과 같은 업무들을 지원한다.

- 판매 및 유통: 제품 가격 설정, 제품 홍보, 고객 주문 접수 및 판매 예측 생성
- 생산 및 자재관리: 생산계획 수립, 공급업체로부터 원자재 주문, 창고에서 원자재 수불, 제품 제조 및 고객에게 제품 출고
- 회계 및 재무: 채권 및 채무관리, 재무제표 생성하고 경영 보고서에 운영 데이터를 요약
- 인적자원: 직원을 채용, 교육 및 보상하고 직원 평가를 관리

[그림 9.5]에서 볼 수 있듯이 대표적인 ERP 시스템인 SAP ERP 시스템에는 생산계획(PP), 자재관리(MM), 품질관리(QM) 및 설비관리(PM)를 위한 판매 및 유통(SD) 모듈이 포함되어 있다. 아울러 재무회계(FI), 관리회계(CO), 고정자산관리(AM), 인

그림 9.5 SAP ERP 시스템 모듈 구성

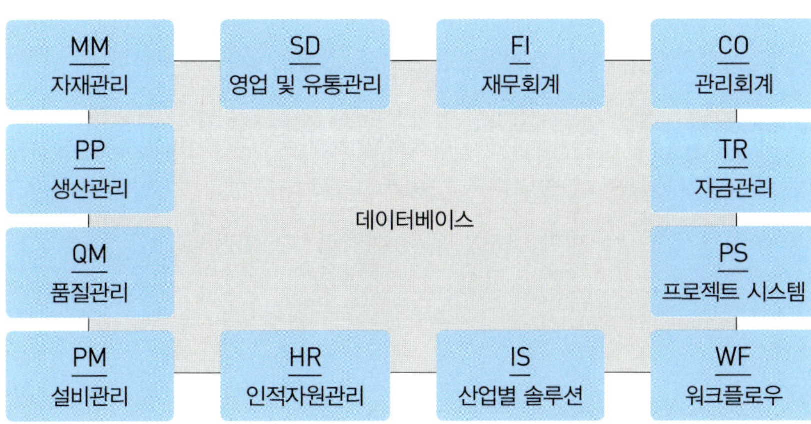

적자원관리용 인적자원(HR) 모듈이 있다. 또한 특수 목적을 위한 프로젝트 시스템(PS), 워크플로우(WF), 산업 솔루션(IS)도 포함되어 있다.

SAP ERP 시스템이 모듈들에서 지원하는 세부적인 비즈니스 기능들은 다음과 같다.

- 영업 및 유통관리(SD) 모듈: 판매 주문을 기록하고 배송 일정을 계획하며 고객 데이터를 관리
- 자재관리(MM) 모듈: 자재계획(MRP, 자재자원계획)을 수행하고 구매 및 재고를 관리.
- 생산관리(PP) 모듈: 생산 계획을 수행하고 실제 생산 활동을 기록 관리
- 품질관리(QM) 모듈: 제품 검사, 자재 인증 등 품질관리 활동을 지원
- 설비관리(PM) 모듈: 플랜트 장비의 예방적 유지보수를 허용하고 유지보수 자원을 관리
- 인적자원관리(HR) 모듈: 직원 모집, 고용 및 교육을 촉진하고 급여 및 복리후생을 관리
- 재무회계(FI) 모듈: 총계정원장 계정의 거래를 기록하고 B/S(자산상태표), P/L(손익계산서)과 같은 재무제표를 생성
- 관리회계(CO) 모듈: 내부 관리 목적의 경영 보고서 생성 및 제조원가 관리 지원
- 자금관리(TR) 모듈: 자금관리, 비용 예산관리, 재무거래관리 및 시장위험관리
- 프로젝트 시스템(PS) 모듈: R/D, 건설, 마케팅 등의 기업의 다양한 프로젝트 관리를 지원
- 워크플로우(WF) 모듈: ERP 업무의 전자적 문서 전달을 지원
- 산업별 솔루션(IS) 모듈: 통신이나 은행과 같은 특정 산업의 업무를 지원

[그림 9.6]은 영업 및 유통관리(SD) 모듈에서 판매 주문을 생성하는 예를 보여준다. 영업사원은 이 화면에서 판매주문을 할 수 있다. 이러한 주문은 생산 계획(PP) 모듈에서 주생산계획(MPS)의 입력 데이터로 사용된다.

그림 9.6 판매 주문 화면

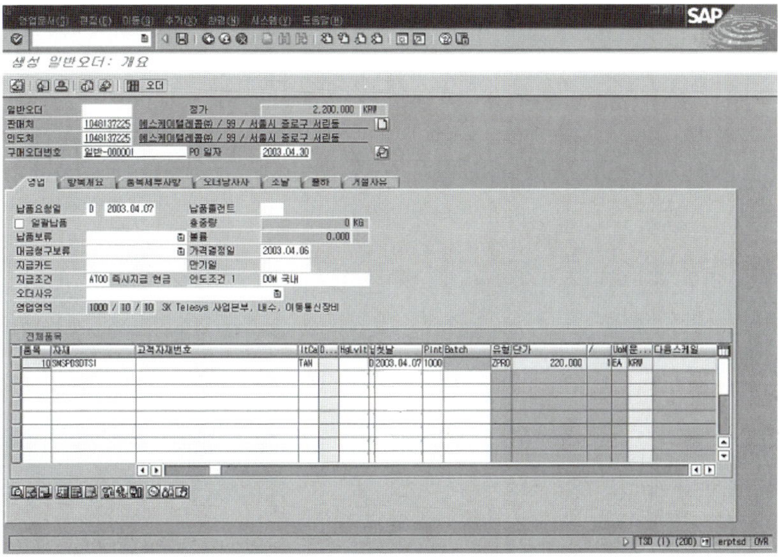

6. 고객관계관리 시스템

고객관계관리(Customer Relationship Management, CRM) 시스템은 기업이 고객과의 상호작용을 관리하고 분석하는 데 사용하는 다양한 종류의 정보시스템을 의미한다. CRM 시스템은 고객과의 관계를 개선하고, 고객 만족도를 높이며, 매출을 증대시키는 것을 목표로 한다. CRM 시스템이 고객과 관련된 모든 종류의 정보시스템이기 때문에 CRM 시스템은 [그림 9.7]에서와 같이 일반적으로 운영 CRM, 분석 CRM, 협업 CRM의 세 가지 영역으로 분류된다.

- 운영 CRM: 마케팅, 영업, 서비스 등 기본적인 비즈니스 프로세스 업무를 지원하는 정보시스템
- 분석 CRM: 데이터 분석 도구를 사용하여 고객 데이터 및 행동 분석을 지원하는 정보기술 또는 정보시스템
- 협업 CRM: 고객과의 커뮤니케이션을 지원하는 정보기술 또는 정보시스템

그림 9.7 CRM 시스템의 분류

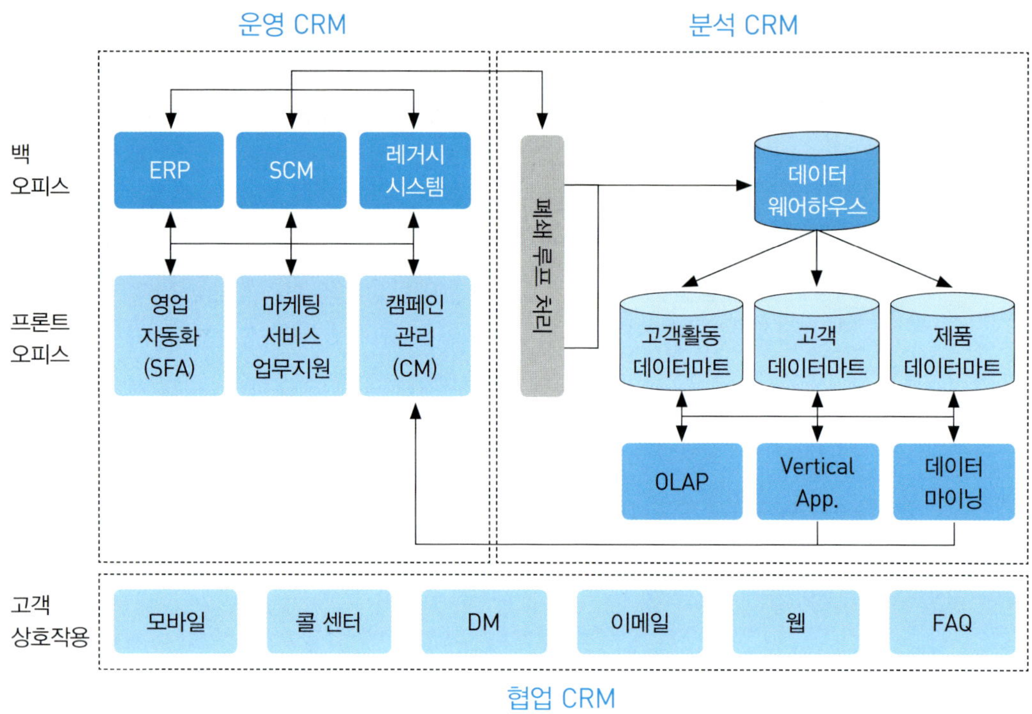

운영 CRM은 마케팅, 영업, 서비스 등의 ERP 시스템에서 지원하는 않는 업무를 지원하는 CRM으로 대표적인 예로는 영업 업무를 지원하는 영업 자동화(Sales Force Automation, SFA) 시스템과 마케팅 업무를 지원하는 캠페인 관리(CM)가 있다. SFA는 영업자동화를 위한 시스템으로 리드 추적, 상향 판매, 교차 판매 등 영업 관련 활동을 자동화하도록 설계되어 있다. [그림 9.7]에서 볼 수 있듯이 SFA는 영업 직원에게 영업 기회 정보를 제공하고 영업 활동을 촉진한다. 운영 CRM의 캠페인 관리는 계획, 실행, 분석을 포함한 캠페인 프로세스를 관리하는 데 사용된다. [그림 9.8]에서 볼 수 있듯이 분석적 CRM의 OLAP과 데이터 마이닝은 캠페인 계획을 위한 고객 정보를 제공한다.

분석 CRM에는 5장에서 논의한 데이터웨어하우스, OLAP, 데이터 마이닝 등의 애플리케이션이 포함된다. 협업 CRM은 사람, 전화, 팩스, 이메일 등 모든 채널을 통해 고객과의 상호 작용을 촉진하고 직원의 조정을 지원하는 정보기술 또는 정보시스템으로 콜센터, 웹게시판, FAQ 등이 포함된다.

7. 공급망 관리 시스템

공급망 관리(Supply Chain Management, SCM) 시스템은 원자재의 조달부터 제조, 유통, 최종 소비자에게 이르기까지의 전체 공급망 과정을 관리하고 최적화를 지원하는 정보시스템을 말한다. SCM 시스템의 목적은 효율적인 공급망 운영을 통해 비용을 절감하고, 서비스 품질을 높이며, 경쟁력을 강화하는 것으로 SCM 시스템의 목적 대상인 공급망(Supply Chain)은 [그림 9.8]에서와 같이 공급업체, 제조업체, 유통업체, 소매점 및 소비자까지의 물류의 흐름을 말한다.

공급망 관리의 어려움은 채찍 효과(Bullwhip Effect)에서 비롯된다. 채찍 효과(Bullwhip Effect)는 공급망에서 발생하는 현상으로, 최종 소비자의 수요 변화가 공급망을 따라 상위 단계로 전파되면서 왜곡되고 증폭되는 현상을 의미한다. 즉, 채찍 효과는 작은 수요 변화가 제조업체, 유통업체, 공급업체 등 공급망의 상위 단계에서 큰 변동으로 나타나게 한다. 이러한 채찍 효과는 공급망 관리에서 과잉 재고 보유라는 문제를 야기한다. 예를 들어, 기저귀에 대한 소비자 수요가 5개라고 예

그림 9.8 영업자동화 시스템(SFA)

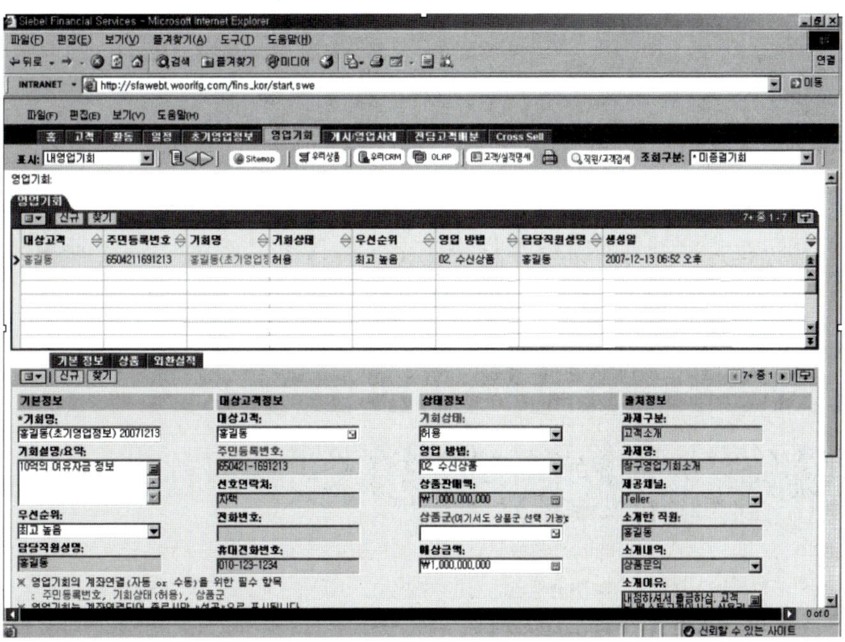

그림 9.9 공급망

측하는 경우 소매점에서는 5개 이상의 기저귀를 준비해야 한다. 이후 유통업체는 7~8개 정도 필요하고 제조업체는 8개 이상의 기저귀를 생산해야 한다. 이러한 방식으로 공급망에서 수요가 확대된다. 그러나 공급망 전반에 걸친 정보 흐름과 주문 조정을 하는 경우 채찍효과를 감소시킬 수 있다. 따라서 SCM 시스템은 기업 간의 정보 흐름을 조정하고 통합하는 기능을 지원한다. 이는 기업에 재고 감소 등 긍정적인 효과를 제공한다.

일반적으로 공급망 관리 시스템은 공급망 계획과 공급망 실행으로 구성된다. 공급망 계획(Supply Chain Planning, SCP)은 제품의 수요를 예측하고, 이를 충족하기 위해 필요한 자원을 계획하는 과정으로 SCP 시스템은 다음과 같은 기능들을 제공한다.

- 수요 계획 (Demand Planning): 고객의 수요를 예측하고, 이를 기반으로 생산 및 재고 계획을 수립
- 생산 계획 (Production Planning): 수요 예측을 바탕으로 생산 일정과 자원 할당을 계획
- 재고 계획 (Inventory Planning): 최적의 재고 수준을 유지하기 위한 재고 정책을 수립
- 물류 계획 (Logistics Planning): 제품의 유통 경로와 물류 네트워크를 최적화 지원
- 공급 계획 (Supply Planning): 원자재와 부품의 조달 계획을 수립하여 생산에 필요한 자원을 확보

공급망 실행(Supply Chain Execution, SCE)은 SCP에서 수립된 계획을 실제로 실행하는 과정으로 SCE시스템은 물리적 물류 활동과 운영 프로세스를 관리하고 최적

화를 지원한다. 이를 위해 SCE 시스템은 다음과 같은 기능들을 제공한다.

- 주문관리(Order Management): 고객의 주문을 접수하고 처리하는 과정을 관리
- 생산 실행(Production Execution): 생산 계획에 따라 실제 생산을 수행하고 모니터링
- 재고관리(Inventory Management): 실시간으로 재고를 추적하고 관리하여 필요한 시점에 필요한 재고를 유지
- 물류 및 운송관리(Logistics and Transportation Management): 제품의 포장, 출하, 운송, 배송 과정을 관리
- 창고관리(Warehouse Management): 창고 내에서 재고의 입출고, 보관, 피킹(picking) 등을 관리

실질적으로 SCM은 하나의 회사가 아닌 여러 회사가 포함되기 때문에 SCM 시스템은 산업별로 개발되었다. 제조업에서 가장 대표적인 SCM 시스템은 APS(Advanced Planning and Scheduling)이다. APS는 사용 가능한 자재와 전체 공급망의 용량을 기반으로 생산을 계획하고 일정을 잡는다. 주요 APS 소프트웨어는 SAP APO(Advanced Planner & Optimizer)이다. 패션업계에서는 즉각 응답시스템인 QRS가 필수다. QRS는 QR을 지원하는 정보 시스템으로 QR(Quick Response)은 1980년대 초반에 개발되었으며 패션 산업에서 유래되었다. QR의 기본 아이디어는 고객의 반응을 바탕으로 제품을 만들고 판매하는 것이다. 즉, QR은 어떤 제품이 만들어지고, 얼마나 많이 만들어지는지에 초점을 맞춘다. 따라서 QRS에는 고객의 빠른 반응을 얻기 위해 CAD/CAM, 바코드, 네트워킹 및 전자 주문 시스템이 포함된다. 베네통은 일찍부터 QRS를 도입한 유명한 회사 중 하나이다. 유통 업계에서 지속적 보충 프로그램인 CRP(Continuous Resource Program)는 또 다른 일반적인 공급망 관리 시스템이다. 유통채널 구성원들이 파트너십을 형성하는 관행을 기반으로 한 전통적인 CRP는 경제적인 주문 수량을 기반으로 한 유통업체의 구매 주문이 제품 보충 수량이 된다. 그러나 SCM의 CRP에서는 제품 보충이 실제 및 예측 제품 수요를 기반으로 이루어진다. P&G와 월마트의 CRP 시스템은 잘 알려져 있다.

8. 비즈니스 인텔리전스

비즈니스 인텔리전스(business intelligence, BI)는 기업들이 신속하고 정확한 비즈니스 의사결정을 위해 사용하는 데이터의 접근, 수집, 보관, 분석 등을 위한 애플리케이션들의 총체로 BI는 기업 전반의 정보를 통합해 비즈니스 의사결정에 필요한 정보를 분석할 수 있게 도와주기 때문에 오늘날 기업의 경쟁우위 확보를 위한 주요한 도구로 인식된다.

BI는 일반적으로 데이터 수집 및 통합, 데이터 정제 및 변환, 데이터 분석 그리고 리포팅 및 대시보드 등의 주요 기능들을 제공한다. 우선 BI는 다양한 데이터 소스에서 데이터를 수집하고 통합하는 기능을 제공하고 데이터의 품질을 높이기 위해 정제하고 분석 가능한 형태로 변환하는 기능을 제공한다. 또한 BI는 통계분석, 데이터 마이닝, 머신러닝 기법 등을 사용하여 데이터를 분석하고 사용자 정의 리포트와 대시보드를 생성하여 의미 있는 인사이트를 제공한다.

BI의 주요 구성요소는 [그림 9.10]에서와 같이 비즈니스 정보관리를 위한 데이터웨어하우스, 데이터 마트와 정보 분석을 위한 OLAP, 비정형 질의, 데이터 마이닝 등이 있다.

- 정보획득 및 관리: ETL, 데이터웨어하우스, 데이터 마트

그림 9.10 비즈니스 인텔리전스의 주요 구성요소

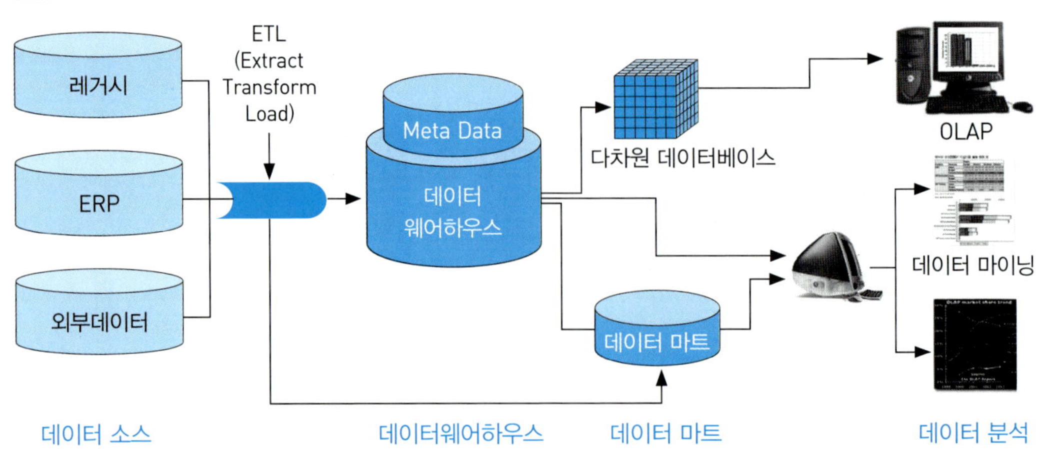

- 정보분석: OLAP, 비정형 질의(ad hoc query), 데이터 마이닝

상기와 같은 기능들 제공하기 위한 BI의 주요 도구들은 ETL, 데이터 웨어하우스, OLAP, 데이터 시각화 도구 등이 있다. ETL(Extract Transform Load) 도구는 데이터를 추출, 변환, 적재하는 데 사용되는 도구로 대표적인 예로는 인포매티카(Informatica), 탈렌드 (Talend) 등이 있다. 데이터웨어하우스는 조직 내/외부에서 관리되는 방대한 양의 데이터를 통합하여 조정·관리하며, 효율적인 의사결정을 지원하기 위한 기초를 제공하는 자료의 중앙 저장소로 BI의 근간이 되는 기술 구조이다. OLAP은 다차원 데이터를 분석하고 조회하는 데 사용되는 도구로 대표적인 예로는 마이크로소프트의 Analysis Services, IBM의 코그노스 (Cognos) 등이 있다. 마지막으로 데이터 시각화 도구는 데이터를 시각적으로 표현하는 데 사용되는 도구로 대표적인 예로는 태블로(Tableau), 파워 BI(Power BI), QlikView 등이 있다.

9. 전략적 기업경영

전략적 기업경영(Strategic Enterprise Management, SEM)은 기업의 전략적 목표를 달성하기 위해 계획, 분석, 실행, 모니터링 등의 프로세스를 체계적으로 관리하는 접근 방식으로 SEM은 조직이 장기적인 성과를 향상시키고, 경쟁력을 강화하며, 전략적 목표를 효율적으로 달성할 수 있도록 지원한다.

SEM에는 세 가지 주요 개념은 구체적인 전략 목표 설정, 균형 성과 측정, 지속적인 프로세스 개선 활동이다. 첫째, 구체적인 전략 목표 설정은 기업의 위상을 높이기 위해서는 이익 증대, 비용 절감 등의 일반적인 목표보다는 구체적인 전략 목표를 설정해야 하는 것으로 가치 기반 경영을 실행하는 것이다. 가치 기반 경영(Value Based Management, VBM)은 새로운 전략적 목표를 창출하고 관리하는 접근 방식으로 VBM을 위한 대표적인 지표로 사용되는 것은 자본 비용과 현금 흐름 할인 개념을 포함하는 경제적 부가가치인 EVA이다. EVA(Economic Value Added)는 영업활동을 통해 창출한 순가치의 증가분으로 세후 순영업이익에서 투입된 자본

에 대한 자본비용을 차감한 이익을 말한다. 둘째, 균형 성과 측정은 균형 잡힌 관점으로 조직의 성과를 분석하는 것으로 카플란과 노턴(Kaplan & Norton)이 개발한 균형성과표인 BSC를 일반적으로 활용한다. BSC(Balanced Scorecard)는 [그림 9.11]에서와 같이 재무적 관점, 고객 관점, 내부 비즈니스 프로세스 관점, 직원 학습 및 성장 관점이라는 네 가지 균형 잡힌 관점을 검토하여 조직의 성과를 분석한다. 마지막으로 지속적인 프로세스 개선 활동은 비용절감 및 운영 효율화를 위한 활용으로 주로 ABC/ABM이 활용된다. ABC(Activity Based Costing)는 간접비를 활동별로 구분하여 제품 원가를 산정하는 방법이며, ABM(Activity Based Management)은 ABC를 통해 발견된 문제점에 대한 해결을 통행 프로세스를 개선해 가는 경영혁신 기법이다.

그림 9.11 BSC(Balanced Scorecard)

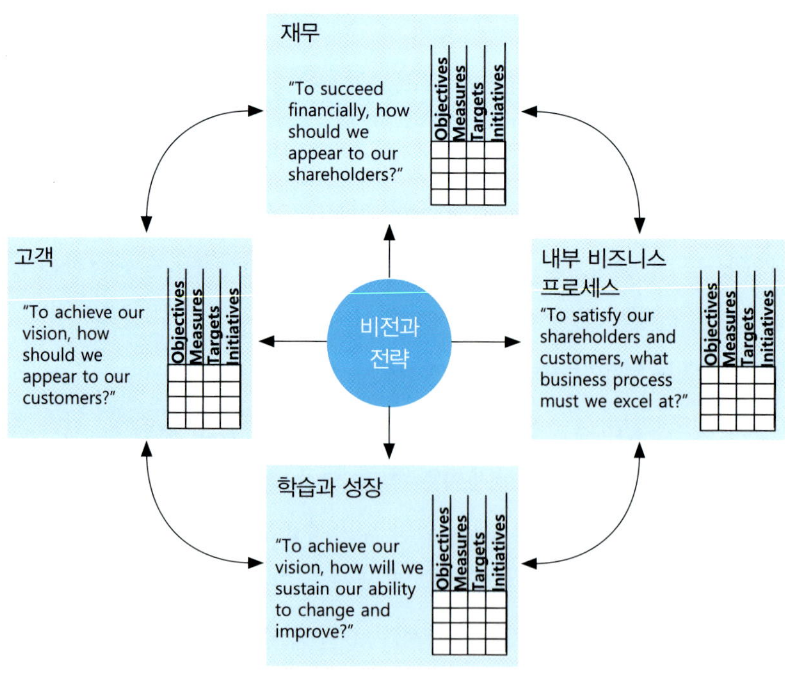

CHAPTER

10

모바일 비즈니스와 스타트업

학습목표

1. 모바일 비즈니스에 대하여 설명할 수 있다.
2. 스타트업에 대하여 설명할 수 있다.
3. 모바일 앱의 역할 및 작동원리에 대하여 설명할 수 있다.
4. 클라우드 컴퓨팅의 유형 및 주요기술에 대하여 설명할 수 있다.
5. 빅데이터 유형 및 기술에 대해 설명할 수 있다.
6. 사물인터넷 기술 및 무선기술들에 대해 이해한다.
7. 핀테크 유형에 대해 설명할 수 있다.

1. 모바일 비즈니스

모바일 비즈니스(Mobile-business)는 모바일 기기를 활용하여 상품이나 서비스를 제공하고 거래하는 비즈니스 모델로 스마트폰, 태블릿 등의 모바일 기기를 통해 이루어지는 다양한 비즈니스 활동을 포함한다. 모바일 비즈니스는 2007년에 아이폰이 출시되면서 스마트폰 시장이 급속하게 성장하였고 이를 기반으로 모바일을 이용한 비즈니스 영역이 확장되었다. 특히 아이폰의 출시로 모바일 앱 생태계가 형성되었고, 이로 인해 사용자들은 모바일 앱을 통해 다양한 비즈니스 서비스를 이용할 수 있게 되었다. 모바일 앱 생태계의 발전은 다양한 산업 분야에서의 혁신을 이끌었다. 예를 들어, 전자상거래 업계에서는 모바일 쇼핑 앱들이 등장하여 소비자들에게 편리한 쇼핑 경험을 제공하였고, 은행이나 금융 기관에서는 모바일 뱅킹 앱을 통해 사용자들이 언제든지 계좌를 확인하고 거래를 할 수 있게 되었습니다. 이러한 혁신적인 특성으로 인하여 모바일 비즈니스는 기업들에게 새로운 비즈니스 기회를 제공하고, 사용자들에게는 더욱 편리하고 접근성 있는 서비스를 제공하고 있다.

1.1. 모바일 비즈니스의 주요 특징

모바일 기기를 근간으로 한 모바일 비즈니스는 전통적인 비즈니스 방식과는 차별화된 다음과 같은 특징은 다음과 같다.

- 이동성과 접근성: 모바일은 어디서나 접속할 수 있기 때문에 고객은 시간과 장소에 구애받지 않고 상품이나 서비스를 이용할 수 있다.
- 개인화된 경험: 소비자들에게 개인화된 콘텐츠, 추천 제공 등을 통해 사용자 경험을 향상시킬 수 있다.
- 실시간 상호작용: 모바일 기기를 통해 실시간으로 소통하고 상호작용할 수 있어 고객 서비스, 실시간 거래 처리 등이 가능하다.
- 위치 기반 서비스: GPS 기술을 활용하여 사용자들의 위치에 기반한 서비스를 제공할 수 있어 지역 기반의 마케팅, 주변 상점의 정보 제공 등을 효과적으로 할 수 있다.

- 소셜미디어 통합: 모바일 플랫폼은 소셜미디어와의 통합이 용이하여, 바이럴 마케팅이나 고객 참여를 촉진할 수 있다.
- 신규 비즈니스 모델 구현: 모바일 앱을 통해 프리미엄 모델, 구독 모델, 광고 기반 모델 등의 다양한 비즈니스 모델을 구현할 수 있다.
- 데이터 분석 및 통찰력: 모바일 플랫폼은 사용자 활동에 대한 다양한 데이터를 수집, 분석하여 통찰력을 도출함으로써 비즈니스 전략을 최적화하고 고객들에게 더 나은 경험을 제공할 수 있다.

결론적으로 모바일 비즈니스는 기업에게는 새로운 비즈니스 기회를 제공하고, 사용자들에게는 편리하고 접근성 있는 서비스를 제공하고 있다.

1.2. 모바일 비즈니스 적용분야

오늘날 모바일 비즈니스는 전자상거래, 은행 및 금융, 의료 및 건강관리, 여행 및 호텔을 비롯한 다양한 산업과 업종에서 적용되어 활용되고 있다. 전자상거래의 경우 전통적인 온라인 쇼핑이 모바일 기기로 이동함에 따라 모바일 앱을 통해 대부분이 이루어지고 있다. 은행 및 금융 산업에서는 모바일 뱅킹 애플리케이션을 통해 계좌 관리, 이체, 결제, 투자 등을 모바일에서 손쉽게 처리할 수 있으며, 의료 및 건강관리 산업에서는 피트니스 트래커(Fitness Tracker) 앱, 의료 진단 및 상담 앱 등의 모바일 앱을 통해 건강 상태를 관리하고 의료 서비스를 이용할 수 있다. 여행 및 호텔 산업에서도 여행사 및 호텔 예약 플랫폼은 모바일 앱을 통해 여행 일정을 관리하고 예약을 할 수 있도록 서비스를 제공하고 있으며, 음식 주문 및 배달 서비스 업종에서는 우버 이츠, 배달의민족, 쿠팡 이츠 등의 음식 주문 및 배달 애플리케이션을 통해 식당에서 음식을 주문하고 배달 받을 수 있다. 교육 분야에서는 듀오링고와 같은 학습 애플리케이션을 통해 모바일에서 학습 자료를 접근하고 학습할 수 있으며, 엔터테인먼트 산업에는 영화, TV 프로그램, 음악 등의 콘텐츠를 넷플릭스, 유튜브 등에서 모바일 앱을 통해 스트리밍하거나 다운로드를 할 수 있다.

이 외에도 오늘날 모바일 비즈니스는 농업, 제조업, 부동산, 소매업 등 거의 모든 산업과 업종에 적용되고 있으며, 현재 모바일 비즈니스는 기업들에게 고객과의 접촉을 강화하고 서비스 제공을 향상시키는 중요한 전략 중 하나로 여겨지고 있다.

1.3. 모바일 비즈니스와 모바일 커머스

모바일 비즈니스와 모바일 커머스는 서로 관련이 있으면서도 조금씩 다른 개념이다. 모바일 비즈니스는 모바일 기술을 활용하여 상업적인 목적을 달성하는 모든 종류의 비즈니스 활동을 포괄하는 개념으로 모바일 기기를 이용한 제품이나 서비스의 판매, 마케팅, 고객 서비스 등을 포함한다. 모바일 비즈니스는 모바일 애플리케이션 개발, 모바일 웹사이트 운영, 소셜미디어 마케팅, 모바일 결제 시스템 등을 통해 구축될 수 있다. 반면에 모바일 커머스(Mobile Commerce 또는 M-Commerce)는 모바일 기기를 통해 상품이나 서비스를 구매하거나 판매하는 활동을 의미한다. 모바일 커머스는 모바일 쇼핑 애플리케이션을 통한 제품 구매, 모바일 웹사이트를 통한 온라인 쇼핑, 모바일 결제 시스템을 통한 결제 등을 포함한다. 모바일 커머스는 모바일 비즈니스의 일부분으로 간주될 수 있으며, 모바일 기술을 활용하여 상품 및 서비스를 판매하거나 구매하는 것은 모바일 비즈니스의 중요한 측면 중 하나이다.

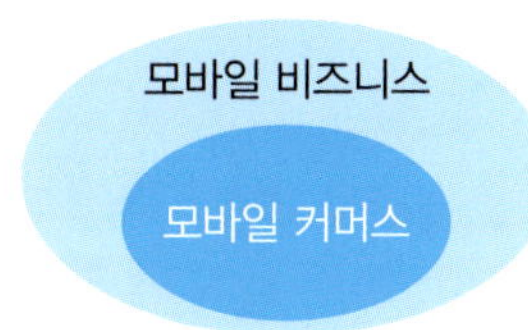

2. 스타트업

스타트업(Startup) 기업은 새로운 아이디어나 혁신적인 제품, 서비스를 개발하여 시장에 도입하고 성장을 추구하는 비즈니스를 말한다. 이들 기업은 미래의 큰 기업이 될 가능성을 내포하며, 대부분 빠른 변화와 고도의 혁신을 추구한다. 스타트업 기업은 주로 작은 규모로 시작하여 초기 단계에서는 벤처 투자자, 엔젤 투자자, 혹은 정부 지원 등을 통해 자금을 조달하고 기술 개발에 집중한다. 이후 이들은 이를 이용해 혁신적인 제품이나 서비스를 개발하여 시장에서 사업을 수행한다.

2.1. 주요 IT 기반 스타트업 기업

대다수의 스타트업 기업은 IT 기반으로 하고 있고 IT 기반 주요 스타트업 기업들은 다양한 분야에서 혁신적인 기술과 비즈니스 모델을 통해 빠르게 성장하고 있다. 전 세계적으로 주목받았던 주요 IT 기반 스타트업은 우버, 에어비앤비, 스퀘어, 로비후드, 내러티브 사이언스 등이 있다.

우버(Uber)는 스마트폰을 기반으로 한 차량공유 서비스를 제공하는 기업이다. 미국의 실리콘밸리에서 벤처자금이 지원된 스타트업 기업으로 시작하여 현재는 전 세계 900개 이상의 대도시 지역에서 차량 공유 서비스를 제공하는 거대 기업으로 성장하였다. 우버의 사업모델은 [그림 10.1]에서와 같이 모바일 앱을 이용한 차량공유 플랫폼을 기반으로 개인의 유휴 차량을 이용해 고객들에게 택시와 유사한 운송 서비스를 제공하는 것으로 우버의 차량공유 플랫폼은 공유된 차량의 운전기사와 승객을 모바일 앱을 통해 중개하는 서비스를 제공한다. 고객은 모바일 앱을 통해 차량 예약을 하고 예약된 차량의 위치는 모바일 앱을 통하여 고객에게 실시간으로 제공된다.

에어비앤비(Airbnb)는 세계 최대의 온라인 숙박공유 서비스를 제공하는 업체이다. 초기 사업 아이디어는 2008년도에 미국의 샌프란시스코의 비싼 월세를 고민하던 창업자인 브라이언 체스키(Brian Chesky)와 조 게비아(Joseph Gebbia)가 샌프란시스코에서 개최된 디자인 콘퍼런스 참가자들에게 요금을 받고 자신들의 거실을 빌려준 것에서 에어비앤비의 숙박공유 서비스 사업의 계기가 되었다. 당시 컨퍼런스

그림 10.1 우버의 차량공유 플랫폼

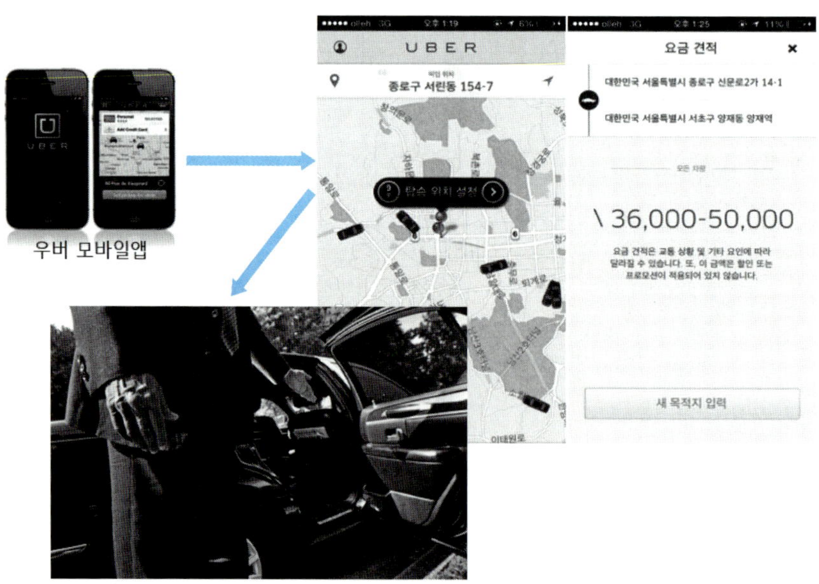

참가를 위해 샌프란시스코 방문객들에게는 비싼 호텔 비용에 대한 걱정을 덜 수 있어 호응도가 좋아서 이를 사업모델로 하여 창업을 하게 되었다. 현재는 한국을 포함한 220개국의 10만 개 이상의 도시에서 숙박공유 서비스를 제공하고 있다.

스퀘어(Square)는 샌프란시스코에 본사를 둔 모바일 기반의 신용카드 결제를 수행하는 핀테크 기업이다. 사업 아이디어는 신용 카드 결제기가 없는 개인상인들을 위한 신용 카드 결제 서비스를 하는 것으로 애플의 IOS나 안드로이드 스마트폰의 이어폰잭에 장착해 사용하는 '모바일 카드 단말기'를 개발하여 서비스를 제공하였다. 이후 애플의 IOS 기반의 POS 시스템을 개발하였고 2012년 8월 스타벅스가 이 시스템을 사용할 것을 밝히고 또한 스타벅스의 최고경영자인 하워드 슐츠(Howard Schultz)가 스퀘어에 2,500만 달러 투자하면서 업계의 주목을 받았다. 사업영역은 미국, 캐나다, 일본 등이며, 2021년 12월 10일 상호 변경이 적용되어 ㈜스퀘어에서 블록으로 변경되었다.

카드 단말기

로빈후드(Robinhood)는 주식, ETF, 옵션, 암호화폐 등을 거래할 수 있는 모바일 및 웹 기반의 금융 서비스 기업이다. 2013년에 설립된 이 회사는 특히 젊은 투자자들 사이에서 큰 인기를 끌며, 전통적인 금융 산업에 혁신을 가져왔다. 로빈후드는 모바일 앱과 웹 인터페이스가 간단하고 직관적으로 설계되어 있어, 초보 투자자도 쉽게 사용할 수 있고 주식, ETF, 옵션 및 암호화폐 거래에 대해 수수료를 부과하지 않음으로써 작은 금액을 투자하는 소액 투자자들에게 매력적이었다. 또한 비트코인, 이더리움 등 여러 암호화폐를 거래할 수 있는 기능을 제공하여, 주식 외에도 다양한 자산 클래스에 투자할 수 있다.

내러티브 사이언스(Narrative Science)는 자연어 생성(NLG) 기술을 이용하여 데이터를 이해하고 사람이 읽을 수 있는 언어로 변환하는 솔루션을 제공하는 기업이다. NLG(Natural Language Generation) 플랫폼으로, 구조화된 데이터를 자동으로 분석하고 이를 사람들이 읽을 수 있는 보고서, 설명서, 기사 등의 형태로 변환한다. 초기에는 야구 경기 자료를 입력해 경기를 간단히 정리하는 것부터 시작했다. 기존 각종 자료를 미리 입력해 놓고 경기가 끝난 직후 경기표를 입력하면 컴퓨터가 자동으로 경기개요를 정리하는 글을 만들었다. 이후 금융 부문을 포함해 다른 분야로까지 확대하면서 포브스닷컴에 기업실적과 관련된 기사를 제공하기도 했다.

2.2. 스타트업을 위한 정보기술

IT 기반의 스타트업은 다양한 분야에서 혁신적인 기술을 활용하여 새로운 시장을 개척하는 기업들로 이들 기업들은 주로 모바일 앱과 클라우드 컴퓨팅, 사물인터넷, 인공지능과 빅데이터, 핀테크와 같은 첨단 정보기술을 활용하고 있다.

모바일 앱(Mobile app)은 수익을 창출하는 비즈니스 서비스를 제공하는 핵심 기술로 다양한 업종의 스타트업에서 활용되어 왔다. 모바일 앱을 이용한 대표적인 스타트업은 우버, 에어비앤비, 스퀘어 등이 있다. 클라우드 컴퓨팅은 스타트업이 빠르게 성장하고 유연성을 유지하며 비용 효율적으로 운영할 수 있도록 돕는 기술로 클라우드 컴퓨팅 기술을 활용하여 인프라 구축, 애플리케이션 개발, 데이터 저장 등을 제공하는 스타트업들이 있다. 예를 들어, 서버리스 컴퓨팅 플랫폼을 제공하는 서버리스(Serverless), 클라우드 네이티브 보안 솔루션을 제공하는 레이스워크(Lacework) 등이 있다. 사물인터넷은 스타트업에게 다양한 산업 분야에서 혁신적인 제품과 서비스를 창출할 수 있게 하는 기술로 사물인터넷 기술을 활용하여 스마트 홈, 스마트 시티, 산업 자동화 등 다양한 분야에 적용되는 스타트업들이 있다. 예를 들어, 구글에서 인수한 스마트 홈 디바이스를 개발하는 네스트 랩스(Nest Labs)나 산업용 센서 및 모니터링 솔루션을 제공하는 삼사라(Samsara) 등이 있다. 인공지능과 빅데이터는 스타트업에게 새로운 비즈니스 모델을 창출하는데 중요한 역할을 하는 기술로 인공지능과 머신러닝 기술을 활용하여 데이터 분석, 예측 분석, 자연어 처리 등 다양한 분야에 적용되는 스타트업들이 있다. 예를 들어, 인공지능 알고리즘이 기사를 작성하는 내러티브 사이언스, 데이터 분석 플랫폼을 제공하는 데이터브릭스(Databricks), 자연어 처리 기술을 활용한 챗GPT 서비스를 제공하는 OpenAI 등이 있다. 핀테크는 스타트업이 금융 서비스를 혁신하고 새로운 비즈니스 기회를 창출하는 데 중요한 역할을 하는 기술로 핀테크 기술을 활용한 간편결제, 인터넷 전용은행, 자산 및 투자 서비스 등을 제공하는 스타트업들이 있다. 예를 들어, 간편결제 서비스는 온라인 기반의 페이팔, 알리페이 이외에 모바일 결제와 간편송금 서비스를 제공하는 스퀘어, 와이즈(Wise) 등이 있다. 인터넷 전용은행은 N26, 카카오뱅크 등이 있으며, 자산 및 투자 서비스를 제공하는 로빈후드, 리딩클럽 등이 있다. 이 외에도 빅데이터, 헬스케어 IT, 교육 기술 등 다양한 분야에서 IT를 기반으로 하는 스타트업들이 활발하게 활동하고 있다.

3. 모바일 앱

모바일 비즈니스에서 모바일 앱은 기업이 고객과 소통하고 상호작용하는 가장 주요 도구 중 하나이다. 모바일 앱들은 다양한 비즈니스 모델과 서비스를 지원하며, 사용자 경험을 향상시키고 비즈니스 성장을 도모한다.

3.1. 모바일 앱의 역할

모바일 비즈니스에서 모바일 앱은 기본적인 역할인 비즈니스 모델의 지원뿐만 아니라 고객 서비스 개선, 고객 참여, 브랜드 인지도 향상, 판매 촉진, 운영 효율성 향상, 데이터 수집 및 분석 등의 역할을 한다. 모바일 앱은 고객과 직접 소통하고 피드백을 받을 수 있는 채널을 이용하여 고객의 즉각적인 반응을 파악하고 서비스 개선에 활용할 수 있다. 아울러 모바일 앱의 푸시 알림(Push Notification) 기능을 통해 최신 뉴스, 프로모션 등을 실시간으로 전달하여 고객 참여를 이끌 수 있다. 또한 모바일 앱은 앱 디자인, 로고, 사용자 인터페이스 등을 통해 브랜드를 일관되게 노출하여 인지도를 향상시킬 수 있고, 사용자 데이터를 기반으로 개인화된 경험을 제공하여 브랜드 충성도를 높일 수 있다. 모바일 쇼핑의 경우 제품 및 서비스를 쉽게 구매할 수 있는 플랫폼을 제공하고 포인트 시스템, 할인 쿠폰 등으로 고객의 구매를 유도하여 판매를 촉진할 수 있다, 아울러 주문 처리, 예약, 고객 서비스 등을 자동화하여 운영 효율성을 높일 수 있으며 다른 시스템 및 플랫폼과의 연계를 통해 통합적인 관리가 가능하다. 또한 모바일 앱 사용 데이터를 통해 고객의 선호도, 행동 패턴 등을 분석하여 마케팅 전략을 수립할 수 있다.

3.2. 모바일 앱의 작동

모바일 앱은 웹 애플리케이션 서비스와 같이 모바일인 클라이언트 측인 프론트엔드의 요청에 대하여 서버 측인 백엔드가 응답하는 형식으로 작동된다. 프론트엔드(Front-end)는 사용자가 실제로 모바일 앱에서 보게 되는 화면, 그리고 그와 상호작용하는 요소들로 구성되고 이 부분은 주로 모바일 기기에서 실행된다. 프로트엔드의 구현은 사용자 경험(UX) 기반의 인터페이스(UI)를 설계하여 사용자가 앱을 쉽게 사용할 수 있도록 한다. 프로트엔드 부분인 모바일 앱 개발을 위해 주로 사용하

그림 10.2 모바일 앱의 작동

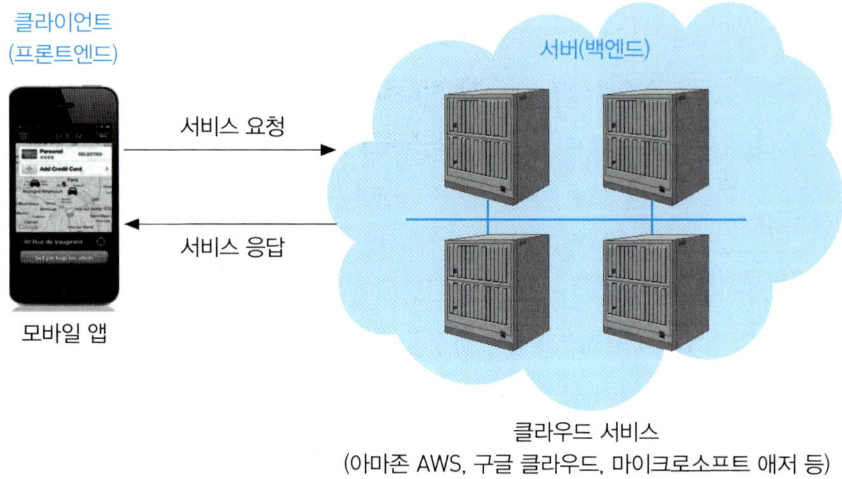

는 언어는 iOS의 경우 스위프트 또는 오브제트-C가 사용되고 안드로이드의 경우 자바 또는 코틀린이 사용된다. 백엔드(Back-end)는 모바일 앱의 데이터 처리, 저장, 그리고 사용자 요청을 처리하는 역할을 담당하는 서버로 클라이언트가 요청을 보내면, 백엔드는 이를 처리하고 필요한 데이터를 다시 클라이언트로 보낸다. 백엔드의 서버는 데이터 저장, 사용자 인증, 비즈니스 로직 처리 등을 담당하고 모바일 비즈니스에서는 아마존 AWS, 구글 클라우드, 마이크로소프트 애저(Azure) 등의 클라우드 서비스들이 주로 활용된다. 개발된 모바일 앱은 애플 앱스토어와 구글 플레이스토어에서 배포되고 사용자 피드백과 버그 수정, 새로운 기능 추가를 위해 정기적인 업데이트가 이루어진다. [그림 10.2]는 모바일 앱의 작동 과정을 보여준다.

4. 클라우드 컴퓨팅

클라우드 컴퓨팅(Cloud Computing)은 인터넷을 통해 서버, 저장소, 데이터베이스, 네트워크, 소프트웨어 등을 포함한 다양한 컴퓨팅 리소스를 서비스로 제공하는 것으로 클라우드라는 이름은 프로그램을 도식화하기 위한 순서도(flowchart)에서 인터넷을 나타내는 기호로 인터넷 컴퓨팅을 은유하고 있다. 클라우드 컴퓨팅은 기존의 로컬 서버나 개인 컴퓨터에서 실행되는 데이터 처리와 저장의 부담을 덜어주며, 사용자에게 더 많은 유연성과 효율성을 제공한다.

4.1. 클라우딩 컴퓨팅 특징

클라우딩 컴퓨팅은 인터넷을 통해 컴퓨팅 리소스를 서비스하는 것으로 사용자가 자체적으로 서버나 데이터 센터를 보유하고 운영한 기존 방식과 다르게 온디맨드 셀프 서비스, 광범위한 네트워크 접근, 자원의 공유, 신속한 탄력성 측정된 서비스 등의 특징을 가지고 있다.

온디맨드 셀프 서비스(On-Demand Self-Service)는 사용자는 필요할 때 언제든지 필요한 컴퓨팅 자원을 요청하고 사용할 수 있는 것으로 클라우드 서비스에서는 별도의 관리자의 개입 없이 자원을 자동으로 제공받을 수 있다. 광범위한 네트워크 접근(Broad Network Access)은 컴퓨터는 물론 스마트폰, 태블릿, 노트북 등 다양한 디바이스에서 인터넷을 통해 클라우드 서비스를 어디서든 접근이 가능하다. 자원의 공유(Resource Pooling)는 클라우드 제공자는 물리적 및 가상 자원을 풀(pool)로 관리하고 사용자들은 필요한 만큼의 자원만을 사용하면서 전체 자원을 공유한다. 신속한 탄력성(Rapid Elasticity)은 사용자는 클라우드 컴퓨팅 자원을 필요에 따라 신속하게 확장하거나 축소하여 사용할 수 있다. 따라서 변화하는 수요에 유연하게 대응할 수 있다. 마지막으로 측정된 서비스(Measured Service)는 클라우드 시스템은 자원의 사용량을 모니터링하고 측정하여 사용자는 사용한 만큼만 비용을 지불한다. 따라서 유틸리티 컴퓨팅이리고도 불린다. 클라우딩 컴퓨팅은 상기와 같은 특징들 때문에 많은 기업들이 기존의 인프라를 클라우드로 이전하거나 새로운 애플리케이션을 클라우드 환경에서 개발 및 운영하는 추세이다.

4.2. 클라우드 컴퓨팅 유형

클라우드 컴퓨팅은 [그림 10.3]과 같이 제공하는 서비스 유형에 따라 인프라 서비스인 IaaS, 플랫폼 서비스인 PaaS, 그리고 소프트웨어 서비스인 SaaS로 구분된다.

IaaS(Infrastructure as a Service)는 가장 기본적인 클라우드 컴퓨팅 유형으로, 서버, 저장장치, 네트워크 등의 기본적인 컴퓨팅 자원인 인프라를 가상화하여 제공

그림 10.3 클라우드 컴퓨팅 유형

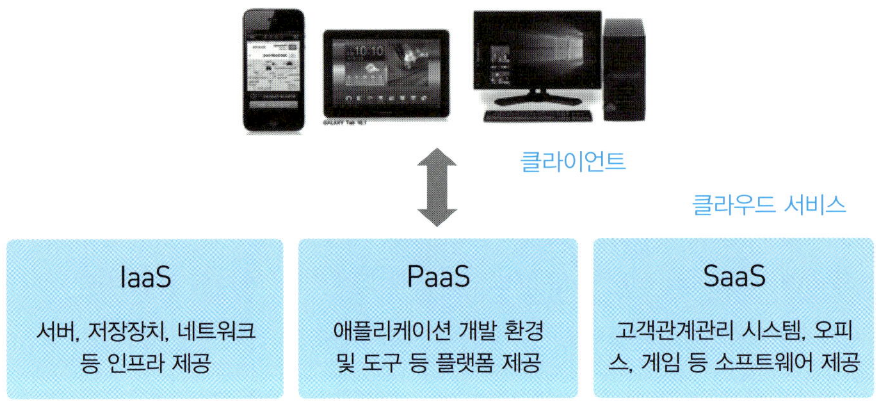

하는 서비스이다. 사용자는 이러한 리소스를 필요에 따라 온디맨드(On-Demand)로 서비스 받아 운영체제와 애플리케이션을 설치하여 사용할 수 있다. 대표적인 IaaS 제공업체로는 아마존 웹 서비스인 AWS의 EC2, 마이크로소프트 애저의 가상 머신(Virtual Machines), 구글 클라우드 플랫폼의 컴퓨트 엔진(Compute Engine) 등이 있다. PaaS(Platform as a Service)는 응용 프로그램을 개발, 실행 및 관리하기 위한 플랫폼을 제공하는 서비스로 개발자들이 애플리케이션을 개발하고 배포하는 데 필요한 환경 및 도구들을 제공한다. 대표적인 PaaS 제공업체로는 헤로쿠(Heroku), 구글의 앱 엔지(App Engine), 마이크로소프트 애저의 앱 서비스(App Service) 등이 있다. SaaS(Software as a Service)는 소프트웨어를 인터넷을 통해 제공하는 서비스로 사용자는 웹 브라우저나 모바일을 통해 서비스되는 소프트웨어를 사용할 수 있다. 이러한 대표적인 소프트웨어는 고객관계관리 시스템, 오피스, 게임 등이 있으며 대표적인 SaaS 제공업체로는 고객관계관리 시스템을 제공하는 세일즈포스닷컴(Salesforce), 구글의 지메일(Gmail), 마이크로소프트 오피스 365 등이 있다. 또한 다수의 스타트업들이 제공하는 서비스들은 대부분 SaaS 방식으로 운영된다.

클라우드 컴퓨팅은 배포 모델에 따라 퍼블릭 클라우드, 프라이빗 클라우드, 그리고 하이브리드 클라우드로 구분이 가능하다. 퍼블릭 클라우드(Public Cloud)는 여러 사용자에게 서비스를 제공하는 공개 클라우드 서비스로 비용 효율적이며, 일반적으로 대규모의 인프라를 갖추고 있다. 프라이빗 클라우드(Private Cloud)는 한 조직이나 기업만을 위해 독립적으로 운영되는 클라우드 서비스로 보안과 제어에 유리하며, 민감한 데이터 처리를 위해 사용된다. 마지막으로 하이브리드 클라우드(Hybrid Cloud)는 퍼블릭 클라우드와 프라이빗 클라우드를 결합한 형태로, 데이터와 애플리케이션을 두 환경에서 유연하게 배치할 수 있으며, 비용 절감과 보안의 균형을 맞출 수 있다.

4.3. 클라우드 컴퓨팅 주요 기술

클라우드 컴퓨팅은 다양한 기술의 집합으로 구성되어 있으며, 이러한 기술들은 클라우드 서비스 제공자가 안정적이고 효율적인 서비스를 제공하는 데 중요한 역할을 한다. 주요한 클라우드 컴퓨팅 기술에는 가상화, 자동화 및 오케스트레이션, 컨테이너화, 마이크로서비스 아키텍처, 분산 컴퓨팅 기술 등이 있다.

가상화(Virtualization)는 [그림 10.4]와 같이 하나의 물리적인 서버에서 여러 개의 가상 서버를 실행하는 기술로 서버 자원의 효율적인 활용 및 다중 테넌시(Multi-tenancy)*를 지원하여 여러 사용자가 하나의 물리적 인프라를 공유할 수 있도록 한다. 주요 가상화 기술로는 VM웨어와 커널 기반 가상 머신(Kernel-based Virtual Machine, KVM) 등이 있다. 자동화 및 오케스트레이션(Automation and Orchestration)은 클라우드 환경에서 자원의 배포, 관리, 스케일링 등을 자동화하여 효율성을 극대화하는 기술로 이를 통해 인프라 및 애플리케이션을 신속하게 배포하고 관리할 수 있

그림 10.4 가상화 기술

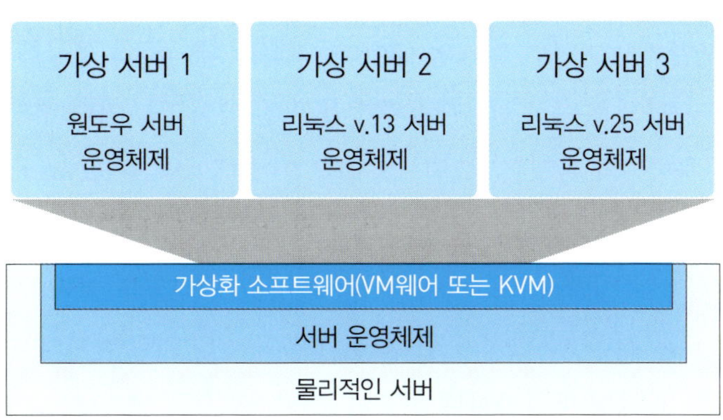

* 소프트웨어 애플리케이션의 단일 인스턴스가 여러 고객(테넌트, tenant)에게 서비스를 제공할 수 있게 설계된 아키텍처

다. 자동화 및 오케스트레이션 도구로는 앤서블(Ansible), 셰프(Chef), 퍼핏(Puppet) 등이 사용된다. 컨테이너화(Containerization)는 애플리케이션을 패키징하는 기술로, 프로그램의 이식성과 확장성을 향상시킨다. 가장 인기 있는 컨테이너 기술로는 쿠버네티스(kubernetes)와 도커(docker)가 있다. 마이크로서비스 아키텍처(Micro-services Architecture)는 애플리케이션을 작은 독립적인 서비스로 분할하는 아키텍처 패턴 기술로 애플리케이션을 모듈화하고, 개발, 배포 및 관리를 단순화하며, 확장성과 유연성을 향상시킨다. 분산 컴퓨팅(Distributed computing)은 여러 대의 컴퓨터를 하나의 시스템처럼 사용하여 작업을 분산 처리하는 기술, 대규모 데이터 처리, 고성능 컴퓨팅, 고가용성 및 확장성 등을 가능하게 한다. 주요 기술로는 여러 서버에 데이터를 분산 저장하여 고가용성과 확장성을 제공하는 분산 스토리지 기술로 아마존의 S3, 구글 클라우드 스토리지 등이 있다.

5. 빅데이터

빅데이터(Big data)는 "현재 시스템으로 처리 가능한 범위를 넘어서는 데이터"로 정의된다. 일반적으로 페타바이트(Petabyte), 엑타바이트(Exabyte), 제타바이트(Zettabyte) 등 기존의 데이터 관리 단위를 훨씬 넘어서는 방대한 규모의 데이터 양, 기존의 구조화된 데이터는 물론 문서, 사진, 동영상 등과 같은 비구조화된 데이터를 포함하는 다양한 형태의 데이터, 그리고 데이터의 생성과 그 흐름이 아주 급속하게 진행되는 속도 등 3가지 특성을 가진 데이터를 빅데이터라고 한다.

빅데이터의 특징은 [그림 10.5]와 같이 데이터 규모(Volume), 데이터의 다양한 형태(Variety), 그리고 데이터의 생성 및 흐름 속도(Velocity) 등의 3가지 특성을 가진다. 따라서 일반적으로 빅데이터의 특징을 3V라고도 한다. 데이터의 규모는 기존 기술로는 분석 및 관리가 쉽지 않은 데이터 양으로 현재의 수십 테라바이트 규모의 데이터에서 페타바이트 정도의 데이터의 분석 및 관리 규모로 기술이 진화하고 있으며, 향후에는 데이터 관리 규모가 엑타바이트, 제타바이트, 요타바이트 수준으로 증가할 것으로 예측되고 있다. 데이터의 다양한 형태는 기존에 기업에서 사

그림 10.5 빅데이터의 특징

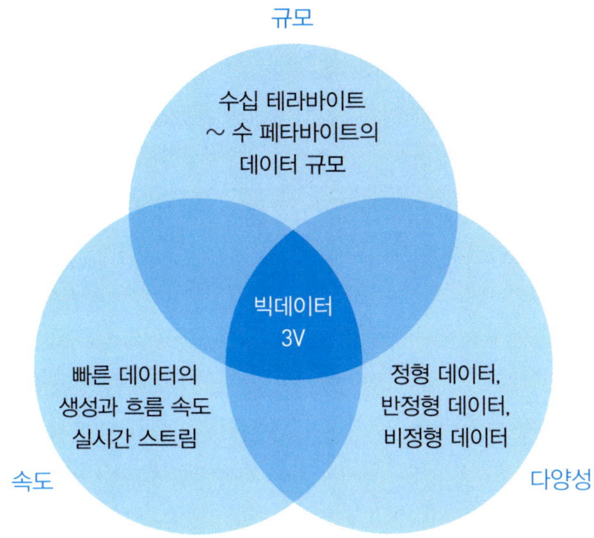

용하던 회계 데이터, 재고 데이터 등과 같은 구조화된 데이터, 인터넷의 웹 문서와 같은 반정형데이터, 그리고 문서, 동영상 등 비구조화된 데이터를 포함하는 것으로 이를 분석하여 유용한 지식을 얻을 수 있다. 마지막으로 데이터의 생성과 흐름 속도는 실시간 발생하는 데이터들에 대한 분석처리를 의미한다. 동영상 스트리밍이나 실시간 스트림 데이터 처리 기술들이 등장함에 따라 실시간 발생하는 데이터들의 분석 처리가 가능해지고 있다.

5.1. 빅데이터 유형

빅데이터의 데이터 종류는 [그림 10.6]에서 보이는 바와 같이 자료 형식의 정형화 정도에 따라 정형 데이터, 반정형 데이터 그리고 비정형 데이터로 분류된다.

정형 데이터(structured data)는 [그림 10.6]에서와 같이 고정된 필드에 저장된 데이터를 의미한다. 관계형 데이터베이스 및 엑셀과 같은 스프레드시트에 저장된 데이터 등을 예로 들 수 있다. 반정형 데이터(semi-structured data)는 고정된 필드에 저장되어 있지는 않지만, 메타데이터(meta data) 또는 스키마(schema) 등을 포함하는 데이터로 웹에서 표현되는 XML이나 HTML로 저장된 텍스트 데이터들을 예로 들 수 있다. 마지막으로 비정형 데이터(unstructured data)는 고정된 필드에 저장되어

그림 10.6 빅데이터 유형

구조화된 데이터

성별	연령대	거주지역	소득	순재산
남자	45-49세	경상남도	4100	31200
남자	50세 이상	강원도	7300	42900
남자	50세 이상	경기도	2700	26000
남자	50세 이상	경상북도	5100	20800
남자	40-44세	경기도	3800	48750
남자	45-49세	경기도	4900	52650
여자	50세 이상	경기도	5500	33150
남자	50세 이상	경상북도	5700	31850
남자	50세 이상	경기도	4900	31850
여자	45-49세	경기도	5500	37050
남자	40-44세	경기도	5600	35750
남자	50세 이상	경기도	4100	20150
남자	35-39세	서울시	8500	48100
남자	45-49세	경상남도	3900	50700
남자	45-49세	경기도	6400	55250
남자	50세 이상	서울시	5900	31200
남자	50세 이상	경상북도	6100	32500
남자	50세 이상	서울시	9000	35100
남자	50세 이상	경상북도	7500	39650
남자	50세 이상	전라남도	9200	60450
남자	50세 이상	충청남도	5450	42900
남자	50세 이상	전라남도	8400	30550

반구조화된 데이터


```
▼<body>
  ▼<items>
    ▼<item>
        <dataTime>2019-12-24 09:00</dataTime>
        <cityName>강남구</cityName>
        <so2Value>0.003</so2Value>
        <coValue>1.0</coValue>
        <o3Value>0.003</o3Value>
        <no2Value>0.044</no2Value>
        <pm10Value>72</pm10Value>
        <pm25Value>57</pm25Value>
      </item>
    ▼<item>
        <dataTime>2019-12-24 09:00</dataTime>
        <cityName>강동구</cityName>
        <so2Value>0.003</so2Value>
        <coValue>1.1</coValue>
        <o3Value>0.003</o3Value>
        <no2Value>0.045</no2Value>
        <pm10Value>84</pm10Value>
        <pm25Value>69</pm25Value>
      </item>
    ▼<item>
        <dataTime>2019-12-24 09:00</dataTime>
        <cityName>강북구</cityName>
        <so2Value>0.002</so2Value>
        <coValue>0.8</coValue>
        <o3Value>0.009</o3Value>
        <no2Value>0.036</no2Value>
        <pm10Value>66</pm10Value>
        <pm25Value>50</pm25Value>
      </item>
    ▼<item>
        <dataTime>2019-12-24 09:00</dataTime>
        <cityName>강서구</cityName>
```


비구조화된 데이터

는 서류 등 증거가 당해 사건의 핵심증거인 경우가 일반적이어서 사전에 나머지 일부 증거를 먼저 제출받더라도 실익이 없고, 증거의 편철 순서가 시간적 진행순서와 달라짐으로써 이후의 서류 등 증거에 대한 증거조사에 혼란을 초래한다는 등의 문제가 있어 현재는 당해 사건의 모든 서류 등에 대한 증거 채부의 결정이 있은 후 증거능력이 부여되어 증거로 채택된 서류 등 증거를 한 번에 제출받는 것이 일반적인 실무례가 되었다.

라. 증거의 조사

(1) 증인신문

전술한 바와 같이, 모두절차의 강화와 증거조사(피고인신문)의 순서 변경은 증거조사절차, 특히 증인신문에 관한 실무에 있어 상당한 변화를 불러왔다고 평가할 수 있다.

물론 종래에도 사안의 성격이나 중요도 등에 따라 차이가 있었을 것이기는 하나, 과거 증인신문은 대부분 피고인이 증거서류를 부동의한 경우 당해 참고인을 대상으로 시행되었고, 그 내용도 검사가 진술조서의 주요한 내용을 조서의 내용에 터 잡아 간략하게 신문한 다음 진술조서의 진정성립을 인정하는 진술을 이끌어내고, 변호인이 반대신문을 하는 형태로 진행되어 왔다. 재판부는 미리 당해 소송기록을 정사함으로써 참고인의 진술내용을 충분히 인지하고 있어 증인신문 이전에 이미 기록상 나타나 있는 사건의 실체를 어느 정도 파악하고 있었던 것도 이러한 경향과 무관하지 않았다.

그러나 공소장일본주의가 강화되고 증거분리제출제도가 전면적으로 실시됨과 아울러, 피고인신문이 없이 곧바로 증인에 대한 신문을 시행하는 결과, 검사가 신청한 증인에 대한 신문이 공판정에서의 심증 형성에 미치는 영향은 더욱 중대될 수밖에 없다. 검사는 주신문에서부터 쟁점에 관하여 상세하게 신문하고, 변호인도 당해 증인 진술의 모순점에 관하여 치열하게 다툼으로써 증인신문이 살아있는 공방의 장으로 탈바꿈하는 계기가 마련되었다. 또한 다수의 증인을 일괄 집중하여 심리하는 실무관행의 확산으로, 증거서류에 대한 증거조사를 마치기 이전에 이미 당해 사건의 중요 참고인에 대한 증인신문이 모두 이루어지게 된다. 피고인 측이 동의하는 증거서류도 제출되지 않았으므로 피고인 측 증인의 적극적인 신문이나 검찰 측 증인과의 대질신문도 폭넓게 이루어지고 있다.

이와 같이 법원이 증거서류의 조사를 마치기 이전 시점에서 증인을 대면하고 그 증인의 진술 내용의 합리성, 논리성, 모순 또는 경험칙 부합 여부나 물증 또는 제3자의 진술과의 부합여부 등은 물론 증인의 모습이나 태도, 진술의 뉘앙스 등을 관찰함으로써 증거서류의 조사가 이루어지기 이전에 증인신문결과만에 의하여 직접적

있지 않은 데이터를 의미하며, 텍스트 분석이 가능한 문서 및 이미지, 동영상, 음성데이터 등이 포함된다.

5.2. 빅데이터 기술

빅데이터 분석기법과 빅데이터 분석 인프라 기술로 구분된다. 빅데이터 분석기법은 [그림 10.7]과 같이 정형 데이터 분석, 비정형 데이터 분석, 데이터의 시각화로 분류된다.

그림 10.7 빅데이터 분석 기술

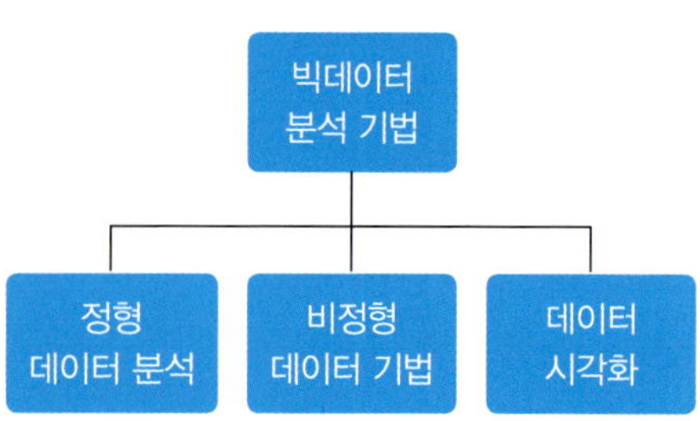

정형 데이터 분석기법은 통계학과 전산학, 특히 기계학습과 데이터 마이닝 분야에서 이미 사용되어 오던 기법들을 의미한다. 데이터 마이닝이란 대용량의 데이터로부터 기존에 알려지지 않은 실행 가능한 정보를 추출하는 지식발견과정으로 데이터에 내재한 규칙이나 연관성 정보 등을 탐색하여 데이터의 패턴을 분석하고 지식화하는 작업 과정들을 포함한

다. 주요 데이터 마이닝 분석유형은 분류분석, 예측분석, 연관분석, 군집분석 등이 있으며, 이들 기술들을 구현하기 위해 인공신경망, 의사결정나무와 같은 기계학습 알고리즘들이 주로 사용된다.

비정형 데이터 분석기법은 텍스트마이닝, 오피니언마이닝, 소셜네트워크 분석 등이 포함되다. 텍스트마이닝(text mining)은 자연어 처리 기술을 기반으로 비정형 텍스트 문서에서 알려지지 않은 관계 또는 패턴을 도출하여 의미 있고 활용성이 높은 정보 또는 지식을 창출하는 기법을 의미한다. 이를 위해 텍스트마이닝은 텍스트에서 구조화된 데이터를 추출하고 이를 통계적, 규칙적인 알고리즘 기법을 이용하여 정보 또는 지식을 창출한다. 텍스트마이닝을 위한 주요 분석 기법은 주제어 분석, 동시출현단어 분석, 토픽모델링, 감정분석 등이 있다. 오피니언마이닝(opinion mining)은 자연어처리를 기반으로 한 텍스트마이닝의 한 분야로 텍스트 문서를 분석하여 문서 내의 의견이나 평가, 태도, 감정 등을 추출해 내는 기법으로 텍스트에 대한 정확한 오피니언마이닝을 위해서는 문서에 나타난 의견의 양극성을 분석하는 감성분석(sentiment analysis)이 가장 핵심적이다. 최근 감정분석은 상품의 리뷰 및 설문조사 응답에 대한 평가, 온라인 및 소셜미디어 내의 소비자의 반응, 특정 사건에 대한 여론 동향 등 다양한 분야에서 적용되고 있다. 소셜네트워크 분석(social network analysis)은 다수의 점과 이들을 연결하는 선으로 구성된 네트워크로 나타나는 사회구조를 분석하는 과정을 의미한다. 소셜네트워크 분석에서는 노드(node) 사이의 거리를 2차원 평면으로 표시하고, 그들 사이의 관계를 선으로 표시함으로써 데이터만으로는 그 모습을 파악하기 어려운 연결 구조를 한눈에 파악할 수 있도록 도와준다. 소셜네트워크 분석은 주로 영향력, 관심사, 성향 및 행동 패턴, 소문의 중심인 인플루언서(influencer)를 추출하며, 인맥 정보들은 효과적인 마케팅을 위한 기반 정보로 사용된다.

데이터 시각화는 데이터 분석 결과를 누구나 직관적으로 이해할 수 있도록 일목요연하게 표현하는 기법으로 정보 시각화 기법, 과학적 시각화 기법 그리고 인포그래픽 기법 등이 있다. 정보 시각화(information visualization)은 보통 대규모 데이터를 도표, 색상, 그래프 등을 활용해 요약적으로 표현하는 시각화 기술을 의미한다. 정보 시각화는 시각화 기술에 따라 시간시각화, 분포시각화, 관계시각화, 비교시각화, 공간시각화로 구분된다. 과학적 시각화(scientific visualization)는 실험결과나 시뮬레이션 데이터 등 복잡한 데이터를 쉽게 탐색할 수 있도록 3차원 그래픽 기술 등을 활용하여 시각화하는 기술을 의미한다. 과학적 시각화는 일반적으로 과학자들이 자신의 데이터를 이해하고, 설명하고, 통찰력을 얻을 수 있도록 과학적 데이터를 그래픽으로 설명하는 것을 목적으로 한다. 인포그래픽(information graphics)은 인포메이션과 그래픽의 합성어로, 복잡한 수치나 글로 표현되어 있는 대량의 정보를 표, 그래프, 지도, 다이어그램, 로고, 일러스트레이션 등을 활용하여 한눈에 파악할 수 있도록 하는 디자인 기술을 의미한다. 인포그래픽은 시각적인 자료들을 바탕으로 방대한 양의 정보들을 쉽고 빠르게 이해할 수 있도록 도와준다.

빅데이터 분석을 위한 주요 인프라 기술은 대용량이 데이터 처리를 위한 분산처리기술인 하둡, 통계분석 및 시각화를 위한 분석환경을 제공하는 R, 그리고 비정형 데이터를 관리하기 위한 비관계형 데이터베이스인 No-SQL 등이 있다. 하둡(Hadoop)은 오픈소스로 제공되는 대량의 자료를 처리할 수 있는 분산처리 기술로 현재 정형 데이터 분석뿐만 아니라 비정형 빅데이터 분석에서도 가장 선호되는 있는 빅데이터 인프라 기술이다. 대용량 데이터 처리를 수행하는 야후와 페이스북 등에서 사용되고 있으며, 최근 많은 기업이 하둡을 분산처리 기술로 채택하고 있다.

R은 오픈소스로 제공되는 통계분석 및 시각화를 위한 언어 및 개발환경으로 R 언어와 개발환경을 통해 기본적인 통계분석 기법부터 데이터 마이닝, 최신 텍스트 마이닝 기법까지 구현이 가능하며, 이렇게 구현한 결과는 다양한 그래프 등으로 시각화할 수 있다.

6. 사물인터넷

사물인터넷(Internet of Things, IoT)은 다양한 물리적 장치들이 인터넷에 연결되어 데이터를 주고받는 기술을 말한다. IoT는 스마트폰, 스마트 가전제품, 웨어러블 기기, 자동차, 공장 설비 등 수많은 기기들을 인터넷을 기반으로 서로 통신하고 데이터를 교환함으로써 더 스마트하고 효율적인 환경을 제공한다. 오늘날 주요 IoT 응용 분야는 조명, 온도, 보안 시스템 등을 원격으로 제어가 가능한 스마트 홈, 웨어러블 기기와 연결된 IoT 시스템을 통해 실시간으로 건강 상태를 모니터링하고, 데이터 분석을 통해 맞춤형 의료 서비스를 제공할 수 있는 헬스케어, 교통 관리, 에너지 관리, 공공 안전 등을 개선하기 위해 IoT 기술이 활용되는 스마트 시티, 공장 설비의 상태를 모니터링하고, 유지 보수 작업을 자동화하여 생산성을 향상시키는 스마트 팩토리 및 IoT 센서를 사용하여 토양 상태, 날씨 조건, 작물의 성장 상태를 모니터링하고 분석하여 농업 생산성을 극대화하는 스마트 팜 등에서 활용된다.

6.1. 사물인터넷의 구성

IoT는 디바이스, 네트워크, 데이터 처리 및 분석, 애플리케이션 등으로 구성된다. 디바이스(Device)는 데이터를 수집하고 특정 작업을 수행하는 장치로 IoT의 기본 요소로, 센서, 액추에이터, 카메라, 마이크 등 다양한 장치를 포함한다. 네트워크(Network)는 IoT 기기들이 인터넷에 연결되어 데이터를 전송할 수 있도록 하는 인프라로 와이파이, 블루투스, 지그비, LPWAN 등이 사용된다. 데이터 처리 및 분석(Data Processing and Analytics)은 수집된 데이터를 저장, 처리, 분석하여 유의미한

그림 10.8 사물인터넷 구성

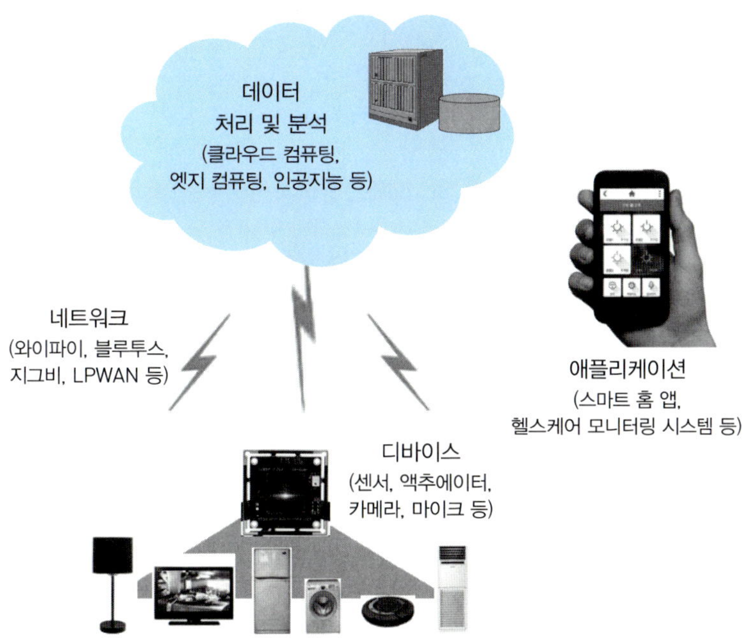

정보를 추출하는 것으로 클라우드 컴퓨팅, 엣지 컴퓨팅, 인공지능 등이 이 과정에 사용된다. 애플리케이션(Application)은 분석된 데이터를 바탕으로 사용자에게 유용한 정보를 제공하고, 기기의 동작을 제어하는 소프트웨어로 스마트 홈 앱, 헬스케어 모니터링 시스템, 산업 자동화 소프트웨어 등이 이에 해당한다.

6.2. 사물인터넷 유사 기술

사물인터넷과 유사하거나 관련된 기술들은 여러 가지가 있다. 이러한 주요 유사 기술들은 유비쿼터스 컴퓨팅, 웨어러블 컴퓨터, M2M 등이 있다. 유비쿼터스 컴퓨팅(Ubiquitous computing)은 '어디에나 널리 존재한다'는 의미의 영어단어 'Ubiquitous'와 컴퓨팅이 결합된 단어로 '언제 어디서든 어떤 기기를 통해서도 컴퓨팅할 수 있는 것'을 의미한다. 제록스의 팰러앨토 (Palo Alto) 연구소 미국의 마크 와이저(Mark Weiser)가 제안한 한 용어로 유비쿼터스 컴퓨팅 장치는 개인용 컴퓨터가 아니라 자동차, 도구, 가전제품, 의류 및 다양한 소비재를 포함한 거의 모든 유형의 사물에 내장된 매우 작은 컴퓨팅 장치를 의미한다. IoT와 매우 유사한 개념으로 오늘날 유비쿼터스 컴퓨팅이란 용어보다는 IoT가 좀더 선호되는 용어이다. 웨어러블 컴퓨터(Wearable Computer)는 안경, 시계, 옷 등 착용할 수 있는 형태의 개인용 컴퓨터를 총칭하는 것으로, 양손이 자유로운 상태에서 인간의 지적 능력을 보완하거나 향상시키는 것을 목적으로 한다. M2M(Machine-to-Machine)은 기계 간 통신을 의미하는 용어로, 기계가 자동적으로 데이터를 교환하고 상호 작용하는 것을 지칭한다. 이 기술은 사람의 개입 없이도 기계 간의 통신이 이루어지는 것을 가능하게 한다. 따라서 M2M은 IoT의 한 부분으로, 기계 간 통신이 IoT 시스템의 핵심 요소 중 하나로 취급된다.

6.3. 사물인터넷 기술

사물인터넷 기술은 다양한 디바이스와 시스템이 인터넷을 통해 상호작용하고 데이터를 교환할 수 있게 해주는 기술들로 IoT를 위한 주요 기술은 센서 및 액추에이터, 네트워크 연결, 클라우드와 엣지 컴퓨팅, 데이터 분석 및 머신러닝, 보안 및 애플리케이션 개발 기술 등이 있다.

센서 및 액추에이터 기술은 물리적 환경에서 데이터를 수집하는 장치로 온도, 습도, 조도, 가속도 등을 측정할 수 있는 센서와 센서가 수집한 데이터를 기반으로 물리적 작업을 수행하는 장치인 액추에이터에 대한 기술로 예를 들면 센서를 통해 온도를 수집하고 모터를 작동시키는 액추에이터 등이 있다. 네트워크 연결은 IoT 디바이스 간의 데이터를 주고받기 위한 네트워킹 기술로 네트워크는 이더넷과 같은 유선 연결이나 와이파이, 지그비와 같은 무선 연결 등을 통해 이루어질 수 있다. 클라우드와 엣지 컴퓨팅은 IoT로 수집된 데이터를 저장, 처리 및 분석하기 위해 장치로 클라우드 컴퓨팅을 통해 대규모 데이터를 효율적으로 처리하고 실시간 데이터 분석, 원격 모니터링, 자동화된 의사결정 등을 수행한다. 또한 데이터 처리를 중앙 클라우드가 아닌 데이터가 생성되는 곳 가까이에서 수행하는 기술인 엣지 컴퓨팅을 통해 지연 시간을 줄이고, 실시간 처리가 필요한 애플리케이션을 수행할 수 있다. 엣지 장치는 필터링된 데이터를 클라우드로 전송하거나, 클라우드와 독립적으로 작동할 수 있다. 데이터 분석 및 머신러닝은 패턴 인식, 예측 모델링 등을 통해 IoT 데이터의 가치를 극대화하는 기술로 예를 들어, 기계 학습 모델은 예측 유지보수, 이상 탐지, 사용자 행동 예측 등에 활용될 수 있다. 보안은 IoT 디바이스와 데이터는 사이버 공격을 방어하기 위한 기술로 데이터 암호화, 인증 및 권한 부여, 보안 프로토콜 등을 포함한다. 사용자 인터페이스 기술은 데이터를 시각화하고, 디바이스 제어를 가능하게 하며, 사용자 피드백을 수집하는 데 사용되는 기술로 대시보드 등이 사용된다. 마지막으로 애플리케이션 개발 기술은 IoT 시스템과 사용자가 상호작용할 수 있는 부분의 기술로 모바일 앱, 웹 애플리케이션을 통해 구현될 수 있다.

6.4. 사물인터넷 무선 기술

IoT 기기들은 주로 무선 기술을 사용하여 데이터를 통신하고 상호작용한다. 다양한 무선 기술들이 IoT 기기들 간의 통신을 지원하며, 이러한 기술들은 각각의 장단점과 적용 분야가 있다. 주로 사용되는 무선 기술들은 일반적인 무선 기술인 와이파이와 블루투스, 그리고 IoT에 특화된 지그비, Z-Wave, LoRaWAN 등이 있다.

와이파이(Wi-Fi)는 가정이나 사무실과 같은 근거리 환경에서 고속 데이터 전송이 필요한 경우에 많이 사용된다. 대역폭이 넓고 안정적인 연결을 제공하지만 전력 소모가 높고 주로 대형 IoT 장치들이나 전원 공급이 안정적인 환경에서 사용된다. 블루투스는 짧은 거리 통신에 사용되며, 특히 스마트 홈 기기나 웨어러블 장치와 같이 근거리 통신이 필요한 IoT 응용 분야에서 많이 사용된다. 저전력 버전인 블루투스 저전력(Bluetooth Low Energy, BLE)은 배터리 수명을 연장하면서도 데이터 전송을 지원하여, 주로 센서나 작은 기기들에 적합하다.

지그비(Zigbee)는 저전력의 네트워크를 구축하기 위한 무선 통신 프로토콜로, 주로 스마트 홈, 스마트 빌딩 등에서 사용된다. 지그비는 메시(Mesh) 네트워크를 구성하여 많은 수의 기기를 연결할 수 있으며, 저전력 모드로 동작하여 배터리 수명을 연장할 수 있다. Z-Wave는 주로 스마트 홈 및 보안 시스템에서 사용되는 저전력 무선 기술로 지그비와 유사하지만, 주로 소비자용 IoT 장치에 적용되며, 미국과 유럽에서 주로 사용된다. LoRaWAN(Long Range Wide Area Network)은 광범위한 범위에 걸쳐 저전력으로 통신하는 무선 기술로 주로 센서 네트워크를 구축하여 농업, 도시 지능화, 환경 모니터링 등의 분야에서 사용된다.

7. 핀테크

핀테크(Fintech)은 금융(Finance)과 기술(Technology)의 합성어로, 최신 기술을 금융 서비스에 접목하여 혁신적인 서비스를 제공하는 산업을 의미한다. 핀테크는 금융 거래의 효율성을 높이고, 비용을 절감하며, 사용자 경험을 개선한다. 핀테크의 주요 분야로는 모바일 결제, 전자 송금, 가상 통화 등의 디지털 결제 시스템과 송금 서비스를 제공하여 소비자들에게 더욱 빠르고 안전한 거래 서비스를 제공하는 간편결제, 전통적인 은행에 비해 대출 승인, 계좌 개설 등의 프로세스를 간소화하고 디지털화하여 소비자들이 더 쉽게 접근할 수 있도록 하는 인터넷 전용 은행, 그리고 인공지능(AI)과 자동화 기술을 활용하여 개인의 자산 관리를 돕고, 투자를 위한 알고리즘 트레이딩을 제공하는 자산 관리 및 투자 서비스 등이 있다.

7.1. 간편결제

간편결제는 핀테크의 한 분야로, 특히 일상적인 금융 거래를 빠르고 쉽게 할 수 있도록 하는 기술을 말한다. 주요 간편결제의 유형은 모바일 결제 앱, 전자지갑, 간편송금 서비스 등이 있다.

모바일 결제 앱은 스마트폰 앱을 통해 오프라인 매장에서 QR 코드나 근거리 무선 통신 기술인 NFC을 사용하여 결제하는 방식이다. QR 코드 결제 방식은 QR 코드를 스캔하여 결제하는 방식으로, 특히 중국을 포함한 아시아 지역에서 널리 사용되고 있다. 대표적인 QR 코드 방식의 간편결제는 알리페이와 네이버페이이다, NFC 결제 방식은 근거리 무선 통신 기술을 이용한 결제로 단말기에 스마트폰을 갖다 대면 결제가 이루어진다. 애플페이, 구글페이 등이 대표적으로 NFC 방식을 사용한다. 전자지갑(E-Wallet)은 디지털 형태로 카드를 저장하여 온라인과 오프라인에서 결제할 수 있는 방식으로 페이팔(PayPal)과 알리페이가 대표적이다. 간편 송금 서비스는 간편하게 친구나 가족에게 돈을 송금할 수 있는 방식으로 스퀘어의 간편송금, 와이즈, 벤모(Venmo) 등이 대표적이다.

7.2. 인터넷 전용 은행

인터넷 전용 은행(internet only back)은 물리적인 지점 없이 온라인을 통해 모든 금융 서비스를 제공하는 은행으로 주로 웹사이트나 모바일 애플리케이션을 통해 계좌 개설, 송금, 대출, 투자 등의 서비스를 제공한다. 인터넷 전용 은행은 물리적 지점이 없기 때문에 운영비용이 낮아져, 고객에게 더 낮은 수수료나 더 높은 이자를 제공할 수 있고 24시간 언제 어디서나 은행 서비스를 이용할 수 있어, 시간과 장소에 구애 받지 않고 금융 거래를 할 수 있다. 또한 전통적인 은행에 비해 대출 승인, 계좌 개설 등이 더 빠르게 처리하고 데이터를 기반으로 한 맞춤형 서비스 제공이 가능하다. 주요 인터넷 전용 은행은 레볼루트(Revolut), 카카오뱅크, N26 등이 있다.

7.3. 자산 관리 및 투자 서비스

자산 관리 및 투자 서비스는 정보기술을 활용하여 고객의 자산을 관리하고 투자 전략을 자동화하거나 최적화하는 금융 서비스 분야로 이 분야의 핀테크 기업들은 전통적인 금융 기관에 비해 더 빠르고 저렴하며 사용자 친화적인 서비스를 제공하고 있다. 로보 어드바이저, P2P 대출 플랫폼, 크라우드펀딩, AI 및 빅데이터 기반 투자전략 그리고 암호화폐 투자 플랫폼과 같은 핀테크 기술들이 자산 관리와 투자 서비스를 위한 주요 기술은 활용되고 있다.

로보 어드바이저(Robo-advisor)는 알고리즘과 데이터 분석을 기반으로 자동화된 투자 포트폴리오 관리 서비스를 제공하는 것으로 사용자의 투자 목표, 위험 성향,

투자 기간 등을 고려하여 최적의 자산 배분을 제안하고, 이를 자동으로 조정한다. 낮은 수수료로 개인 맞춤형 포트폴리오를 관리할 수 있으며, 소액 투자자도 접근할 수 있기 때문에 활용도가 높아지고 있다. 미국의 베터먼트(Betterment)와 웰스프론트(Wealthfront)가 대표적인 로보 어드바이저 서비스를 제공하고 있다.

P2P 대출(Peer-to-Peer 대출)은 개인이나 소규모 기업이 금융 기관을 거치지 않고 직접 다른 개인이나 기업으로부터 자금을 조달할 수 있는 대출 방식으로 P2P 대출 플랫폼을 통해 대출자는 투자자로부터 자금을 빌리고, 투자자는 대출자에게 돈을 빌려줌으로써 이자를 받게 된다. 이를 통해 대출자와 투자자 양측 모두에게 금융 혜택을 제공하는 구조이다. 주요 P2P 대출 플랫폼은 리딩클럽(LendingClub), 프로스퍼(Prosper) 등이 있다. 크라우드펀딩(Crowdfunding) 플랫폼은 개인이나 기업이 온라인을 통해 프로젝트나 사업 아이디어에 대한 자금을 모집할 수 있도록 도와주는 플랫폼으로 창업자나 프로젝트 주최자가 자신의 아이디어를 소개하고, 이에 관심 있는 사람들이 자발적으로 자금을 지원하는 구조로 운영된다. 일반적으로 크라우드펀딩 플랫폼은 후원자들이 일정 금액을 지원하면 그에 대한 보상하는 보상 기반 크라우드펀딩, 자선활동이나 비영리 프로젝트를 위한 자금을 모집에 활용되는 기부 기반 크라우드펀딩, 투자자들이 자금을 대출해주고, 나중에 이자를 포함하여 상환 받는 대출 기반 크라우드펀딩, 투자자들이 자금을 투자하고 그 대가로 회사의 지분을 받는 지분 기반 크라우드펀딩 등 다양한 형태들이 있다. 킥스타터(Kickstarter)는 가장 유명한 보상 기반 크라우드펀딩 플랫폼이다. 암호화폐 투자 플랫폼은 암호화폐를 거래하고 투자할 수 있는 플랫폼으로, 비트코인, 이더리움 등 다양한 디지털 자산에 대한 투자를 제공한다. 실시간 시세 정보, 자동 매매, 포트폴리오 관리 등 다양한 도구를 통해 암호화폐 투자자를 지원하고 빠른 거래와 글로벌 시장 접근을 제공하며, 암호화폐 시장의 성장 가능성을 활용할 수 있다. 주요 암호화폐 투자 플랫폼은 코인베이스(Coinbase), 업비트 등이 있다. AI 및 빅데이터 기반 자산 관리는 인공지능과 빅데이터 분석을 활용하여 시장 동향을 예측하고, 사용자에게 맞춤형 투자 전략을 제시한다. 실시간으로 시장 데이터를 분석하여 투자 위험을 최소화하고, 수익을 극대화할 수 있는 전략을 자동으로 생성합니다. 이를 통해 개인화된 투자 관리를 지원한다. 웰쓰심플(Wealthsimple)은 엔진을 통해 개인화된 투자 전략을 제공하고, 지그마(Ziggma)는 시세 예측 및 알림 서비스를 제공하는 주요 핀테크 기업이다.

CHAPTER

11

4차 산업혁명과 스마트 비즈니스

학습목표

1. 4차 산업혁명에 대하여 설명할 수 있다.

2. 스마트 비즈니스에 대하여 설명할 수 있다.

3. 스마트 팩토리 기술들에 대하여 이해한다.

4. 스마트 팜 기반기술에 대하여 이해한다.

5. 스마트 그리드 구성요소들에 대하여 설명할 수 있다.

6. 스마트 홈 기술에 대하여 설명할 수 있다.

7. 지능형 서비스 로봇 핵심기술들에 대하여 설명할 수 있다.

8. 자율주행 자동차 기술에 대하여 이해한다.

1. 4차 산업혁명

4차 산업혁명(4th Industrial Revolution)은 제조업 분야에서의 디지털 기술을 중심으로 하는 새로운 혁명을 의미한다. 4차 산업혁명은 기존 산업혁명과는 달리 정보통신기술(ICT)의 급격한 발전과 인공지능, 로봇공학, 빅데이터, 사물인터넷, 3D 프린팅 등의 기술이 융합함으로써 산업 전반에 혁명적인 변화를 가져오고 있다. 이러한 혁명의 중심에는 사이버-물리 시스템이 있다. 사이버-물리 시스템은 기계, 설비, 환경과 같은 물리적 세계와 ICT를 기반으로 한 사이버 세계를 실시간으로 연결하고 상호작용할 수 있게 하는 시스템으로 산업 현장의 자율화를 이끌고 있다.

산업혁명은 인류의 역사에서 기술과 경제의 변화로 인해 산업과 사회 전반에 혁명적인 변화로 네 번의 주요 변화를 거처 오늘날 4차 산업혁명 시대에 이르렀다. 제1차 산업혁명은 18세기 후반부터 19세기 초반에 일어난 변화로 기계화가 진행되었으며, 증기 기관의 발명과 기계화된 생산 방식이 등장하면서 수작업에서 기계 작업으로의 생산 방식이 변화하였고, 도심에서 공장이 생기며 도시화가 진행되었다. 제2차 산업혁명은 19세기 말부터 20세기 초반까지로 전기의 발전과 조립라인의 도입으로 대량 생산과 생산 방식의 혁신으로 인해 자동차, 철도, 전화와 같은 기술이 대중화되었다. 제3차 산업혁명은 20세기 후반부터 21세기 컴퓨터와 인터

그림 11.1 산업혁명

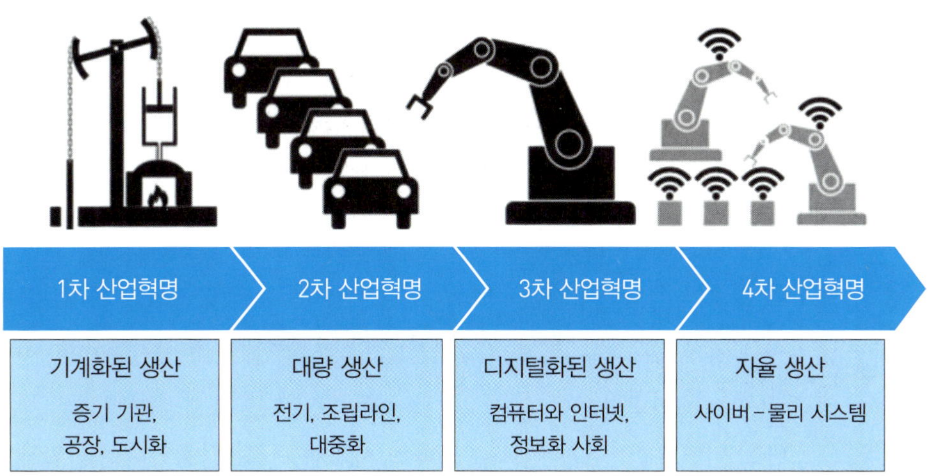

넷의 발명과 발전으로 인해 디지털화된 생산과 정보화된 사회가 형성되었다. 정보기술의 발달로 인한 네트워크화와 글로벌화가 진행되었으며, 이는 물리적 거리를 극복하는 새로운 형태의 경제 활동을 가능케 했다. 제4차 산업혁명은 현재 진행 중인 변화로 사물인터넷, 빅데이터, 인공지능, 로봇공학 등의 혁신적인 기술의 융합을 통해 이루어지고 있다. 특히 사이버-물리 시스템을 기반으로 한 산업 현장의 기계의 자율화가 실행되고 있다.

1.1. 사이버-물리시스템

사이버-물리시스템(Cyber-physical systems, CPS)은 물리적 요소가 소프트웨어 구성 요소들과 깊게 상호 연결되어 상호작용하는 시스템을 의미한다. 즉, 현실 세계의 물리적 요소와 컴퓨터 기술이 통합되어 운영되는 시스템으로 자율주행차, 스마트 그리드, 스마트 건물 등이 CPS의 주요 예시들이다.

4차 산업혁명은 CPS의 발전과 함께 이루어지고 있다. CPS는 산업 자동화, 스마트 시스템, 빅데이터 분석, 인공지능 등과 함께 4차 산업혁명의 핵심 기술 중 하나로 인식되고 있다. 따라서 4차 산업혁명 시대에 CPS는 새로운 비즈니스 모델의 발전과 산업 혁신의 핵심 역할을 수행하게 된다. 또한, CPS의 발전은 다양한 산업 분야에서의 혁신과 경쟁력 강화를 이끌어내며, 스마트 시티, 스마트 팩토리, 스마트 헬스케어 등의 스마트 비즈니스를 이끌어 새로운 사회적 서비스 및 산업 발전에도 기여하고 있다.

2. 스마트 비즈니스

스마트 비즈니스(Smart business)란 기업이 혁신적인 기술과 전략을 활용하여 효율성과 경쟁력을 향상시키는 것으로 빅데이터 분석, 인공지능, 사물인터넷, 자동화 등의 기술을 적극적으로 활용하여 비즈니스 프로세스를 최적화하고, 미래에 대비하는 것을 의미한다.

스마트 비즈니스는 일반적으로 스마트 시스템 구축, 사물인터넷을 활용한 스마트 제품 활용, 인공지능을 활용한 자동화 등이 포함된다. 스마트 시스템 구축은 센서와 네트워크를 활용하여 작업을 편리하게 하고 에너지를 절약하는 스마트 팩토리, 스마트 팜, 스마트 그리드와 같은 스마트 시스템을 구축하는 것을 의미하며 사물인터넷을 활용한 스마트 제품 활용은 연결된 기기를 통해 데이터를 수집하고 분석하여 제품의 성능을 개선하거나 고객 경험을 향상시키는 것으로 예를 들어, 스마트 홈 디바이스는 사용자의 선호도를 파악하여 편리한 생활을 제공한다. 인공지능을 활용한 자동화는 자동화 기술을 도입하여 생산성을 향상시키고 인력을 절감하는 것으로 자율주행 자동차, 지능형 서비스 로봇들이 여기에 해당한다.

- 스마트 시스템 구축: 스마트 팩토리, 스마트 팜, 스마트 그리드 등
- 스마트 제품 활용: 스마트 홈 디바이스
- 인공지능을 활용한 자동화: 자율주행 자동차, 지능형 서비스 로봇

3. 스마트 팩토리

스마트 팩토리(Smart factory)는 CPS를 기반으로 제조의 모든 단계를 자동화, 디지털화하는 생산시스템을 갖춘 자율공장 시스템을 말한다. 실제로 스마트 팩토리는 산업 현장의 생산성 향상을 위해 인공지능, 사물인터넷, 빅데이터, 클라우드 컴퓨팅 등 다양한 첨단 정보기술들을 융합한 자율형 공장이다.

3.1. 스마트 팩토리 기반기술

스마트 팩토리를 구현하기 위해서는 다양한 기술이 필요하다. ETRI 표준연구센터(2018)에 따르면 스마트 팩토리 기술은 애플리케이션, 플랫폼, 디바이스, 보안 등 4가지 기술 영역으로 나눈다. 애플리케이션(Application)은 제조 실행, 품질 관리, 설비 유지보수, 고객 대응 등의 통합적인 운영 및 관리를 수행하는 스마트 팩토리의 애플리케이션들로 제조 실행 시스템(MES), 생산 시점 관리(POP), 기업 자원 계획(ERP), 공급망 관리(SCM) 등 플랫폼 상에서 수행하는 애플리케이션들이 포함된다. 플랫폼(Platform)은 스마트 팩토리의 기기에서 얻은 정보를 상위 레벨 애플

리케이션으로 전송하는 소프트웨어 시스템으로 플랫폼은 기기에서 수집한 데이터를 분석하고 모델링 및 가상 물리 시뮬레이션을 통해 최적화 정보를 제공한다. 빅데이터 분석, CPS 기술, 클라우드 기술, 공장 사물 자원 관리 등이 플랫폼에서 이용된다. 디바이스(Device)는 스마트 팩토리의 하위 하드웨어 시스템으로 스마트 센서를 통해 위치, 환경, 에너지를 감지하고 로봇을 통해 작업자 및 작업물의 위치를 인식하여 플랫폼으로 데이터를 전송하는 장치 컨트롤러, 로봇, 센서 등이 포함된다. 보안(Security)은 센서부터 애플리케이션까지 모든 분야의 다양한 데이터, 시스템, 제조시설을 안전하게 보호할 수 있는 정보보호 및 산업비밀 보호 기술로 사이버공격이나 해킹 대응기술, 안티바이러스, 침입탐지시스템(IDS) 등이 포함된다.

스마트 팩토리의 애플리케이션인 제조 실행 시스템(Manufacturing Execution System, MES)은 실시간 생산현황, 공정관리, 물류 및 작업이력 추적, 설비상태 정보, 품질관리 등의 기능을 제공하는 현장 중심 시스템을 말하며, 생산 시점 관리(Point Of Production, POP)는 계획 및 생산 정보, 시설 가동/비 가동 정보, 라인/공정별 생산 현황 등 생산 현장에서 발생하는 다양한 정보를 실시간 집계, 분석, 조회할 수 있는 시스템을 말한다.

3.2. 디지털 트윈

디지털 트윈(Digital twin)은 실제 물리적 제품이나 프로세스의 디지털 복제본을 모델링하고 모니터링하는 개념으로 [그림 11.2]와 같이 실제 물리적 시스템을 가

그림 11.2 디지털 트윈

상으로 복제하고 해당 동작을 실시간으로 모니터링 및 분석하는 것을 의미한다.

최근 스마트 팩토리의 핵심기술 중 하나로 공장최적화, 가상제조, 센서를 활용한 자동화에 활용되고 있는 디지털 트윈은 가상 모델링, 실시간 모니터링, 예측 및 분석, 시스템 연동성 등의 주요 기능들을 갖고 있다.

가상 모델링(Virtual Modeling) 기능은 실제 물리적인 제품이나 시스템의 디지털적인 복제본을 생성하는 것으로 제품의 디자인, 구성 요소, 성능 등을 가상으로 재현하여 시뮬레이션을 지원한다. 실시간 모니터링(Real-time monitoring) 기능은 실제 시스템이나 제품의 동작을 실시간으로 모니터링하는 것으로 센서와 연결되어 실시간 데이터를 수집하고 분석하여 시스템의 상태를 파악할 수 있다. 예측 및 분석(Prediction and analysis) 기능은 수집된 데이터를 기반으로 실제 시스템의 동작을 분석하고 예측하는 것으로 이를 통해 시스템의 문제를 사전에 파악하고 예방할 수 있다. 시스템 연동성(Interoperability) 기능은 디지털 트윈이 다른 시스템과 연동하여 상호작용하는 것으로 예를 들어 사물인터넷 기술을 활용하여 실제 제품이나 장비와 연결되어 상태를 모니터링하고 제어할 수 있다.

디지털 트윈은 기업이 생산성을 향상시키고 비용을 절감하는 데 큰 도움을 줄 수 있는 혁신적인 기술로 제조업뿐만 아니라 건설, 에너지, 자동차 등 다양한 산업 분야에서 활용되고 있다. 제조업에서는 생산 라인이나 설비의 상태를 모니터링하고 최적화하기 위해 주로 사용되며, 건설 산업에서는 건물이나 인프라의 건설과 유지보수를 지원한다.

4. 스마트 팜

스마트 팜(smart farm)은 ICT 기술을 적용해 농작물과 가축의 적절한 생활환경을 원격에서 자동으로 유지 및 관리하는 농장을 말한다. 스마트 팜을 활용한 농업은 언제 어디서나 작물과 가축의 생활환경을 적시에 확인하여 이전보다 적은 노동력, 에너지, 비료를 사용하면서도 농산물의 생산성과 품질을 향상시킬 수 있는 혁신적인 접근 방식으로 작물 생육 및 환경 정보에 대한 정확한 데이터를 기반으로 한다.

4.1. 스마트 팜 모델

전형적인 스마트 팜 적용 모델은 [그림 11.3]에서 보이는 봐와 같이 스마트 온실, 스마트 과수원, 스마트 축사이다.

스마트 온실(Smart Greenhouse)은 첨단 기술을 활용해 온실 내 환경을 자동으로 조절하는 시스템으로 센서가 온실 내부의 온도, 습도, 조도를 실시간으로 모니터링하고, 이를 자동으로 조절하여 작물에게 최적의 환경을 제공하고 또한 작물의 생장 상태와 환경 조건에 맞추어 자동으로 물과 영양분을 공급한다. 아울러 인공지능 기술을 활용해 병충해의 발생 가능성을 예측하고, 자동으로 방제 작업을 실행하며 다양한 데이터를 수집, 분석하여 최적의 작물 재배를 돕는다. 스마트 과수원(Smart Orchard)은 과수원의 생산성을 높이고, 관리의 효율성을 극대화하기 위해 첨단 기술을 적용한 시스템으로 날씨와 토양 상태에 따라 물을 자동으로 공급하고 사물인터넷 센서와 인공지능을 통해 병충해나 질병 발생을 예측하고, 예방 조치를 수행하며 인공지능을 활용해 수확 시기와 방법을 최적화하고, 생산량을 예측한

그림 11.3 스마트 팜

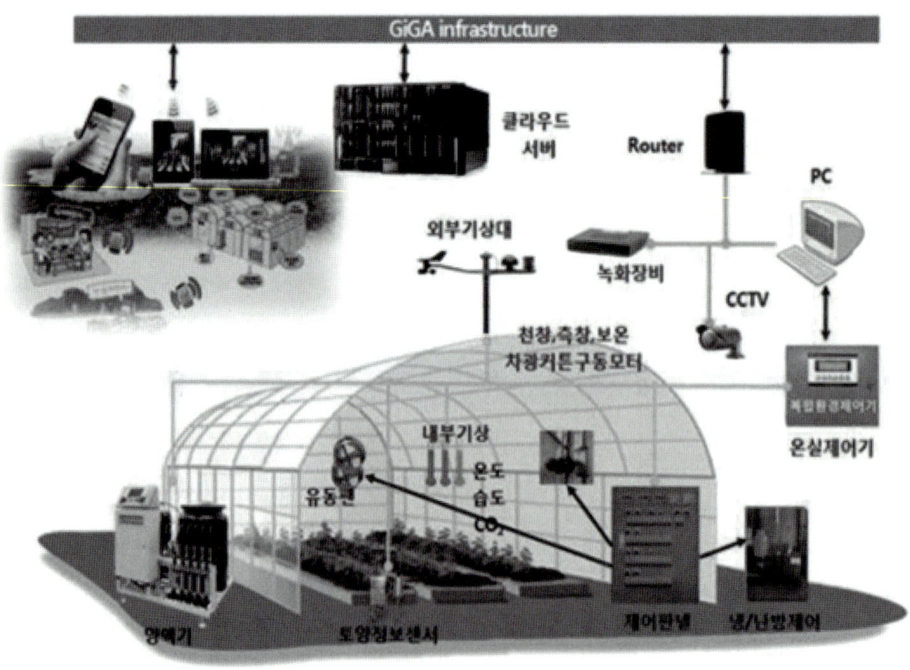

출처: 중소기업전략로드맵

다. 스마트 축사(Smart Livestock Barn)는 가축의 건강과 복지를 최적화하고, 운영 효율성을 높이기 위해 다양한 첨단 기술을 적용한 축사로 축사 내의 온도, 습도, 조명을 자동으로 조절하여 가축이 쾌적한 환경에서 생활할 수 있도록 하고 웨어러블 디바이스나 RFID 태그 등을 통해 가축의 건강 상태, 활동량, 위치 등을 실시간으로 모니터링하며, 가축의 필요에 맞춰 자동으로 사료와 물을 공급하여 사료 낭비를 줄이고, 건강 관리를 향상시키고 인공지능을 통해 질병 발생 가능성을 예측하고, 조기에 대응할 수 있다.

4.2. 스마트 팜 기반 기술

스마트 팜을 운영하는 데 필요한 기반 기술들은 다양한 분야의 기술이 융합되어 있으며, 주로 사물인터넷, 빅데이터, 인공지능, 로봇공학, 드론 및 클라우드 컴퓨팅 기술 등이 사용된다. 이들 기술은 농업의 다양한 측면에서 데이터를 수집, 분석, 적용하여 최적의 환경을 조성하고, 자원을 효율적으로 활용할 수 있게 한다.

사물인터넷은 스마트 팜의 핵심 기술 중 하나로, 다양한 센서와 장비를 네트워크에 연결하여 실시간으로 데이터를 수집하고 관리한다. 사물인터넷을 통하여 온도, 습도, 토양 수분, 조도, CO_2 농도 등 다양한 환경 데이터를 실시간으로 측정하여, 작물 재배에 최적의 조건을 유지한다. 또한 가축의 위치, 활동량, 체온 등을 모니터링하여 건강 상태를 실시간으로 관리할 수 있다. 아울러 사물인터넷은 온실 환기 장비 등을 원격으로 제어하고 자동화할 수 있다. 빅데이터는 사물인터넷을 통해 수집된 대량의 데이터를 분석하여 농업 생산성을 극대화하는 데 사용되는 기술로 날씨 데이터, 토양 데이터, 작물 생장 데이터 등을 분석하여 최적의 재배 전략을 수립하고 과거 데이터와 실시간 데이터를 바탕으로 수확량, 병충해 발생 가능성, 시장 동향 등을 예측할 수 있다. 인공지능은 스마트 팜에서 수집된 데이터를 분석하고, 의사 결정을 자동화하는 데 사용되는 기술로 AI 알고리즘을 통해 병충해 발생 가능성을 예측하고, 필요한 조치를 자동으로 제안하거나 수행한다. 또한 인공지능을 통해 작물의 최적 재배 시기를 결정하거나, 급수 및 영양 공급을 자동으로 조절할 수 있다. 로봇공학은 스마트 팜에서 인간의 노동을 대체하거나 보조하는 데 사용될 수 있다. 씨앗 심기, 수확, 제초 등의 작업을 자동으로 로봇이 수행하고 인공지능과 머신러닝 기술을 적용한 로봇이 과일이나 채소의 성숙도를 판단하고, 자동으로 수확 작업을 할 수 있다. 드론은 카메라와 센서를 통해 작물에 대한 모니터링, 농약이나 비료 살포에 사용되어 스마트 팜의 효율성을 크게 향상시킬 수 있다. 마지막으로 스마트 팜에서 생성되는 방대한 데이터를 저장하고 분석하는 데 필요한 인프라를 제공하는 기술로 클라우드 컴퓨팅이 활용될 수 있다.

5. 스마트 그리드

스마트 그리드(Smart grid)는 ICT을 융합하여 전력망을 혁신하고 전력을 보다 효율적으로 운영하고 지능적으로 관리하는 시스템을 말한다. 기존의 전력망은 단순히 전기를 공급하는 역할에 그쳤지만, 스마트 그리드는 전력을 생산, 전송 및 사용하는 모든 과정에서 ICT 기술을 활용하여 최적화된다. 스마트 그리드는 전력 시

그림 11.4 스마트 그리드

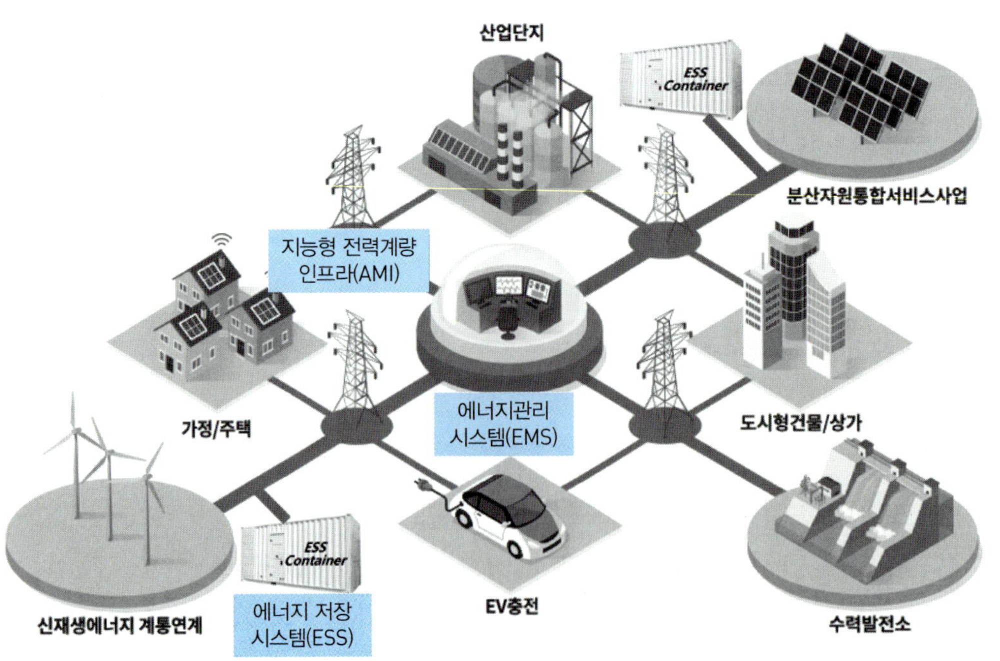

출처: 한국 스마트 그리드 협회

스템의 효율성과 안정성 향상에 도움을 주며, 에너지 절약과 환경 보호에도 기여한다.

5.1. 스마트 그리드 주요 구성요소

스마트 그리드는 전력 시스템을 더욱 지능적으로 만들고 전력 네트워크를 효율적으로 관리하기 위하여 다양한 요소들로 구성되어 있다. 주요 스마트 그리드의 구성 요소는 지능형 전력계량 인프라(AIM), 에너지 관리 시스템(EMS), 에너지 저장 시스템(ESS)이다.

지능형 전력계량 인프라(Advanced Metering Infrastructure, AIM)는 전력회사와 소비자 간의 효율적인 전력배분을 위해 지능형 배전시스템과 연계된 지능형 전력서비스 인프라를 통해 전력사용량을 측정하고 관리하는 첨단 계량 시스템이다. AMI는 스마트 미터, 통신 네트워크 및 데이터 관리 시스템으로 구성되어 있다. 스마트 미터(Smart Meters)는 전력 사용량을 실시간으로 측정, 수집하여 전력공급업체에 전송하는 디지털 계량기로 전력 사용량을 정확하게 측정하고 소비자에게 실시간으로 정보를 제공할 수 있다. 통신네트워크(Communication Network)는 스마트 미터에서 수집한 데이터를 중앙 시스템으로 전송하는 장치로 무선, 유선, 또는 하이브리드 형태로 구축되며 신뢰성과 보안을 보장한다. 또한 원격제어, 장애감지 등의 기능을 제공한다. 데이터 관리 시스템(Data Management System)은 스마트 미터로부터 수집된 데이터를 저장, 처리, 분석하는 소프트웨어로 대량의 데이터를 처리하고 분석하여 전력공급업체가 전력네트워크를 효율적으로 관리할 수 있도록 지원한다. 또한 데이터 관리 시스템은 소비자에게 사용량과 요금에 대한 정보를 제공하는 등 다양한 기능을 수행한다.

에너지 관리 시스템(Energy Management System, EMS)은 에너지 소비를 효율적으로 관리하고 최적화하기 위해 개발된 시스템으로 전력망, 산업, 상업용 건물, 주택 등의 다양한 분야에서 에너지 사용을 실시간으로 모니터링하고 분석하여, 에너지 소비를 최적화하고 비용을 절감하는 데 도움을 준다. 실질적으로 EMS는 전력 수요 예측, 에너지 사용량 모니터링, 제어 및 최적화, 에너지 비용 관리, 실시간 알림 및 경고 등의 기능을 제공한다. 전력 수요 예측은 과거의 에너지 사용 패턴을 분석하여 미래의 전력 수요를 예측하고 이를 통해 전력 생산 및 소비를 계획하고 최적화한다. 에너지 사용량 모니터링은 전력 네트워크나 건물의 에너지 사용량을 실시간으로 모니터링하고 분석하여 에너지 사용 패턴을 식별하고 에너지 소비를 최적화한다. 제어 및 최적화 기능은 다양한 제어 알고리즘을 사용하여 전력 생산 및 사용을 최적화한다. 예를 들어, 전력 수요가 높을 때는 생산을 증가시키고 소비를 제한하여 전력 공급을 안정화시킨다. 에너지 비용 관리 기능은 에너지 사용량을 관리하고 전력 요금을 최적화하여 에너지 비용을 절감한다. 이를 통해 기업이나 건물 소유자는 전력 비용을 관리하고 예산을 줄일 수 있다. 실시간 알림 및 경고 기능은 전력 네트워크나 건물의 문제를 실시간으로 감지하고 관리자에게 알림을 제공한다. 이를 통해 잠재적인 문제를 조기에 발견하고 조치를 취할 수 있다. EMS는 대규모 산업 시설부터 상업용 건물, 주택까지 다양한 규모와 종류의 시설에서 사용된다. 따라서 EMS의 유형은 공장의 에너지 관리를 위한 FEMS(Factory Energy Management System), 빌딩을 위한 BEMS((Building Energy Management System), 그리고 가정의 에너지 관리를 위한 HEMS(Home Energy Management System)가 있다.

에너지 저장 시스템(Energy Storage System, ESS)은 전기 에너지를 저장하고 나중에 필요할 때 다시 사용할 수 있는 기술이나 장치로 전력 네트워크의 안정성을 향상시키고 에너지의 효율적인 사용을 촉진하는 데 중요한 역할을 한다. 에너지를 저장하기 위한 주요 구현 기술로는 리튬 이온 배터리(Li-ion)와 같은 배터리를 이용하는 배터리 기반 저장 기술, 압축공기를 이용하는 물리적 에너지 저장 기술, 수소의 전기화학적 반응을 이용하는 연료전지 기술 등이 있다. ESS는 신재생 에너지 자원에서 전력을 생산할 때 수반되는 송전 상의 제약을 최소화하고, 풍력이나 태양광 발전 시스템에서 생산되는 신재생 에너지가 연속적이지 않다는 단점을 보완하며, 그리드 시스템의 주파수를 안정시키며, 일반 주택 및 상업용 시설의 에너지 비용을 절감하는 등의 효과가 있다. ESS는 전력 네트워크뿐만 아니라 상업 및 산업 시설, 주택 등 다양한 분야에서 사용된다.

5.2. 마이크로그리드

마이크로그리드(microgrid)는 전력 네트워크의 일부로서 지역적인 규모에서 전력을 생성, 저장 및 소비할 수 있는 자립적인 전력 시스템을 말한다. 주로 섬이나 사막 같은 독립된 지역이나 특정 건물 내에서 사용되며, 전통적인 중앙화된 전력 시스템과는 달리 지능형 제어 시스템을 통해 자원을 효율적으로 관리하는데 활용된다.

마이크로그리드의 주요 구성 요소는 [그림 11.5]와 같이 분산형 에너지 자원(DERs), 에너지 저장 시스템(ESS), 전력 전환 및 제어 시스템, 지능형 그리드 운영 시스템 등이 있다. 분산형 에너지 자원(Distributed Energy Resources, DERs)은 태양광, 풍력, 지열 등의 재생 가능한 에너지 자원으로 마이크로그리드의 핵심이다. 이러한 에너지 자원은 지역적으로 전력을 생성하고 마이크로그리드 내에서 소비된다. 전력을 저장하여 필요할 때에 사용할 수 있는 에너지 저장 시스템(Energy Storage Systems)은 마이크로그리드의 안정성을 향상시키고 전력 수급의 변동을 관리한다. 전력 전환 및 제어 시스템(Power Conversion and Control Systems)은 마이크로그리드에서 전력을 생성, 저장, 분배하고 전력 네트워크를 관리하기 위한 시스템으로 에너지의 흐름을 조절하고 네트워크의 안정성을 유지한다. 마지막으로 지능형 그리드 운영 시스템(Intelligent Grid Operation Systems)은 전력 생산 및 소비를 최적화하고 전력 네트워크의 효율적 운영을 지원하는 시스템으로 데이터 분석, 머신러닝 등의 기술을 활용하여 전력 네트워크를 모니터링하고 제어한다.

마이크로그리드는 상업적인 건물, 산업단지, 군사 시설, 농촌 지역 등의 다양한 장소에서 사용되며, 전력의 안정성과 신뢰성을 향상시키고 재생 가능한 에너지의 사용을 촉진한다. 또한 재난 상황이나 비상 상황에서 전력 공급을 유지하는 데 유용하게 활용될 수 있다.

그림 11.5 마이크로그리드 구성

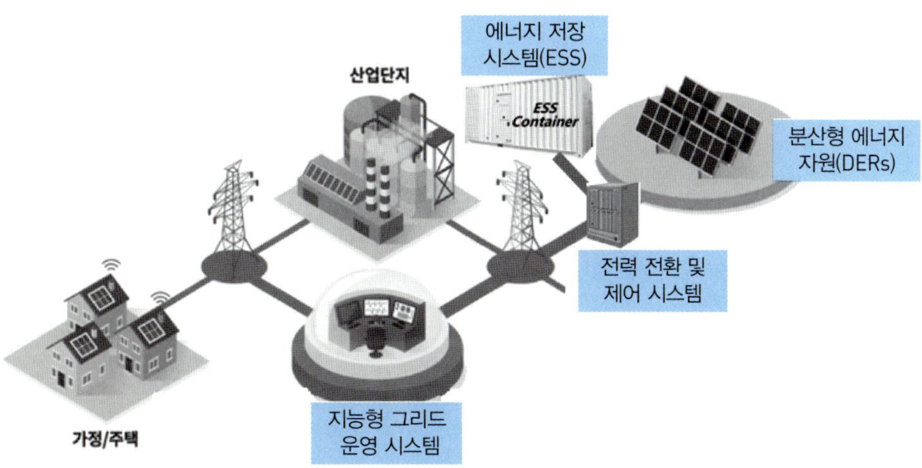

6. 스마트 홈 기술

스마트 홈(Smart Home) 서비스는 인터넷을 기반으로 가전 제품 등의 집안의 사물들을 제어 관리하는 홈-오토, 보안 및 의료 서비스를 제공하는 것을 말한다. 스마트 홈-오토(Smart home-auto) 서비스는 집 안의 모든 조명 장치 및 가전제품들을 자동으로 제어하는 것으로, 가스, 전기, 난방 및 온수 등을 관리하는 에너지 관리 시스템과 같은 가정 제어 시스템 등을 포함한다. 스마트 보안(Smart security) 서비스는 집 현관, 아기 방의 비디오 및 오디오 모니터링, 외출 시 집의 비디오 녹화, 가스 누출, 침입 등과 같은 비상 상황 모니터링을 지원한다. 스마트 헬스케어(Smart healthcare) 서비스는 인터넷 및 관련 기술을 통해 병원을 연결하여 진단, 치료와 같은 의료 서비스를 제공한다.

스마트 홈은 통합 데이터 교환, 기기 제어, 엔터테인먼트, 보안, 건강 및 통신을 원활하게 네트워크화하는 스마트 홈 네트워킹 환경을 기반으로 할 수 있으며, 이러한 것들이 삶의 질을 향상시킨다. [그림 11.6]은 스마트 홈 네트워킹 환경의 예를 보여준다.

그림 11.6 스마트 홈 네트워크

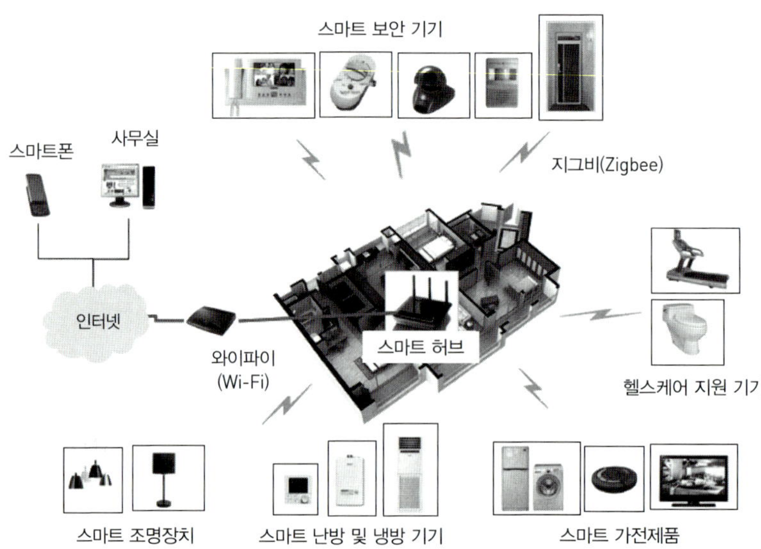

6.1. 스마트 홈 기술

스마트 홈 기술들은 주택의 다양한 부분을 자동화하고 사용자의 편의성을 증진시키는데 사용된다. 주요한 스마트 홈 기술들은 스마트 조명 시스템, 스마트 가전 제품, 스마트 난방 및 냉방 시스템, 스마트 보안 시스템, 스마트 허브 음성 인식 기술 등이 있다.

스마트 조명 시스템(Smart Lighting Systems)은 주택 내부의 조명을 자동화하고 제어하는데 사용된다. 사용자는 스마트폰 앱을 통해 조명을 켜고 끌 수 있으며, 조명의 밝기와 색상을 조절할 수도 있다. 또한 일정을 설정하여 조명을 자동으로 조절할 수 있다. 스마트 가전 제품(Smart Appliances)은 사용자의 생활을 편리하게 만들기 위해 사용된다. 스마트 냉장고, 세탁기, TV 등은 사용자의 스마트폰과 연결되어 원격으로 제어하고 에너지 소비를 최적화할 수 있다. 스마트 난방 및 냉방 시스템(Smart Heating and Cooling Systems)은 주택의 온도를 효율적으로 조절하는데 사용된다. 사용자는 스마트폰 앱을 통해 난방 또는 냉방을 제어할 수 있으며, 일정을 설정하여 에너지를 절약할 수 있다. 스마트 보안 시스템(Smart Security Systems)은 주택의 보안을 강화하고 사용자가 집 안과 주변을 모니터링할 수 있도록 한다. 스마트 카메라, 센서 및 경보 시스템을 사용하여 침입, 화재, 가스 누출 및 기타 위험 상황을 감지하고 사용자에게 경고를 제공한다. 스마트 허브(Smart Hub)는 다양한 스마트 기기를 하나의 플랫폼에서 제어할 수 있도록 돕는 장치로 음성 명령으로 기기를 제어할 수 있는 기능도 제공한다. 대표적인 예로 구글 홈, 아마존 알렉사, 애플 홈팟 등이 있다. 음성 인식 기술을 통해 사용자는 음성 명령을 사용하여 주택의 다양한 기기와 시스템을 제어할 수 있다. 사용자는 음성으로 조명을 켜고 끄거나 가전 제품을 제어할 수 있다.

7. 지능형 서비스 로봇

지능형 서비스 로봇(Intelligent service robot)은 인공지능과 로봇 기술을 결합하여 외부 환경의 변화를 인식하고 상황에 따른 판단을 내리고 자율적으로 동작하며 인간과 상호작용하고 다양한 서비스를 제공하는 로봇을 말한다. 이러한 로봇은 사람들의 일상 생활을 보다 편리하고 안전하게 만들어주며, 의료, 교육, 호텔 및 여행 산업 등 다양한 분야에서 활용될 수 있다.

지능형 서비스 로봇은 인공지능 활용, 자동화된 기능, 사회적 상호작용, 다양한 서비스 제공, 안전 및 보안 기능 등의 같은 특징을 가지고 있다. 인공지능 활용은 지능형 서비스 로봇이 수준 높은 인공지능 기술을 사용하여 환경을 인식하고 상황에 따라 적절한 반응을 하는 것으로 로봇들은 학습 능력을 가지고 있어 사용자와 상호작용하면서 계속해서 성능을 개선할 수 있다. 자동화된 기능은 지능형 서비스 로봇은 자동으로 다양한 작업을 수행할 수 있다. 예를 들어, 음성 명령을 인식하여 가정 청소를 수행하거나 음식을 조리할 수 있다. 사회적 상호작용은 지능형 서비스 로봇은 사용자와 자연스럽게 상호작용할 수 있다. 인간과 로봇 간의 대화를 이끌어내고 감정을 인식하여 적절한 반응을 할 수 있다. 다양한 서비스 제공은 지능형 서비스 로봇은 다양한 서비스를 제공할 수 있다. 의료 분야에서는 환자를 돌보거나 의료 정보를 제공할 수 있으며, 호텔 분야에서는 고객을 안내하거나 객실 서비스를 제공할 수 있다. 마지막으로 안전 및 보안 기능은 로봇은 안전하고 보안이 강화된 환경에서 작동한다. 특히 의료 분야에서는 개인 정보 보호와 안전에 특히 신경을 써서 작동한다.

7.1. 지능형 서비스 로봇의 유형

지능형 서비스 로봇은 주로 제공하는 서비스나 사용되는 환경에 따라 구분된다. 따라서 지능형 서비스 로봇은 일반적으로 가정용 로봇, 의료 및 건강 관리 로봇, 고객 서비스 및 호텔 로봇, 교육 및 엔터테인먼트 로봇, 공공 안전 및 보안 로봇 등의 유형으로 구분된다.

가정용 로봇(Home Robots)은 일상적인 가정 생활에서 사용되는 로봇으로, 청소 로봇, 요리 보조 로봇, 홈 엔터테인먼트 시스템 등이 포함된다. 이러한 로봇은 주로 집안일을 돕거나 가정 생활의 편의성을 증진시키는 역할을 한다. 의료 및 건강 관리 로봇(Medical and Healthcare Robots)은 의료 및 건강 관리 분야에서 사용되는 로봇으로, 환자 돌봄 로봇, 수술 보조 로봇, 재활 로봇 등이 있다. 이러한 로봇은 의료 서비스를 제공하거나 환자의 건강을 관리하는 데 사용된다. 고객 서비스 및 호텔 로봇(Customer Service and Hospitality Robots)은 호텔, 레스토랑, 상점 등에서 사용되는 고객 서비스를 제공하는 로봇으로, 안내 로봇, 주문 및 서빙 로봇, 체크인 및 체크아웃 로봇 등이 있다. 이러한 로봇은 고객의 편의를 증진시키고 서비스 품질을 향상시킨다. 교육 및 엔터테인먼트 로봇(Education and Entertainment Robots)은 교육 및 엔터테인먼트 분야에서 사용되는 로봇으로, 어린이 교육 로봇, 언어 학습 로봇, 게임 및 로봇 펫 등이 포함된다. 이러한 로봇은 학습과 놀이를 통해 사용자의 지식 습득이나 즐거움을 증진시킨다. 공공 안전 및 보안 로봇(Public Safety and Security Robots)은 공공 장소나 군사 시설에서 사용되는 로봇으로, 보안 로봇, 화재 대응 로봇, 폭탄 제거 로봇 등이 있다. 이러한 로봇은 공공 안전을 유지하고 위험한 작업을 수행하는 데 사용된다. 이 외에도 산업용 로봇, 농업 로봇, 우주 탐사 로봇 등 다양한 유형의 지능형 서비스 로봇이 있다.

7.2. 지능형 서비스 로봇 핵심기술

지능형 서비스 로봇은 다양한 환경에서 사용자와 상호작용하고 다양한 작업을 수행할 수 있도록 지원한다. 이를 위한 지능형 서비스 로봇의 핵심 기술은 인공지능 기술, 컴퓨터 비전 기술, 센서 기술, 음성 인식과 자연어 처리, 로봇운동학, 인간-로봇 상호작용 기술, 자율주행 기술 등이 있다,

인공지능(AI) 기술은 로봇이 환경을 인식하고 판단하여 적절한 행동을 취할 수 있도록 하는 기술로 이러한 기술을 사용하여 로봇은 사용자의 요구를 이해하고 학습하여 그에 맞는 서비스를 제공할 수 있다. 컴퓨터 비전(Computer Vision) 기술은 로봇이 주변 환경을 인식하고 객체를 감지, 추적, 분류할 수 있도록 하는 기술로 이를 통해 로봇은 사물을 인식하고 환경에 대한 이해를 높일 수 있다. 센서 기술(Sensor Technology)은 로봇은 주변 환경의 상태를 감지하고 모니터링을 하는데 활용되는 기술로 센서는 거리, 위치, 온도, 습도 등의 정보를 수집하여 로봇의 행동에 도움을 준다. 음성 인식 및 자연어 처리(Natural Language Processing, NLP) 기술

은 로봇이 사용자와 의사 소통할 수 있도록 하는 기술로 로봇이 사용자의 음성 명령을 인식하고 자연어로 텍스트를 이해하여 적절한 응답을 하도록 한다. 로봇운동학(Robotics)은 로봇의 움직임과 제어에 관련된 기술 분야로 로봇운동학을 통해 로봇은 안전하고 효율적으로 작업을 수행할 수 있도록 한다. 인간-로봇 상호작용(Human-Robot Interaction, HRI) 기술은 로봇이 사용자와 자연스럽게 상호작용할 수 있도록 하는 기술로 이를 통해 사용자는 로봇과 쉽게 의사 소통하고 협력할 수 있다. 자율주행(Autonomous Navigation) 기술은 로봇이 환경을 탐험하고 자율적으로 이동할 수 있도록 하는 기술로 이를 통해 로봇은 복잡한 환경에서 작업을 수행하거나 사용자를 안전하게 안내할 수 있다.

7.3. 주요 지능형 서비스 로봇

지능형 서비스 로봇은 다양한 분야에서 활용되고 있으며, 실제로 활용되는 지능형 서비스 로봇은 페퍼, 미스티 II, 아니보, 테미 등이 있다.

페퍼

페퍼(Pepper)는 소프트뱅크 로봇스에서 개발한 사람과 대화할 수 있는 로봇으로, 음성 및 얼굴 인식, 자연어 처리, 감정 인식 등의 기술을 통해 사용자와 상호작용한다. 페퍼는 공공 장소나 상업 시설에서 정보 제공, 안내, 상담 등의 역할을 수행하고 있다. 미스티 로보틱스(Misty Robotics)에서 개발한 미스티(Misty) II는 개발자들이 자유롭게 프로그래밍하여 다양한 작업을 수행할 수 있는 개방형 플랫폼으로 II는 음성 및 얼굴 인식, 자율주행 기능, 환경 인식 등의 기술을 활용하여 개인용 도우미, 교육 로봇, 보안 로봇 등으로 활용된다.

미스티 II

소니에서 개발한 아이보(Aibo)는 로봇 애완 동물로, 감정 인식, 자율주행, 음성 인식 등의 기술을 통해 사용자와 상호작용하고 반려 동물로서의 경험을 제공한다. 테미(Temi)는 개인용 비디오 콜 및 엔터테인먼트 서비스를 제공하는 로봇으로 사용자는 테미를 통해 비디오 통화를 할 수 있고, 음악을 듣거나 동영상을 시청할 수 있다. 또한 테미는 자동으로 이동하며 사용자를 따라다니는 기능도 갖추고 있다.

아이보

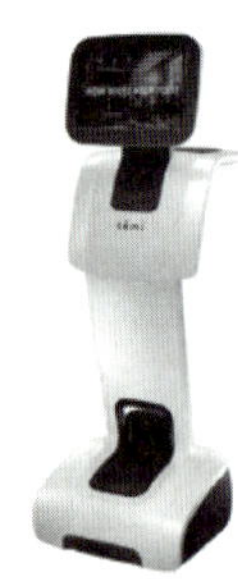
테미

8. 자율주행 기술의 응용

자율주행 기술(Autonomous Driving Technology)은 기계가 스스로 주행할 수 있도록 하는 기술로 주요 응용 분야는 자율주행 자동차와 자율주행 농기계가 있다.

8.1. 자율주행 자동차

자율주행 자동차(Self-driving car)는 차량이 운전자의 개입 없이 스스로 주행하는 자동차로 주로 센서 기술, 인공지능, 자율주행 알고리즘, V2X 통신 기술 등을 결합하여 구현된다. [그림 11.7]은 자율주행 자동차에 적용된 기술들을 보여준다.

센서 기술(Sensor Technology)은 자율주행 자동차는 다양한 센서를 사용하여 주변 환경을 감지하고 분석한다. 카메라, 라이다(LiDAR), 초음파 센서, 레이더 등이 사용되고 이러한 센서들은 차량의 주변 환경, 도로 상황, 장애물 등을 실시간으로 감지하고 분석하여 안전한 주행 경로를 계획한다. 카메라는 색상 및 문자 인식을 통해 물체를 식별할 수 있기 때문에 주로 물체의 형태를 파악하는 데 사용되고 라이다는 레이저를 이용하여 물체에 반사되는 신호를 통해 주변 환경의 3D 지도를 생성하는 데 사용된다. 초음파 센서((Ultrasonic Sensors)는 음파를 이용해 근거리 물

그림 11.7 자율주행 자동차

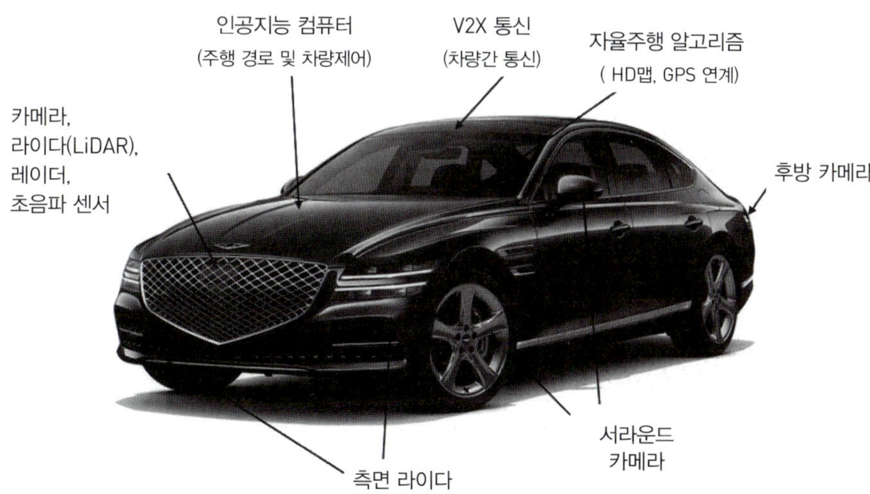

체의 거리나 위치에 대한 정밀한 감지를 위해 사용되고 레이저는 전파를 사용해 움직이는 물체의 거리와 속도를 측정할 수 있어 고속 주행 중의 충돌 방지 시스템에 사용된다.

인공지능(AI) 기술은 자율주행 자동차가 환경을 인식하고 판단하는 역할을 하는 기술로 센서로부터 수집된 데이터를 분석하고 학습하여 도로 상황을 이해하고 예측한다. 이를 통해 자율주행 시스템은 주행 경로를 계획하고 차량을 제어한다. 자율주행 알고리즘(Autonomous Driving Algorithms)은 차량이 주변 환경을 이해하고 안전한 주행 경로를 계획하는 데 사용된다. 이러한 알고리즘은 실시간으로 도로 상황을 분석하고 차량의 속도, 방향 및 조향을 제어하여 안전한 주행을 보장한다. 통신 기술인 V2X 통신(Vehicle-to-Everything Communication) 기술은 차량과 인프라 또는 다른 차량 간의 통신을 가능하게 한다. 이를 통해 자율주행 차량은 도로 상황을 실시간으로 공유하고 주변 차량과의 상호작용을 통해 보다 안전한 주행을 할 수 있다.

8.2. 자율주행 농기계

자율주행 농기계(Self-driving agricultural machinery)는 농업 생산성을 향상시키고, 노동력 비용을 줄이며, 작업의 효율성을 높이기 위해 설계된 자동화된 기계로 주요 자율주행 농기계는 자율적으로 주행하며 씨앗을 심거나 비료를 배포하고, 토양

그림 11.8 자율주행 농기계

을 갈거나 수확을 하는 자율 트랙터(Tractor), 자동으로 작물을 수확하는 자율 수확기(harvester), 자동으로 농약이나 비료를 살포하는 자율 방제기와 공중에서 농작물의 상태를 모니터링하고, 농약이나 비료를 분사할 수 있는 자율 드론 등이 있다.

자율주행 농기계의 주요 기술은 자동화 기술, 센서 기술, 인공지능, GPS 및 GNSS(Global Navigation Satellite System), 빅데이터 분석 등 있다.

자동화 기술은 농업 작업을 자동으로 수행하는 데 사용되는 기술로 자율주행 기능을 갖춘 농기계는 농부가 직접 조작하지 않고도 농업 작업을 수행할 수 있다. 예를 들어, 자동 작업 타기팅, 자동 조향 및 작업 등의 기술이 있다. 센서 기술은 자율주행 농업 기계가 주변 환경을 인식하는 데 사용되는 기술로 카메라, 라이다(LiDAR), 초음파 센서, 레이더 등의 센서를 사용하여 농업 지형, 장애물, 작물 상태 등을 감지하고 분석한다. 인공지능 기술은 농업 작업에 관한 데이터를 수집하고 분석하여 농업 생산성을 향상시키는 데 사용된다. 일반적으로 작물의 상태를 감지하고 진단하여 적절한 처리 방법을 결정하는 데 사용될 수 있다. GPS 및 GNSS 기술은 자율주행 농업 기계의 위치를 정확하게 파악하는 데 사용된다. 이를 통해 농기계는 정확한 경로를 따라 이동하고 농작업을 수행할 수 있다. 빅데이터 분석 기술은 농업 작업에 관한 데이터를 수집하고 분석하여 작물 생산성을 최적화하는 데 사용된다. 이를 통해 농부들은 센서 데이터, 날씨 정보, 토양 조성 등의 데이터를 분석하여 더 나은 농업 의사결정을 내릴 수 있다.

CHAPTER

12

IT 윤리와 정보보안 기술

학습목표

1. IT 윤리 및 트렌드에 대해 이해한다.
2. 프라이버시에 대해 설명하고 이를 보호하는 방법에 대해 논의한다.
3. 컴퓨터 범죄에 대해 설명하고 이를 예방하기 위한 노력에 대해 토론한다.
4. 컴퓨터 사용으로 인한 신체적, 정신적 건강 문제를 이해한다.
5. 디지털 격차를 설명하고 이를 해소하기 위한 노력에 대해 논의한다.
6. AI 윤리적 이슈에 대하여 이해한다.
7. 환경과 지속가능성을 위한 그린 IT에 대하여 설명할 수 있다.
8. 정보보안 목표에 대해 설명할 수 있다.
9. 정보보안 기술들에 대하여 설명할 수 있다.
10. 블록체인 기술에 대하여 이해한다.

1. IT 윤리

IT 윤리는 정보기술과 관련된 도덕적 문제와 관련된 원칙 및 가이드라인을 의미한다. 정보와 새로운 정보기술이 우리의 사회적, 경제적, 문화적 상호 작용에 필수적이 되면서 정보기술 사용을 둘러싼 윤리적 문제가 우리의 관심을 끌었다. 오늘날 IT 윤리는 지적소유권, 무단접근, 개인정보보호, 보안, 건강, 표현의 자유, 환경보호 및 디지털 격차와 관련된 문제를 광범위하게 다루고 있다.

1.1. IT 윤리 트렌드

IT 윤리 트렌드는 기술의 빠른 발전과 함께 진화하고 있으며, 다양한 윤리적 문제와 도전에 대응하고 있다. IT 윤리 관련한 시대별 주제는 다음과 같다.

- 1940년대~50년대 – 메인 프레임 시대: 로봇의 인간에 대한 감시 우려, 제러미 벤담(Jeremy Bentham)의 판옵티콘(Panopticon), 조지 오웰(George Orwell)의 빅브라더(Big Brother)
- 1970년대~80년대 – PC 시대: PAPA-개인정보보호(Privacy), 정확성(Accuracy), 지적 재산권(Property) 및 접근성(Accessibility), 바이러스
- 1990년대~2010년대 – 인터넷 시대: 트리플 A(Triple-A)-가용성(Availability), 접근성(Accessibility) 및 정확성(Accuracy), 인터넷 불법 복제, 디지털 격차, 보안, 해킹, 언론 및 검열의 자유, 음란물, 모니터링 및 감시, 건강 염려
- 2010년대~2020년대 – 소셜미디어와 모바일 시대: 소셜미디어 윤리, 모바일 프라이버시
- 2020년대~현재 – 빅데이터와 인공지능 시대: AI 윤리, 환경과 지속 가능성, 인권침해

오늘날의 정보 사회에서 정보 전달 및 활용 능력은 공정하고 공평하며 책임 있는 관행을 장려하는 윤리적 기반을 확립하는 데 있어 필수적인 관심사이다. 따라서 정보 활용 능력(Information literacy)은 정보가 필요할 때를 알고, 이를 식별할 수 있는 능력으로 당면한 IT 윤리 문제에 대해 해당 정보를 찾아 평가하고 효과적으로 사용될 수 있다.

그림 12.1 벤담의 판옵티콘

2. 프라이버시

IT와 관련하여 가장 중요한 윤리 문제 중 하나는 프라이버시 보호이다. 프라이버시(Privacy)는 미국 대법원 판사인 루이스 브랜다이스(Louis Brandeis)가 정의한 "혼자 있을 권리"로 포괄적으로 정의되고 있다. 개인의 권리인 프라이버시는 정부나 기업, 개인 등 다양한 주체에 의해 침해되어 왔다. 특히, 인터넷과 정보기술의 발달로 인해 개인정보 침해가 더욱 쉬워졌다.

프라이버시 보호에는 개인의 종교 및 성적 취향과 같은 생활 프라이버시 보호, 금융 프라이버시 보호, 인터넷 및 모바일 프라이버시 보호, 의료 프라이버시 보호, 정치 프라이버시 보호 등 다양한 유형이 있다. 이 중 금융프라이버시, 인터넷 프라이버시, 모바일 프라이버시, 의료 프라이버시에 대한 보호는 인터넷이나 정보기술과 밀접하게 연관되어 있다. 금융 프라이버시(Financial privacy)는 자산, 부채, 구매 금액 등 개인의 금융 정보를 보호하는 것으로 사기나 신원 도용을 방지하는 것이 중요하다. 개인의 구매에 관한 정보는 방문한 장소, 접촉한 사람, 사용하는 제품, 활동 및 습관, 사용한 약품 등 그 사람의 이력에 대한 많은 정보를 제공할 수도 있다. 따라서 개인의 활동 이력이 노출될 수 있는 RFID와 같은 최신의 정보기술을 구매 활동 적용에 대한 논란이 있다. 인터넷 프라이버시(Internet privacy) 보호는 개인이 인터넷을 통해 공개하는 개인정보와 해당 정보에 접근할 수 있는 사람을 통제하는 것으로 이러한 것에 대한 우려 사항에는 제3자가 동의 없이 이 메일을 저장하거나 읽을 수 있는지 여부, 또는 누군가가 방문한 웹 사이트를 제3자가 추적할 수 있는지 여부가 포함된다. 아울러 특정 웹사이트가 방문자에 대한 개인 식별 정보를 수집, 저장 및 공유하는지에 대한 확인 및 보호도 포함된다. 모바일 프라이버시(mobile privacy)는 스마트폰과 태블릿 같은 모바일 기기를 사용하는 동안 개인 정보와 데이터를 보호하는 것을 의미한다. 모바일은 개인의 위치 정보, 연락처, 메시지, 사진 등 다양한 민감한 정보를 포함한다. 이러한 정보가 유출되거나 오용될 경우 심각한 사생활 침해와 안전 문제를 초래할 수 있다. 의료 프라이버시(medical privacy)는 환자의 의료 정보와 관련된 비밀 유지 및 보호를 다루는 것으로 개인의 건강 상태, 진료 기록, 치료 내역, 검사 결과 등 민감한 정보를 포함하고 있어, 이러한 정보가 보호되지 않을 경우 개인의 사생활과 권리가 침해될 수 있다. 특히 의료 분야에 IT 기술이 확대 적용됨에 따라 의료 프라이버시에 이러한 문제가 부가되고 있다. 전자 건강 기록(EHR) 같은 의료 기록의 디지털화는 데이터 유출과 해킹의 위험을 증가시키고 있고 다양한 건강 관련 앱들이 사용자 데이터를 수집하면서, 데이터 보호와 프라이버시 문제가 발생할 수 있다. 또한 검사와 관련된 데이터는 개인의 민감한 건강 정보를 포함하고 있어, 이를 보호하는 중요성이 커지고 원격 진료와 건강 모니터링 기술의 발전으로 인해 환자의 프라이버시와 데이터 보호가 중요한 이슈로 부상하고 있다.

상기와 같은 개인의 프라이버시 정보를 보호하기 위해 오늘날 정부, 기업 그리고 개인들은 다음과 같은 노력을 기울이고 있다. 국내외의 정부 입법부는 최근 기존 법률보다 잠재적으로 개인의 권리를 더 보호하는 개인정보보호 법률을 고려하고 통과시키고 있다. 기업은 수집되는 개인정보, 개인정보가 사용되는 방법, 개인정보보호를 위해 취하는 보안 조치, 웹 사이트에서 쿠키 사용 여부에 대한 세부 정보가 포함된 개인정보보호 정책을 수립하는 경우가 많다. 또한 기업에서는 불법 해커로부터 개인정보를 보호하기 위한 보안 절차와 기술을 마련하고 있다. 개인들은 기존 데이터베이스에 자신에 대해 무엇이 저장되어 있는지 확인하고 개인정보 보호에 적극적으로 참여해야 한다. 특히, 웹 사이트에서 물건을 구매할 때는 신용카드 번호, 비밀번호, 개인정보를 안전하게 보호하는 것이 바람직하다.

3. 컴퓨터 범죄

과거 해킹이나 인터넷 불법 복제와 같이 윤리적인 이슈로 다루어진 주제들은 오늘날 컴퓨터 범죄에 해당되고 있다. 컴퓨터 범죄는 범죄의 도구, 표적, 발생 장소가 될 수 있는 컴퓨터 또는 네트워크와 관련된 범죄 행위를 의미한다. 일부 컴퓨터 범죄는 전통적인 범죄에서 변형된 사기, 절도, 불법 복제, 괴롭힘 등이 포함된다. 컴퓨터 사기 또는 인터넷 사기는 가장 빠르게 증가하는 컴퓨터 범죄 형태 중 하나이다. 컴퓨터 사기는 이메일이나 웹과 같은 컴퓨터 리소스를 사용하여 사기를 저지르는 행위로 피싱과 스푸핑은 컴퓨터 사기를 저지르는 데 사용되는 일반적인 기술이다. 피싱(Phishing)은 가짜 웹사이트나 이메일을 통해 사용자를 속여 로그인 정보, 신용 카드 번호, 은행 계좌 정보과 같은 개인의 정보를 탈취하는 행위를 말하며, 스푸핑(Spoofing)은 피해자가 공격자의 악의적인 시도에 의한 잘못된 정보, 혹은 연결을 신뢰하게끔 만드는 일련의 기법으로 이메일, IP 주소, DNS, 웹사이트 등 다양한 방식으로 이루어질 수 있다.

무단접근(Unauthorized access)은 컴퓨터나 네트워크를 통해 컴퓨터 자원을 무단으로 이용하는 도용범죄의 한 형태이다. 무단접근의 주요 형태 중 하나는 해킹으로 해킹(Hacking)은 컴퓨터 시스템이나 네트워크에 무단으로 접근하는 행위 또는 무단으로 사용하는 행위이다. 심각한 문제를 일으킬 수 있는 악의적인 해커를 크래커(Cracker)라고 하고 크래커는 네트워크를 통과하는 트래픽을 가로채서 기록하는 도구인 패킷 스니퍼(Packet Sniffer)를 사용하여 무단접근을 한다.

인터넷 불법 복제(Internet piracy)는 디지털 매체에서 더욱 두드러진 형태의 절도로 불법 복제란 저작권이 있는 자료를 허가 없이 복제하는 행위이다. 최근까지 소프트웨어를 무단으로 복사하려면 플로피 디스크, CD 또는 기타 하드 미디어를 물리적으로 교환해야 했다. 그러나 인터넷이 지속적으로 더 간편해지고, 빨라지고, 비용이 저렴해지면서 소프트웨어 불법 복제도 쉽게 이루지고 있다. BSA(Business Software Alliance)는 소프트웨어 산업의 발전과 지적 재산권 보호를 위해 활동하는 협의체로 불법 소프트웨어 사용을 줄이고 합법적인 소프트웨어 사용을 촉진함으로써, 소프트웨어 기업들의 성장을 이어갈 수 있도록 지원하고 있다.

온라인 괴롭힘(Online harassment)은 피해자의 정신적 또는 정서적 상태에 부정적인 영향을 미칠 수 있는 가해자의 원치 않는 접촉을 말한다. 온라인 괴롭힘의 가장 일반적인 형태 중 하나는 사이버 스토킹이다. 사이버 스토킹(Cyberstalking)은 인터넷이나 디지털 장치를 이용해 특정 개인을 괴롭히거나 위협하는 행동을 말한다. 이는 전통적인 스토킹과 유사하지만, 온라인 플랫폼을 통해 이루어진다는 점에서 차이가 있다. 사이버스토킹은 온라인 괴롭힘 이외에 모니터링 및 감시, 신원 도용, 허위 정보 유포 등이 포함된다.

컴퓨터를 통해 발생하는 전통적인 범죄 외에도 컴퓨터의 기술 발달로 만들어진 새로운 유형의 범죄도 있다. 이러한 범죄에는 서비스 거부 공격, 악성 프로그램, 바이러스 및 사이버 테러가 포함된다. 서비스 거부 공격을 사용하는 사이버 테러는 막대한 영향을 미칠 수 있다. 서비스 거부 공격(denial of service attacks, DOS)은 합법적인 사용자가 특정 서비스에 액세스하는 것을 방지하기 위한 표적화된 공격으로 사용 가능한 리소스의 과부하, 서비스 데이터의 구성 변경 또는 정보에 대한 사용 가능한 연결의 물리적 파괴를 통해 수행된다. 바이러스 및 악성 프로그램(Malicious programs)은 잠재적으로 엄청난 양의 개인과 리소스에 영향을 미칠 수 있다. 이러한 악성 프로그램은 컴퓨터 리소스가 비정상적으로 작동하도록 하기 위한 것이며 합법적인 사용자의 컴퓨터 리소스 사용에 부정적인 영향을 미칠 수 있다. 예를 들어, 1999년 초에 출시된 "멜리사" 바이러스는 미국 기업에서 사용하는 120만 대의 컴퓨터를 감염시켰고 미국과 유럽 전역의 컴퓨터 리소스에 영향을 미쳤으며 전 세계적으로 8천만 달러의 피해를 입힌 것으로 추정된다. 또 다른 악성 프로그램으로 랜섬웨어가 있다. 랜섬웨어(Ransomware)는 [그림 12.2]의 오른쪽과 같이 해킹으로 사용자의 파일이나 시스템을 암호화하여 접근을 차단한 후, 이를 해제하기 위한 대가로 금전을 요구하는 공격 방법으로 '랜섬(ransom)'이라는 단어는 '몸값'

그림 12.2 서비스 거부 공격과 랜섬웨어

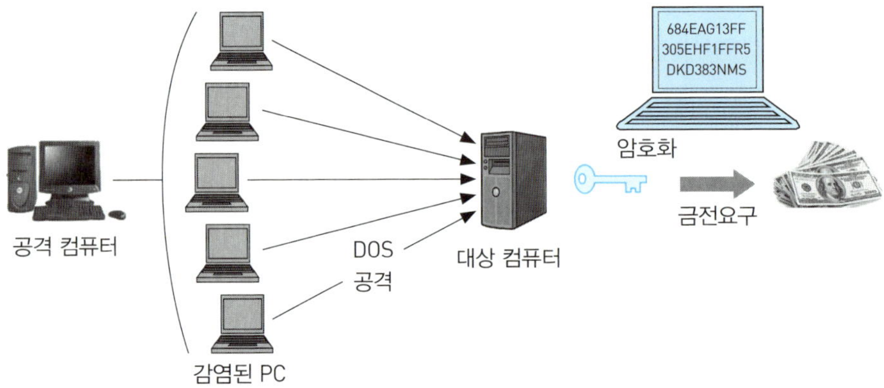

을 의미하며, 랜섬웨어 공격은 이름 그대로 피해자로부터 몸값을 받아내려는 목적으로 이루어진다.

컴퓨터 범죄를 예방하기 위해 정부와 기업은 다음과 같은 노력을 기울이고 있다. 사이버테러대응센터(CTRC)는 경찰청 사이버부서로 경찰청 수사국 산하에서 운영된다. CTRC는 네트워크 보안 위반, 맬웨어 배포, 소프트웨어 크래킹, 신원 도용, 소프트웨어 불법 복제, 경매 사기 및 도덕적으로 불쾌한 웹 콘텐츠에 대한 조사를 수행한다. 기업은 다양한 정보보안 기술을 사용하여 컴퓨터 시스템이나 네트워크 또는 신원에 대한 무단 접근을 방지할 수 있다. 기업에서 활용 가능한 정보보안 기술들에 대하여는 본장 후반부에서 자세하게 소개한다.

4. 컴퓨터 사용과 건강

컴퓨터의 과도한 사용은 신체적 또는 정신적으로 개인의 건강에 좋지 않은 영향을 줄 수 있다. 과도한 컴퓨터 사용으로 인해 발생하는 가장 잘 알려진 질병은 컴퓨터 시각 증후군과 손목 터널 증후군이다. 컴퓨터 시각 증후군(Computer Vision syndrome, CVS)은 과도한 컴퓨터 사용으로 인한 눈과 시력에 문제가 발생하는 것으로 CVS의 주요 증상은 두통, 시야 흐림, 목 통증 및 피로, 건조한 눈, 눈 초점 맞추기 어려움 등이 있다. 대부분의 경우, 과도하게 모니터를 보아야 하는 비디오 디스플레이 터미널(VDT) 작업자들에게 시각 증후군 증상이 발생한다. 과도한 컴퓨터 사용으로 인해 발생하는 또 다른 질병은 손목터널증후군(CTS)이다. 손목터널증후군(Carpal Tunnel Syndrome, CTS)은 손목의 정중 신경에 대한 압박으로 인해 손가락이나 손에 따끔거림, 무감각, 쇠약 또는 통증이 나타나는 것으로 저림과 따끔거림은 키보드나 마우스 위에 손목을 올려 놓고 정중 신경에 압력을 가할 때 발생한다.

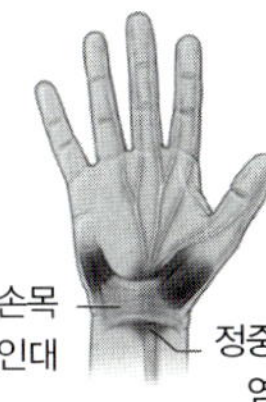

컴퓨터 사용으로 인한 물리적 손상을 줄이기 위해 인체공학적 개념이 컴퓨터 기기에 적용되고 있다. 인체공학(Ergonomics)은 사용자에게 작업을 맞추도록 강요하는 것이 아니라 사용자에게 작업을 맞추는 과학으로 정의된다. 컴퓨터 기기의 인체공학은 사용자들이 건강하고 편안하게 장시간 작업할 수 있도록 설계된 방법과 기기들로 키보드와 마우스, 책상과 의자, 모니터 장비들에서 주로 사용되고 있다.

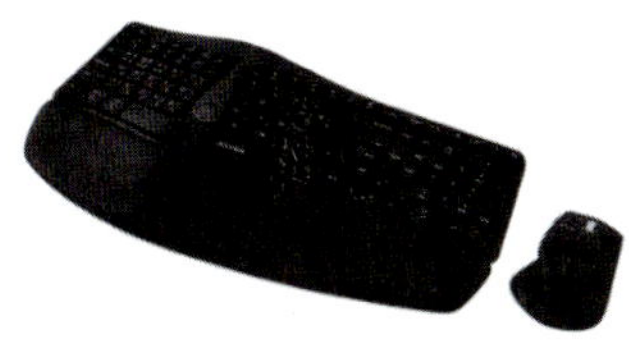
인체공학 키보드와 마우스

다양한 분야에서의 과도한 컴퓨터와 인터넷 사용은 정신 건강 문제를 가져왔다. 강박적인 도박, 컴퓨터 게임 및 음란물 중독은 인간과 컴퓨터의 상호 작용을 둘러싼 정신 건강 문제이다. 강박적 도박은 도박꾼의 행동이 아니라 도박꾼이 피해를 입었는지 아니면 다른 사람이 그로 인해 피해를 입었는지에 따라 정의되는 경우가 많다. 가장 심각한 문제는 임상병리학적 도박이다. 이는 도난이나 마약 판매 등의 문제로 이어질 수 있기 때문이다. 컴퓨터 게임 중독은 컴퓨터와 비디오 게임의 강박적인 사용으로 구성된 심리적 중독이다. 사용자가 강박적으로 플레이하고 사회적 접촉에서 자신을 고립시키고 거의 전적으로 인생 사건보다는 게임 내 성취에 집중하는 사례가 보고되고 있다. 음란물 중독은 음란물의 남용이나 남용으로 인해 발생하는 성적 중독의 한 형태이다. 온라인 음란물 중독에는 인터넷을 통해 얻은 음란물이 포함된다. 심리학자들은 온라인 시청이 제공하는 폭넓은 가용성, 명시성 및 개인정보보호로 인해 일반적인 음란물 중독보다 더 강력하고 중독성이 있다고 주장하고 있다. 중독을 충족시키기 위해 중독자들은 정기적으로 인터넷에서 새로운 포르노나 점점 더 하드코어해지는 포르노를 검색하는 데 오랜 시간을 보낸다. 과도한 컴퓨터와 인터넷 사용으로 인한 정신적 건강 문제가 있는 경우 전문가들은 전문적인 치료를 받는 것이 권장되고 있다.

5. 디지털 격차

디지털 격차(Digital Divide)는 정보통신기술의 접근성, 사용 능력, 활용 수준의 차이로 인해 발생하는 사회적 불평등을 의미한다. 디지털 격차의 주요 요인은 첫째, 컴퓨터, 스마트폰, 인터넷 연결 등의 물리적 장비와 최신 소프트웨어 등의 최신 디지털 기기의 접근성 정도, 둘째, 고가의 IT 장비와 인터넷 서비스 이용 가능한 소득 수준과 관련된 경제적 요인, 셋째, 정보기술 활용과 관련된 교육 수준 정도, 넷째, 농촌과 도시, 개발도상국과 선진국과 같은 지역적 요인, 그리고 마지막으로 성별, 연령과 같은 사회적 요인이다.

디지털 격차는 IT 기술의 활용 능력에 따라 고용 기회와 소득 수준에 차이를 발생시키고 전자상거래와 같은 디지털 경제 활동에 대한 접근성 차이로 인한 경제적 불평등을 야기하고 정보 접근성과 소통의 차이로 인해 사회적 고립이 심화될 수 있고, 사회적, 정치적 참여의 차이로 민주주의 발전에 영향을 미칠 수 있다. 따라서 디지털 격차를 해소하기 위하여 농촌 및 저소득 지역에 대한 인터넷 인프라 확충을 통한 접근성 향상, 저소득층을 위한 IT 장비 및 인터넷 서비스 비용 지원과 같은 경제적 지원, 디지털 리터러시(Digital Literacy) 교육을 위한 학교 커리큘럼 강화 및 성인과 노년층을 위한 디지털 기술 교육 프로그램 제공, 그리고 디지털 격차 해소를 위한 정부 정책 및 프로그램 개발과 같은 정책적 지원이 필요하다. 또한 개개인의 디지털 격차 문제에 대한 사회적 인식 제고를 통해 공동체 차원의 해결 방안을 모색할 필요가 있다.

지역적 요인에서 파생된 글로벌 디지털 격차는 국제적인 문제이다. 글로벌 디지털 격차는 국가 간 기술 접근의 차이로 글로벌 디지털 격차는 세계에서 부유한 지역은 더 부유하게 남고 가난한 지역은 계속 가난할 확률을 높이기 때문에 중요한 문제이다. 때문에 많은 국가와 비정부기구(NGO)들이 글로벌 디지털 격차를 해소하기 위해 노력하고 있다. 따라서 캐나다, 미국, 일본, 이탈리아, 프랑스, 영국 등의 많은 부유한 국가에서는 오래된 컴퓨터를 보내거나 비영리 단체나 커뮤니티를 통해 자선 프로젝트를 만들거나 가난한 나라의 학교를 위한 프로젝트를 진행한다. 미국의 비영리 단체인 One Laptop Per Child Associ-

OLPC-PC

ation, Inc.(OLPC)는 디지털 격차에 맞서 싸우고 사람들에게 인터넷과 기술에 대해 가르치려고 노력하고 있다.

6. 소셜미디어 윤리

소셜미디어 윤리(Social Media Ethics)는 소셜미디어 플랫폼에서의 행동과 관련된 도덕적 원칙과 가이드라인을 의미한다. 소셜미디어는 개인과 기업, 단체가 정보를 공유하고 소통하는 강력한 도구로 자리잡았지만, 이와 함께 다양한 윤리적 문제도 발생하고 있고 이러한 문제들을 해결하기 위해 윤리적 가이드라인과 원칙을 준수하는 것이 중요하다.

소셜미디어의 주요 윤리적 문제는 프라이버시와 데이터 보호, 허위 정보와 가짜 뉴스, 사이버 괴롭힘과 혐오 발언, 광고와 상업적 콘텐츠, 저작권과 지적 재산권 등이 있다. 프라이버시와 데이터 보호와 관련하여 사용자의 개인정보를 보호하고, 동의 없이 수집하거나 공유하지 않도록 해야 한다. 또한 소셜미디어 플랫폼은 사용자 데이터를 안전하게 보호하고, 해킹이나 데이터 유출로부터 지키기 위한 보안 조치를 해야 한다. 소셜미디어 상에서 허위 정보나 가짜 뉴스를 유포하지 않도록 주의해야 한다. 정확하고 신뢰할 수 있는 정보를 공유해야 하며, 정보를 공유하기 전에 출처를 확인하고, 신뢰할 수 있는 출처에서 나온 정보인지 검토해야 한다. 사이버 괴롭힘과 혐오 발언 관련하여 다른 사용자들을 존중하고, 괴롭힘이나 혐오 발언을 하지 않아야 하며, 사이버 괴롭힘 당하는 사람들을 지원하고, 괴롭힘을 방지하기 위한 정책과 도구를 사용해야 한다. 광고와 상업적 콘텐츠 관련하여 상업적 콘텐츠와 광고는 명확히 표시되어야 하며, 사용자가 이를 쉽게 구별할 수 있어야 한다. 또한 광고는 진실되고, 오해를 일으키지 않도록 해야 한다. 저작권과 지적 재산권 관련하여 다른 사람의 저작물을 허락 없이 사용하거나 복제하지 않아야 한다. 또한 콘텐츠 창작가의 권리를 존중하고, 창작물을 정당하게 사용해야 한다.

7. AI 윤리

AI 윤리(Artificial Intelligence Ethics)는 인공지능(AI) 기술의 개발, 배포, 사용에 있어 도덕적 원칙과 기준을 의미한다. AI 윤리는 기술의 발전과 함께 발생하는 다양한 윤리적 문제들을 다루고 있기 때문에 AI 윤리적 딜레마는 다양한 상황에서 발생할 수 있다. 최근에 AI와 관련된 주요 윤리적 딜레마로 알고리즘 편향, 자율 주행 자동차의 도덕적 결정, AI 의료 진단과 의사 결정, AI와 인간의 작업 분배와 같은 이슈들이 거론되고 있다.

알고리즘 편향(Algorithmic bias)은 훈련 데이터에 내재된 편향으로 인해 인공지능(AI) 시스템이 특정 인종, 성별, 연령 등의 그룹을 부당하게 다루는 경우에 대한 우려로 이는 공정성과 차별의 문제를 야기할 수 있다. 예를 들어, 2018년에 MIT와 스탠포드 대학 연구팀이 발표한 연구에 따르면, 상업적으로 사용되는 얼굴 인식 시스템이 흑인 여성의 얼굴을 인식할 때 오류율이 백인 남성의 얼굴을 인식할 때보다 훨씬 높았다. 이 문제는 AI가 훈련한 데이터 셋이 주로 백인 남성의 얼굴로 구성되어 있었기 때문에 발생한 것으로 파악되고 있다. 자율 주행 자동차의 도덕적 결정(Moral Decisions in Self-Driving Cars)은 자율 주행 자동차가 사고 상황에 직면했을 때, 운전자, 보행자 또는 다른 차량의 안전을 보장하기 위해 어떤 선택을 해야 하는지에 대한 도덕적 딜레마가 발생할 수 있다. 이러한 문제는 종종 "트롤리 문제(Trolley Problem)"와 유사하게 설명된다. AI 의료 진단과 의사 결정(AI Medical Diagnosis and Decision Making)은 의료 분야에서 AI가 진단을 수행하거나 치료 계획을 제안할 때, 잘못된 진단을 내리거나 잘못된 치료 권고를 할 경우, 그 책임은 누구에게 있는가에 대한 문제가 발생할 수 있고 또한 AI의 진단 과정이 복잡한 알고리즘을 통해 이루어지기 때문에 의사와 환자 사이의 의사소통 및 의료 책임에 대한 문제가 발생할 수 있다. AI와 인간의 작업 분배(AI and human task distribution)는 인공지능 기술의 발전으로 일부 업무가 자동화되면서 인간의 일자리가 위협을 받는 경우가 있다. 이에 따른 경제적, 사회적 영향과 함께 AI와 인간 간의 작업 분배에 대한 윤리적 문제가 제기될 수 있다. 이러한 윤리적 딜레마들은 AI 기술의 발전과 적용에 대한 적절한 윤리적 프레임워크와 규제의 필요성을 강조한다. AI의 발전은 인간의 생활과 사회에 큰 영향을 미칠 수 있으므로, 이러한 문제에 대한 적절한 대응이 필요하다.

8. 환경과 지속 가능성

환경과 지속 가능성은 기술 사용이 환경에 미치는 영향을 최소화하고, 지속 가능한 발전을 촉진하기 위한 원칙과 실천으로 기술 산업이 환경에 미치는 부정적인 영향을 줄이고, 장기적으로 지속 가능한 방식으로 운영될 수 있도록 하는 것을 의미한다. 최근 정보기술 분야에서 환경과 지속 가능성을 위한 노력으로 그린 IT가 주목받고 있다. 그린 IT(Green IT)는 정보기술(IT) 시스템 및 서비스를 보다 지속 가능하게 설계, 운영, 관리하기 위한 개념으로 IT 발전으로 인해 증가하는 환경적 영향을 줄이고, 에너지 소비를 최적화하여 친환경적인 방향으로 전환하려는 노력의 일환이다. 그린 IT의 주요 방법은 가상화, 클라우드 컴퓨팅, 에너지 효율적 하드웨어, 녹색 데이터 센터, 지속 가능한 소프트웨어 개발 등이 있다.

가상화(Virtualization)는 서버 가상화를 통해 하나의 물리적 서버에서 여러 가상 서버를 운영함으로써 하드웨어 자원 사용을 최적화한다. 또한 가상화는 서버의 사용률을 높이고, 전력 소비를 줄이는 데 기여한다. 클라우드 컴퓨팅(Cloud Computing)은 클라우드 기반 서비스를 통해 자원 공유와 동시 접근을 최적화하여 데이터 센터의 물리적 공간과 전력 소비를 최소화한다. 아울러 사용량에 따라 유동적으로 자원을 할당하여 효율적인 에너지 사용을 도모한다. 에너지 효율적 하드웨어(Hardware Efficiency)는 저전력 프로세서와 효율적인 하드웨어 설계를 통해 전력 효율성을 높이고, 열 관리를 개선하여 에너지 소비를 줄인다. 예를 들어, 최소 에너지 등급의 장치를 사용하여 에너지 소비를 최소화할 수 있다. 재활용 가능한 소재 사용은 IT 제품과 장비의 제조 과정에서 재활용 가능한 소재를 사용하여 폐기물을 줄이고, 자원의 효율적 사용을 도모한다. 녹색 데이터 센터(Green Data Centers)는 재생 가능 에너지를 사용하고, 냉각 시스템을 최적화하여 열 관리를 효율적으로 하는 데이터 센터로 센터의 구축 위치와 설계를 환경 친화적으로 계획하여 지역 생태계에 미치는 영향을 최소화한다. 지속 가능한 소프트웨어 개발(Sustainable Software Development)은 소프트웨어 개발 과정에서 자원 효율성을 고려한 코드 최적화와 프로그래밍 방식을 도입하여 전력 소비를 줄인다.

에너지 효율 미니PC

9. 정보보안

정보보안(Information Security)은 정보의 수집, 처리, 저장, 검색, 전송, 수신에 있어서 정보의 훼손, 변조, 유출을 방지하기 위한 관리적, 기술적 방법으로 기밀성, 무결성 및 가용성을 유지하여 정보 자산을 외부 또는 내부 위협으로부터 안전하게 유지하는데 목적을 두고 있다. 오늘날 정보보안은 다양한 형태의 사이버 위협으로부터 개인, 조직, 정부의 데이터를 보호하기 위해 중요한 역할을 한다.

9.1. 정보보안의 목표

정보보안의 목표는 조직이나 개인의 정보 자산을 보호하고, 정보시스템의 신뢰성과 안전성을 보장하는 데 있다. 구체적으로, 정보보안의 목표는 3대 보안 요소인 기밀성, 무결성, 가용성을 보장하는 것이다.

첫째, 기밀성(Confidentiality)은 인가된 사용자만이 정보에 접근할 수 있도록 보장하는 것을 의미하며, 정보의 무단 접근과 유출을 방지하는 데 초점을 맞추고 있다. 둘째, 무결성(Integrity)은 정보의 정확성과 완전성을 유지하고, 정보가 무단으로 수정되거나 삭제되지 않도록 보호하는 것을 의미하며, 무결성이 유지되지 않으면 정보가 왜곡되거나 위조될 수 있다. 셋째, 가용성(Availability)은 인가된 사용자가 필요할 때 언제든지 정보와 시스템에 접근할 수 있도록 보장하는 것을 의미하며, 시스템의 신뢰성과 연속성을 유지하는 데 중점을 두고 있다. 가용성이 보장되지 않으면 정보에 접근할 수 없거나 시스템이 다운될 수 있다.

10. 정보보안 기술

정보보안 기술은 정보시스템의 정보보안의 3대 요소인 기밀성, 무결성, 가용성을 보장하기 위한 다양한 기술과 방법론으로 주요 정보보안 기술들은 암호화 기술, 식별 및 인증 기술, 네트워크 보안 기술, 엔드포인트 보안 기술, 웹 보안 기술, 클라우드 보안 기술 등으로 구분된다.

10.1. 암호화 기술

암호화 기술(Encryption)은 정보를 암호화 알고리즘을 사용하여 읽을 수 없는 형태로 변환하는 보안 기술로 기밀성을 보장하는 핵심적인 기술로서 권한이 없는 사용자가 데이터를 이해하지 못하게 한다. 주요 암호화 기법 관련 기술은 대칭키 암호화, 비대칭키 암호화 그리고 해시 함수가 있다.

대칭키 암호화(Symmetric Key Encryption)는 암호화와 복호화에 동일한 키를 사용하는 방식으로 알고리즘이 상대적으로 간단하고 빠르다. 그러나 모든 통신 쌍마다 고유의 키를 공유해야 하기 때문에 키 분배의 어려움 있다. AES(Advanced Encryption Standard)와 DES(Data Encryption Standard)는 주요 대칭키 암호화 알고리즘들이다. 비대칭키 암호화(Asymmetric Key Encryption)는 암호화와 복호화에 다른 키를 사용하는 방식으로 하나의 키는 공개 키(public key)로 공개되고, 다른 하나는 비밀 키(private key)로 보호된다. 공개 키는 자유롭게 배포할 수 있고, 비밀 키만 안전하게 보호하면 되기 때문에 대칭키 암호화에서 발생하는 키 분배 문제를 해결할 수 있다. 그러나 대칭키 암호화에 비해 속도가 느리고 암호화 효율이 떨어진다. 비대칭키 암호화의 주요 알고리즘은 RSA(Rivest-Shamir-Adleman)와 ECC(Elliptic Curve Cryptography)가 있다.

해시 함수(Hash Functions)는 [그림 12.3]과 같이 입력 데이터를 고정된 크기의 해시 값으로 변환하는 함수로 암호화와 달리, 해시는 단방향 함수로, 원래 데이터를 복원할 수 없다. 따라서 주로 데이터 무결성을 검증하는 데 사용된다. 그러나 논리적으로 같은 해시 값을 가지는 두 개의 다른 입력이 존재할 가능성이 있다. 주요 해시 함수 알고리즘은 SHA-256(Secure Hash Algorithm 256-bit)과 MD5(Message Digest Algorithm 5)가 있다.

그림 12.3 해시 작동 원리

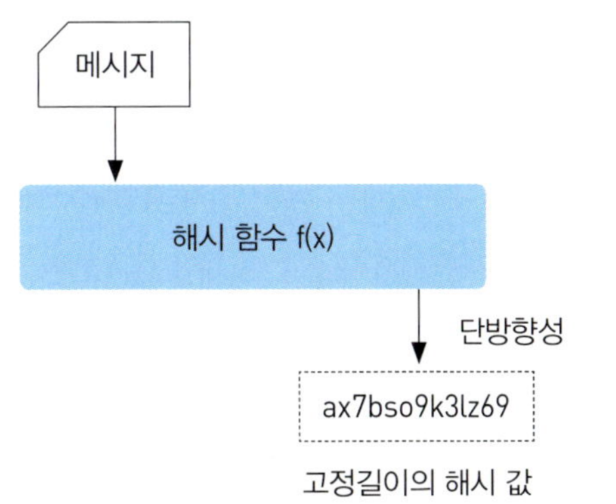

10.2. 식별 및 인증

식별 및 인증 기술(Identification and authentication technology)은 시스템에 접근하

는 사용자의 신원을 확인하고, 권한이 있는 사용자만이 접근할 수 있도록 보장하는 보안 기술로 보안 시스템의 기초이다. 주요 식별 및 인증 기술은 패스워드 기반 인증, 이중 인증 및 다중 인증, 생체 인식, 스마트 카드 및 토큰 기반 인증, 디지털 인증서, OTP 등이 있다.

패스워드 기반 인증(Password-Based Authentication)은 사용자가 비밀 패스워드를 입력하여 인증하는 방식으로 구현이 쉽고 사용자에게 익숙하다. 그러나 패스워드 관리가 어렵고, 쉽게 추측되거나 도용될 가능성이 있다. 따라서 복잡성, 길이, 만료 등의 패스워드 정책을 적용하거나, 해시 함수의 사용, 또는 비밀번호 뒤에 임의의 문자열을 덧붙여서 해싱하는 솔트(Salt) 추가와 같은 보안 강화 방법이 요구된다. 이중 인증(Two-Factor Authentication, 2FA) 및 다중 인증(Multi-Factor Authentication, MFA)은 패스워드 외에 OTP, 스마트폰 앱, 생체 인식 등의 추가 인증을 요구하는 방식으로 보안성을 크게 향상시킬 수 있다. 그러나 사용자 편의성이 떨어질 수 있으며, 추가적인 비용이 발생할 수 있다. 생체 인식은 지문, 얼굴 인식, 홍채 인식, 음성 인식 등 사용자의 고유 생체 특성을 이용하여 인증하는 방식으로 높은 보안성과 편리성을 제공한다. 그러나 생체 데이터의 유출에 대한 위험이 있으며, 비용이 높아질 수 있다. 스마트 카드 및 토큰 기반 인증은 스마트 카드, USB 토큰과 같은 물리적 장치를 사용하여 인증하는 방식으로 높은 보안성을 제공한다. 그러나 분실이나 도난의 위험이 있으며, 추가 비용이 발생한다. 디지털 인증서 및 PKI(Public Key Infrastructure)은 공개 키 암호화를 사용하여 디지털 인증서를 통해 인증하는 방식으로 높은 보안성과 신뢰성을 제공한다. 그러나 복잡한 설정과 지속적인 관리가 필요하다. 마지막으로 OTP(One-Time Password) 방식은 사용자가 요청할 때마다 새로운 비밀번호를 생성하여 인증하는 방식으로 고정된 비밀번호보다 안전하다. 그러나 OTP 생성기가 필요하고 OTP 생성기를 분실할 경우 접근이 어려워질 수 있다. 과거 은행에서 주로 사용하였다.

10.3. 네트워크 보안 기술

네트워크 보안 기술(Network security technology)은 네트워크 인프라와 데이터를 보호하기 위한 방법과 도구를 의미하며 무단 접근, 악의적인 공격, 데이터 유출, 서비스 거부 등을 방지하는 데 중요한 역할을 한다. 주요 네트워크 보안 기술은 방화벽, 침입 탐지 시스템(IDS)과 침입 방지 시스템(IPS), 네트워크 세분화, 로깅 및 모니터링, 무선 보안 WPA/WPA2/WPA3 등이 있다.

방화벽(Firewall)은 네트워크 경계에서 트래픽을 필터링하고 제어하여 허용된 트래픽만 통과시키고 나머지를 차단하는 시스템으로 패킷의 헤더 정보를 검사하여 필터링한다. 침입 탐지 시스템(Intrusion Detection System, IDS)은 네트워크 트래픽을 모니터링하여 비정상적인 활동이나 알려진 공격 패턴을 탐지하는 시스템을 말하며 침입 방지 시스템(Intrusion Prevention System, IPS)은 IDS의 기능에 더해, 탐지된 공격을 자동으로 차단하고 대응하는 시스템을 말한다. 네트워크 세분화(Network Segmentation)는 네트워크를 여러 개의 세그먼트로 나누어, 각 세그먼트 간의 트래픽을 제어하는 기술로 보안 수준에 따라 구역을 나누어 공격의 확산을 방지할 수 있다. 로깅 및 모니터링(Logging and Monitoring)은 네트워크 활동을 실시간으로 모니터링하고 로그를 기록하여 이상 징후를 탐지하는 것으로 다양한 보안 로그와 이벤트를 수집, 분석하여 실시간으로 보안 위협을 탐지한다. 무선 보안 WPA/WPA2/WPA3은 무선 네트워크의 암호화 프로토콜로, 네트워크 접근을 제한하고 데이터를 보호한다. 무선 네트워크의 보안 방식은 허용된 기기의 MAC 주소만 네트워크에 접속할 수 있도록 설정한다.

10.4. 엔드포인트 보안 기술

엔드포인트 보안 기술(Endpoint security technology)은 네트워크에 연결된 개별적인 장치들인 엔드포인트를 보호하는 기술을 말한다. 이 기술은 PC, 노트북, 스마트폰, 태블릿, 서버 등과 같은 다양한 종류의 장치에 적용될 수 있으며, 이러한 장치들이 네트워크에 접속하여 데이터를 주고받는 과정에서 발생할 수 있는 보안 위협을 방지하고 대응하는 것을 목표로 한다. 주요 엔드포인트 보안 기술에는 전통적인 안티바이러스 소프트웨어나 데이터 백업 및 복구 이외에 엔드포인트 데이터 손실 방지(DLP), DRM, 모바일 단말 관리(MDM), 엔드포인트 탐지 및 대응(EDR), 사용자 및 엔티티 행동 분석(UEBA) 등이 있다.

엔드포인트 데이터 손실 방지(Endpoint Data Loss Prevention, EDLP)는 기업 네트워크의 끝단인 엔드포인트에서 발생하는 데이터 유출을 방지하는 기술로 주로 PC, 노트북, 태블릿, 스마트폰 등의 장치를 대상으로 한다. 엔드포인트 DLP는 다양한 방법으로 데이터 유출을 감지하고 방지한다. 예를 들어, 파일을 암호화하거나, 불법적인 파일 복사 및 이동을 차단하거나, 민감한 데이터가 포함된 이메일이나 클라우드 저장소로의 전송을 막는 등의 기능을 포함할 수 있다. DRM(Data Rights Management) 기술은 디지털 콘텐츠의 저작권 보호와 관련된 기술적 방법들을 포괄하는 개념으로 주로 디지털 미디어를 보호하고 불법 복제를 방지하는 목적으로 사용된다. DRM의 주요 기능은 접근 제어, 복제 제어, 배포 제어, 사용 제어이며 보통 DRM은 콘텐츠를 암호화하여 접근 권한이 있는 사용자만 해당 콘텐츠를 해독할 수 있도록 한다. 모바일 단말 관리(Mobile Device Management, MDM)는 기업이나 조직에서 사용되는 모바일 장치들을 중앙에서 관리하고 제어하는 보안 기술로 주로 스마트폰, 태블릿, 노트북 등 다양한 모바일 장치에 적용된다. MDM은 보안 강화, 정책 시행, 애플리케이션 관리, 데이터 보호 등 다양한 기능을 제공하여 조직의 IT 관리자가 모바일 장치들을 효율적으로 관리할 수 있도록 돕는다. 엔드포인트 탐지 및 대응(Endpoint Detection and Response, EDR)은 실시간 분석 및 AI 기반 자동화를 사용하여 엔드포인트에서 발생하는 보안 이벤트를 탐지하고 신속하게 대응할 수 있는 기술로 주로 악성 코드 실행, 비정상적인 사용자 활동, 시스템 이상 징후 등을 감지하고 분석하여 보안 위협에 대응한다. EDR은 안티바이러스 소프트웨어 및 기타 기존 엔드포인트 보안 도구를 통과하는 사이버 위협에 대응하기 위하여 사용된다. 사용자 및 엔티티 행동 분석(User and Entity Behavior Analytics, UEBA)은 사용자와 장치의 행동 패턴을 분석하여, 비정상적인 활동을 탐지하고 보안 위협에 대응한다.

10.5. 웹 보안 기술

웹 보안 기술(Web security technology)은 웹 애플리케이션과 관련된 다양한 보안 문제를 해결하고 사용자 데이터를 보호하는 기술들로 주요 웹 보안 기술들은 웹 애플리케이션 방화벽, SSL/TLS 암호화, 웹 보안 스캐너, 웹 로깅 및 모니터링 등이 있다.

웹 애플리케이션 방화벽(Web Application Firewall, WAF)은 웹 애플리케이션에서 발생할 수 있는 다양한 공격을 탐지하고 차단하는 방화벽으로 필터링 규칙을 통해 악의적인 트래픽을 차단하여 웹 애플리케이션의 보안을 강화한다. SSL(Secure

Sockets Layer)/TLS(Transport Layer Security) 암호화는 웹에서의 전송을 암호화하여 데이터의 기밀성과 무결성을 보호하는 기술로 HTTP 대신에 HTTPS 프로토콜을 통해 사용자와 서버 간의 통신을 보호하고, 외부 공격을 방지한다. 웹 보안 스캐너(Web Security Scanner)는 웹 애플리케이션의 코드를 정적으로 분석하여 보안 취약점을 탐지하거나, 웹 애플리케이션이 실행 중일 때 동적으로 코드를 분석하여 보안 문제를 검출한다. 이를 통해 개발 초기부터 보안을 고려한 개발이 가능하며, 보안 취약점을 조기에 발견하여 수정할 수 있다. 마지막으로 웹 로그 및 모니터링(Web Logging and Monitoring)은 웹 애플리케이션에서 발생하는 활동을 모니터링하고, 보안 이벤트와 로그를 기록하여 사고 탐지와 대응을 지원한다.

10.6. 클라우드 보안 기술

클라우드 보안 기술(Cloud security technology)은 클라우드 환경에서 데이터와 인프라를 보호하고, 서비스를 안전하게 운영하기 위한 다양한 기술 및 방법들로 주요 클라우드 보안 기술들은 신원 및 접근 관리, 가상화 및 컨테이너 보안, 네트워크 보안, 데이터 보호 및 암호화, 보안 모니터링과 이벤트 관리, 컴플라이언스 및 보안 인증, 자동화된 보안 정책 관리 등이 있다.

신원 및 접근 관리(Identity Access Management, IAM)는 클라우드 서비스에 접근할 수 있는 사용자와 기기의 신원을 관리하고, 적절한 접근 권한을 설정하여 보호하는 방법으로 IAM은 사용자 인증, 권한 관리, 다단계 인증(MFA) 등을 포함한다. 가상화 및 컨테이너 보안(Virtualization and Container Security)은 가상화된 환경에서의 보안을 강화하고, 컨테이너 기술을 사용하는 애플리케이션의 보안을 유지하는 기술로 쿠버네티스(kubernetes)와 도커(docker)와 같은 컨테이너 관리 플랫폼에서 제공하는 보안 설정 및 정책을 활용할 수 있다. 네트워크 보안은 클라우드 환경에서의 네트워크 트래픽을 모니터링하고 관리하여 보호하는 것으로 가상 네트워크 설정, 방화벽 설정, 인트라넷 보안, 가상사설망(VPN) 구성 등이 포함된다. 데이터 보호 및 암호화는 클라우드에 저장된 데이터를 암호화하여 기밀성을 유지하고, 데이터 접근 제어를 강화하는 것으로 데이터베이스 암호화, 디스크 암호화, 데이터 마스킹 등의 기술을 활용한다. 보안 모니터링과 이벤트 관리(Security monitoring and event management)는 클라우드 환경에서 발생하는 이벤트를 모니터링하고 보안 이벤트를 신속하게 탐지하여 대응하는 것으로 정보 및 이벤트 관리(SIEM), 보안 로그 관리, 이상 징후 탐지 등의 기술을 활용한다. 컴플라이언스 및 보안 인증(Compliance and Security Certification)은 규정 준수 요구사항을 충족시키기 위해 클라우드 서비스의 보안 인증을 받고, 보안 관련 규정을 준수하는 지속적인 모니터링을 수행하는 것을 말한다. 마지막으로 자동화된 보안 정책 관리(Automated Security Policy Management)는 클라우드 환경에서 보안 정책을 자동으로 관리하고 적용하여 일관된 보안 수준을 유지하는 것으로 인프라 코드(IaC) 및 자동화 도구를 활용하여 보안 설정을 자동화할 수 있다.

11. 블록체인

블록체인(Blockchain)은 관리 대상 데이터를 '블록'이라고 하는 소규모 데이터들이 P2P(Peer to Peer) 방식을 기반으로 생성된 체인 형태의 연결고리 기반 분산 데이터 저장 환경이다. 따라서 누구라도 임의로 수정할 수 없고 누구나 변경의 결과를 열람할 수 있는 분산 컴퓨팅 기술 기반의 보안 원장 관리 기술이다.

11.1. 블록체인 작동 원리

블록체인의 작동 원리는 [그림 12.4]와 같이 특정 시간 동안 발생한 모든 거래를 하나의 블록으로 생성하고, 이를 모든 구성원에게 전송하여 구성원들이 작업증명을 통해 거래의 유효성을 확인한다. 작업 증명이 완료된 블록은 구성원들의 기존 블록체인에 연결되어 저장된다.

그림 12.4 블록체인 작동 원리

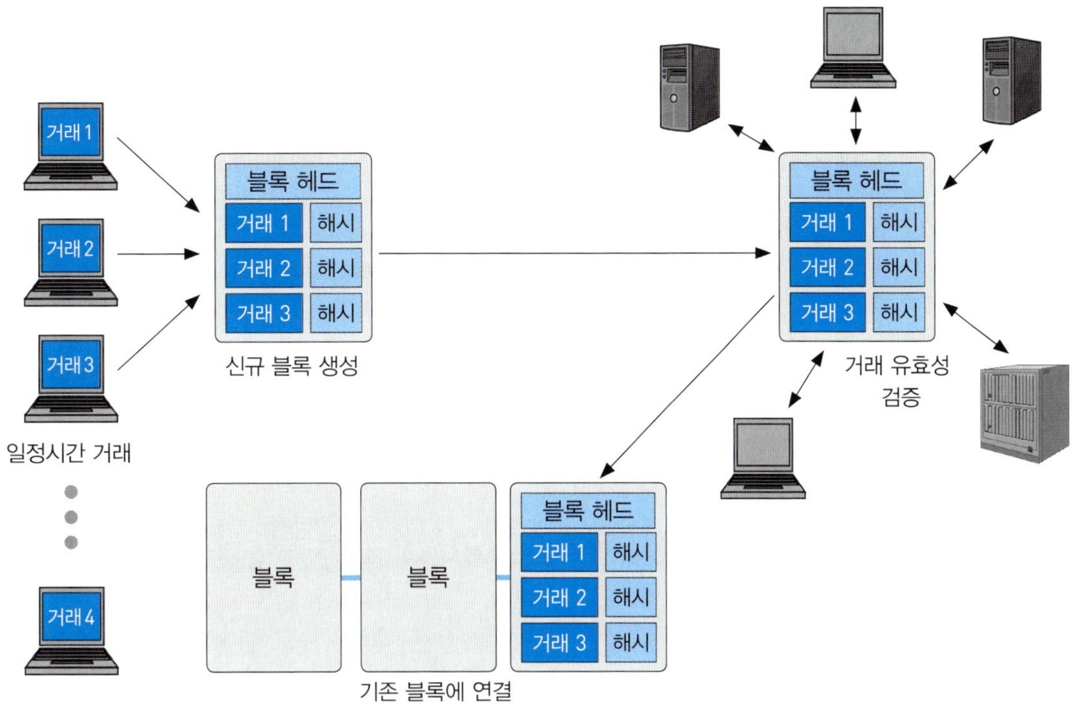

11.2. 블록체인 보안기술

블록체인은 암호화, 해시 함수, 합의 알고리즘, 스마트 계약, 분산 네트워크 보안 등의 주요 보안 기술 요소들을 포함하고 있다. 암호화는 블록체인에서 중요한 보안 요소로 데이터는 트랜잭션 발생 시 암호화되어 저장되며, 블록체인 네트워크를 통해 전송될 때도 암호화된 상태로 유지된다. 주로 공개키 암호화(Public Key Cryptography) 기술이 사용되고 이 기술을 사용하여 데이터를 안전하게 전송하고 서명할 수 있도록 해준다. 해시 함수(Hash function)는 블록체인에서 데이터의 무결성을 검증하는 데 사용된다. 각 블록은 이전 블록의 해시 값을 포함하고 있으며, 이를 통해 데이터가 변경되지 않았는지를 즉시 확인할 수 있다. 해시 함수는 데이터를 고정된 길이의 임의의 값으로 매핑하는 알고리즘으로, 작은 데이터 변경도 전체 해시 값이 완전히 달라지게 만든다. 합의 알고리즘은 블록체인에서는 분산된 참여자들이 동일한 데이터베이스 상태를 유지할 수 있도록 합의 과정을 거치고 이를 위해 다양한 합의 알고리즘이 사용되며, 각 알고리즘은 네트워크의 안전성과 무결성을 보장하기 위해 설계된다. 예를 들어, 작업 증명(Proof of Work, PoW)은 작업 증명을 통해 블록을 생성하고 네트워크를 보호하며, PoS는 보유한 암호화폐의 양에 따라 블록을 생성할 수 있는 권한을 부여한다. 스마트 계약(smart contract)은 자동화된 계약으로 프로그래밍된 조건이 충족될 때 실행되는 코드로 스마트 계약은 블록체인 상에서 실행되기 때문에 보안에 매우 민감하다. 스마트 계약 개발 시 코드의 안전성을 보장하고, 보안 취약점을 최소화하기 위해 스마트 계약 보안 기술이 활용된다. 스마트 계약 보안 기술은 코드 분석과 검증, 재진입 공격 방지(Reentrancy Guard), 테스트넷(testnet)과 코드 감사 등이 있다. 분산 네트워크의 보안은 블록체인은 중앙집중식 데이터베이스와 달리 데이터를 분산 저장하고 관리한다. 이는 네트워크의 한 노드가 공격을 받더라도 전체 시스템이 영향을 받지 않도록 한다. 분산 네트워크는 공격에 강하며, 합의 알고리즘을 통해 공격자의 악의적인 행위를 차단할 수 있다.

블록체인은 이러한 다양한 보안 기술들을 종합적으로 활용하여 안전성과 신뢰성을 제공하는 분산 시스템으로 평가받고 있다. 이를 통해 금융, 거래, 개인정보보호 등 여러 분야에서 혁신적인 솔루션을 제공할 수 있다.

참고문헌

1. Amazon Web Services. (2024). 클라우드 컴퓨팅이란 | 클라우드 컴퓨팅 소개. Amazon Web Services. https://aws.amazon.com/ko/what-is-cloud-computing/
2. Amazon Web Services. (n.d.). What is XML? - Extensible Markup Language (XML) explained. Amazon Web Services, Inc. https://aws.amazon.com/ko/what-is/xml/
3. Amazon Web Services. (n.d.). 블록체인이란? Amazon Web Services. 2025년 9월 24일에 확인함, https://aws.amazon.com/ko/what-is/blockchain/
4. Bourgeois, D. T. (2014). Information Systems for Business and Beyond. Open Textbook Library.
5. Chan, H., Lee, R. Dillon, T., and Chang, E., E-Commerce: Fundamentals and applications, England: John Wiley & Sons, LTD, 1993.
6. Cheolho Yoon, 2009, Concepts in Computer and Management, HAN KYUNG SA, Seoul
7. Cloudflare. (n.d.). 정보 보안이란? Cloudflare. 2025, https://www.cloudflare.com/ko-kr/learning/security/what-is-information-security/
8. Codeit. (n.d.). What is frontend. Codeit. Retrieved September 22, 2025, from https://www.codeit.kr/tutorials/133/WhatIsFrontend
9. David, T. (2014). Information Systems for Business and Beyond. "What Is an Information System? – UC Berkeley Online." UC Berkeley, 2022
10. GeeksforGeeks. (2021, June 24). Wired and wireless networking. GeeksforGeeks. https://www.geeksforgeeks.org/computer-science-fundamentals/wired-and-wireless-networking/
11. GeeksforGeeks. (2025, July 23). Difference between circuit switching and packet switching. GeeksforGeeks. Retrieved September 23, 2025, from https://www.geeksforgeeks.org/computer-networks/difference-between-circuit-switching-and-packet-switching/
12. GeeksforGeeks. (2025, July 26). Network Devices – Hub, Repeater, Bridge, Switch, Router & Gateways. Retrieved September 23, 2025, from https://www.geeksforgeeks.org/computer-networks/network-devices-hub-repeater-bridge-switch-router-gateways/
13. Hall, D. (2023, April 14). RAM vs. ROM: What do you need to know? Enterprise Storage Forum. https://www.enterprisestorageforum.com/hardware/ram-vs-rom/
14. Hayes, J. P. (2017). Computer Architecture and Organization (3rd ed.). McGraw-Hill.
15. https://ko.wikipedia.org/wiki/%EC%95%88%EB%93%9C%EB%A1%9C%EC%9D%B4%EB%93%9C_(%EC%9A%B4%EC%98%81%EC%B2%B4%EC%A0%9C)
16. Hughes, A. (2005). ABC/ABM – activity-based costing and activity-based management: A profitability model

for SMEs manufacturing clothing and textiles in the UK. Journal of Fashion Marketing and Management: An International Journal, 9(1), 8-19.

17. IBM. (2021년 8월 5일). 디지털 트윈이란? IBM. https://www.ibm.com/kr-ko/think/topics/digital-twin
18. IBM. (2022년 12월 12일). NoSQL 데이터베이스란 무엇인가요? IBM Think. https://www.ibm.com/kr-ko/think/topics/nosql-databases
19. IBM. (2025년 9월 22일). 3계층 아키텍처란? IBM. https://www.ibm.com/kr-ko/topics/three-tier-architecture
20. IBM. (n.d.). SQL 코딩 가이드라인. IBM OpenPages 8.3.0 문서. https://www.ibm.com/docs/ko/openpages/8.3.0?topic=guide-sql-coding-guidelines
21. IBM. (n.d.). TCP/IP (Transmission Control Protocol/Internet Protocol). IBM AIX Documentation. Retrieved September 23, 2025, from https://www.ibm.com/docs/ko/aix/7.1.0?topic=management-transmission-control-protocolinternet-protocol
22. IBM. (n.d.). 데이터 마이닝이란 무엇인가요? IBM Think. https://www.ibm.com/kr-ko/topics/data-mining
23. IBM. (n.d.). 데이터 웨어하우스란 무엇인가요? IBM Think. https://www.ibm.com/kr-ko/think/topics/data-warehouse
24. IBM. (n.d.). 사물 인터넷(IoT)이란 무엇인가요? IBM. https://www.ibm.com/kr-ko/topics/internet-of-things
25. ITTrue. (2023, 5월 9일). 웹 애플리케이션 아키텍처. ITTrue 블로그. https://ittrue.tistory.com/189
26. JEDEC. (2013년 10월). 고대역폭 메모리(HBM) DRAM (JESD235). https://www.jedec.org/standards-documents/results/jesd235
27. Johnson, J. (2004). Making CRM technology work. Manager, 22.
28. Jonker, A., & Rogers, J. (2024, September 20). What is algorithmic bias? IBM. https://www.ibm.com/think/topics/algorithmic-bias
29. Kaplan, R. S., & Norton, D. P. (2015). Balanced Scorecard Success: The Kaplan-Norton Collection (4 Books). Harvard Business Review Press.
30. kerpect. (2020년 4월 17일). 데이터베이스 구축. kerpect의 블로그. https://kerpect.tistory.com/24
31. Kim, J., He, N., & Miles, I. (2023). Live commerce platforms: A new paradigm for E-Commerce platform economy. Journal of Theoretical and Applied Electronic Commerce Research, 18(2), 959-975.
32. Laudon, K. C., & Laudon, J. P. (2022). Management Information Systems: Managing the Digital Firm (17th ed.). Pearson.
33. Lee, S., & Yoon, C. (2022). Factors of the adoption of O2O service platforms: evidence from small businesses in Korea. Sustainability, 14(23), 15813.
34. Lezginov, V. (2023, 11월 22일). Web application architecture: Types, components & best practices. Scopic Software. https://scopicsoftware.com/blog/web-application-architecture/
35. Malaga, R.A., Information systems Technology, Prentice Hall, 2003.
36. Malaga, R.A., Information systems Technology, Prentice Hall, 2003.
37. Meta Group, CRM predictive analytics: From buzzwords to Business Value, www2.sas.com/proceedings/sugi29/004-29.pdf, 2003
38. Microwave transmission. (2025, September 18). Wikipedia. Wikimedia Foundation. https://en.wikipedia.

org/wiki/Microwave_transmission

39. Monk, E. & Wagner, B. J., Concepts in enterprise resource planning, Course Technology, 2005.
40. MyRealWorkspace. (2025년 9월 22일). 오픈소스 라이선스의 종류와 적용범위. MyRealWorkspace. https://myrealworkspace.com/entry/오픈소스-라이선스의-종류와-적용범위
41. NLTK Project. (n.d.). Natural Language Toolkit. https://www.nltk.org/
42. Node.js. (n.d.). About. Node.js. Retrieved September 22, 2025, from https://nodejs.org/ko/about
43. O'Brien, J. A. and Marakas, G., Management information systems -Eighth Edition, McGraw-Hill International Edition, 2007.
44. OpenAI. (2022년 11월 30일). ChatGPT 소개. OpenAI. https://openai.com/ko-KR/index/chatgpt/
45. OpenAI. (2025년 8월 7일). GPT-5를 소개합니다. OpenAI. https://openai.com/ko-KR/index/introducing-gpt-5/
46. ORBRO. (2025, 6월 23일). IoT란 무엇이며, IoT의 응용? ORBRO 블로그. https://orbro.io/blog/usecase-of-iot
47. Porter, M. E. and Millar, V. E., How information gives you a competitive advantage, Harvard Business Review, Jul/Aug Vol. 63 Issue 4, pp.149-161, 1985,
48. Porter, M. E., & Millar, V. E. (1985). How information gives you competitive advantage. Harvard Business Review, 63(4), 149–160.
49. Porter, M.E., Competitive Advantage, The Free Press, New York, 1985.
50. Porter, M.E., Competitive Strategy, The Free Press, New York, 1980.
51. Rainer, R. K., Turban, E., and Potter, R. E., Introduction to Information Systems, Jon Wiley & Sons, Inc., 2007.
52. Rainer, R. K., Turban, E., and Potter, R. E., Introduction to information systems, Jon Wiley & Sons, Inc., 2007.
53. Schneider, G. P., E-commerce, Massachusetts: Course Technology-Thomson Learning, 2002.
54. Short, J.E. and Venkatraman, N., Beyond business process redesign: redefining baxter's business network, MIT Sloan Management Review, Vol. 34, No. 1, pp. 7–21, 1992.
55. Skog, D. A., Wimelius, H., & Sandberg, J. (2018). Digital disruption. Business & Information Systems Engineering, 60(5), 431-437.
56. Susnjara, S., & Smalley, I. (March 5, 2025). What is an operating system? IBM. https://www.ibm.com/kr-ko/think/topics/operating-systems
57. Syracuse University iSchool. (n.d.). All 8 types of information systems: A full breakdown. iSchool, Syracuse University. https://ischool.syracuse.edu/types-of-information-systems/
58. Tabuleiro. (n.d.). Arca 데이터베이스 구조. Tabuleiro. http://xtras.tabuleiro.com/products/arca/help/database_structure.htm
59. teamsparta. (2021, September 27). 비전공자도 이해할 수 있는 프론트엔드, 백엔드의 모든 것 - 실전편(프레임워크, 성향별 추천, 선택 방법 등). Sparta Coding Club. https://spartaclub.kr/blog/frontend-backend2
60. TechTarget. (n.d.). What is the QWERTY keyboard? TechTarget. https://www.techtarget.com/whatis/definition/QWERTY-keyboard

61. Thakur, R., AlSaleh, D., & Hale, D. (2023). Digital disruption: a managers' eye view. Journal of Business & Industrial Marketing, 38(1), 53-70.

62. Thompson, R., L. and Cats-Baril, W. l., Information Technology and Management Second Edition, McGraw-Hill International Edition, 2003.

63. Turban, E., King, D., Lee, J., and Viehland, D., Electronic commerce: A managerial perspective, New Jersey: Pearson Prentice Hall, 2004.

64. Turban, E., McLean, E., & Wetherbe, J., Information Technology for Management: Transforming Organizations in the Digital Economy, John Wiley & Sons, 2004.

65. Turban, E., McLean, E., and Wetherbe, J., Information technology for management: Transforming organizations in the digital economy, John Wiley & Sons, 2004.

66. Wikidocs. (n.d.). 빅데이터 분석과 R 활용. https://wikidocs.net/240263

67. Wikipedia contributors. (2023, November 23). Cyber-physical system. Wikipedia, The Free Encyclopedia. https://en.wikipedia.org/wiki/Cyber-physical_system

68. Wikipedia contributors. (2025, 9월 18일). Convolutional neural network. Wikipedia, The Free Encyclopedia. https://en.wikipedia.org/wiki/Convolutional_neural_network

69. Wikipedia contributors. (2025, July 2). OpenCV. Wikipedia, The Free Encyclopedia. https://en.wikipedia.org/wiki/OpenCV

70. Wikipedia contributors. (2025, September 18). Machine learning. Wikipedia, The Free Encyclopedia. https://en.wikipedia.org/wiki/Machine_learning

71. Wikipedia contributors. (2025, September 22). Ajax (programming). Wikipedia, The Free Encyclopedia. https://en.wikipedia.org/wiki/Ajax_(programming)

72. Wikipedia contributors. (2025, September 22). Linux. Wikipedia, The Free Encyclopedia. https://en.wikipedia.org/wiki/Linux

73. Wikipedia contributors. (2025, September 22). Network-attached storage. Wikipedia, The Free Encyclopedia. https://en.wikipedia.org/wiki/Network-attached_storage

74. Wikipedia contributors. (2025, September 22). Neural processing unit. Wikipedia, The Free Encyclopedia. Retrieved September 22, 2025, from https://en.wikipedia.org/wiki/Neural_processing_unit

75. Wikipedia contributors. (2025, September 22). OLED. Wikipedia. https://en.wikipedia.org/wiki/OLED

76. Wikipedia contributors. (2025, September 22). Open-source software. Wikipedia, The Free Encyclopedia. https://en.wikipedia.org/wiki/Open-source_software

77. Wikipedia contributors. (2025, September 22). Real-time operating system. Wikipedia, The Free Encyclopedia. https://en.wikipedia.org/wiki/Real-time_operating_system

78. Wikipedia contributors. (2025, September 23). Domain Name System. Wikipedia. https://en.wikipedia.org/wiki/Domain_Name_System

79. Wikipedia contributors. (2025, September 23). Fourth Industrial Revolution. Wikipedia, The Free Encyclopedia. https://en.wikipedia.org/wiki/Fourth_Industrial_Revolution

80. Wikipedia contributors. (2025, September 23). Recurrent neural network. Wikipedia, The Free Encyclopedia. https://en.wikipedia.org/wiki/Recurrent_neural_network

81. Wikipedia contributors. (n.d.). List of Intel CPU microarchitectures. Wikipedia, The Free Encyclopedia. https://en.wikipedia.org/wiki/List_of_Intel_CPU_microarchitectures

82. Wikipedia contributors. (n.d.). 암호화. Wikipedia, The Free Encyclopedia. https://ko.wikipedia.org/wiki/%EC%95%94%ED%98%B8%ED%99%94

83. Wikipedia contributors. (September 22, 2025). Middleware. Wikipedia, The Free Encyclopedia. https://en.wikipedia.org/wiki/Middleware

84. Wikipedia. (2025, July 29). Narrative Science. In Wikipedia. Retrieved September 24, 2025, from https://en.wikipedia.org/wiki/Narrative_Science

85. Wikipedia. (2025, September 8). Entity–relationship model. Wikipedia. https://en.wikipedia.org/wiki/Entity%E2%80%93relationship_model

86. Wikipedia. (n.d.). Computer network. In Wikipedia. Retrieved September 23, 2025, from https://en.wikipedia.org/wiki/Computer_network

87. Wikipedia. (n.d.). Modem. In Wikipedia. Retrieved September 23, 2025, from https://en.wikipedia.org/wiki/Modem

88. Wikipedia. (n.d.). OSI model. In Wikipedia. Retrieved September 23, 2025, from https://en.wikipedia.org/wiki/OSI_model

89. Wishket. (2023, 10월 17일). 위시켓, IT 아웃소싱 플랫폼의 새로운 패러다임을 제시하다. 네이버 블로그. https://blog.naver.com/wishket/223347235065

90. Woods, E. and Sheina, M, Knowledge management - applications, markets and technologies, Ovum Report, 1998.

91. World Wide Web. (n.d.). Wikipedia. Retrieved September 23, 2025, from https://en.wikipedia.org/wiki/World_Wide_Web

92. Yoon, C. (2016). A comprehensive understanding of the purchasing and visiting behaviors of customers on social commerce sites. Asia pacific journal of information systems, 26(2), 211-230.

93. Yoon, C., Lim, D., & Park, C. (2020). Factors affecting adoption of smart farms: The case of Korea. Computers in Human Behavior, 108, 106309.

94. 김은홍. (2021). 경영 정보학개론. 다산출판사.

95. 나무위키. (n.d.). 소프트웨어. 나무위키. https://namu.wiki/w/소프트웨어

96. 신경구. (2025년 7월 2일). LSTM과 GRU. 위키독스. https://wikidocs.net/60762

97. 위키독스. (n.d.). 01 프론트엔드(Frontend)와 백엔드(Backend). 위키독스. https://wikidocs.net/208060

98. 위키독스. (n.d.). 캐시 메모리 (Cache Memory) 개념, 기법. 위키독스. https://wikidocs.net/65523

99. 위키백과 contributors. (2025, 9월 22일). CSS. 위키백과, 자유 백과사전. https://ko.wikipedia.org/wiki/CSS

100. 위키백과 contributors. (2025, 9월 22일). HTML. 위키백과, 자유 백과사전. https://ko.wikipedia.org/wiki/HTML

101. 위키백과 contributors. (2025, 9월 22일). jQuery. 위키백과, 자유 백과사전. https://ko.wikipedia.org/wiki/jQuery

102. 위키백과 contributors. (2025, 9월 22일). 데이터베이스 위키백과, 자유 백과사전. https://ko.wikipedia.org/wiki/%EB%8D%B0%EC%9D%B4%ED%84%B0%EB%B2%A0%EC%9D%B4%EC%8A%A4

103. 위키백과 contributors. (2025, 9월 22일). 웹서버. 위키백과, 자유 백과사전. https://ko.wikipedia.org/wiki/웹_서버

104. 위키백과 contributors. (2025, 9월 22일). 자바스크립트. 위키백과, 자유 백과사전. https://ko.wikipedia.org/wiki/자바스크립트

105. 위키백과 contributors. (2025년 4월 14일). WiDi. 위키백과, 우리 모두의 백과사전. https://ko.wikipedia.org/wiki/WiDi

106. 위키백과 contributors. (2025년 9월 22일). iOS. 위키백과, 우리 모두의 백과사전. https://ko.wikipedia.org/wiki/IOS

107. 위키백과 contributors. (2025년 9월 22일). 유닉스. 위키백과, 우리 모두의 백과사전. https://ko.wikipedia.org/wiki/%EC%9C%A0%EB%8B%89%EC%8A%A4

108. 위키백과 contributors. (2025년 9월 22일). 타이젠. 위키백과, 우리 모두의 백과사전. https://ko.wikipedia.org/wiki/%ED%83%80%EC%9D%B4%EC%A0%A0

109. 위키백과 contributors. (2025년 9월 22일). 펌웨어. 위키백과, 우리 모두의 백과사전. https://ko.wikipedia.org/wiki/%ED%8E%8C%EC%9B%A8%EC%96%B4

110. 위키백과 contributors. (n.d.). ARM 아키텍처. 위키백과, 우리 모두의 백과사전. https://ko.wikipedia.org/wiki/ARM_%EC%95%84%ED%82%A4%ED%85%8D%EC%B2%98

111. 위키백과 contributors. (n.d.). 그래픽 처리 장치. 위키백과, 우리 모두의 백과사전. https://ko.wikipedia.org/wiki/%EA%B7%B8%EB%9E%98%ED%94%BD_%EC%B2%98%EB%A6%AC_%EC%9E%A5%EC%B9%98

112. 위키백과. (2025, 6월 26일). 구글 네스트. 위키백과. https://ko.wikipedia.org/wiki/%EA%B5%AC%EA%B8%80_%EB%84%A4%EC%8A%A4%ED%8A%B8

113. 위키백과. (2025, 9월 24일). 클라우드 컴퓨팅. 위키백과. https://ko.wikipedia.org/wiki/%ED%81%B4%EB%9D%BC%EC%9A%B0%EB%93%9C_%EC%BB%B4%ED%93%A8%ED%8C%85

114. 위키백과. (n.d.). 우버. 위키백과. https://ko.wikipedia.org/wiki/우버

115. 위키백과. (n.d.). 체인효과(Bullwhip effect). 위키백과. https://ko.wikipedia.org/wiki/%EC%B1%84%EC%B0%8D%ED%9A%A8%EA%B3%BC

116. 위키백과. (n.d.). 통신 프로토콜. 위키백과, 우리 모두의 백과사전. https://ko.wikipedia.org/wiki/%ED%86%B5%EC%8B%A0_%ED%94%84%EB%A1%9C%ED%86%A0%EC%BD%9C

117. 윤철호. (2016). SAP ERP를 중심으로 한 ERP 개론. 생능출판사.

118. 윤철호. (2021). 빅데이터 분석과 R 활용, 서울: 생능출판사.

119. 정민의, & 유성진. (2019). 4 차 산업혁명 시대의 사물인터넷 산업 발전전략에 관한 연구: 기업측면의 비즈니스 모델혁신 방향을 중심으로. 지능정보연구, 25(2), 57-75.

120. 정상근. (2024년 4월 23일). 가장 성공적인 트랜스포머의 변형: BERT와 GPT 소개. Medium. https://medium.com/@hugmanskj/가장-성공적인-트랜스포머의-변형-bert와-gpt-소개-0b18fb7e563b

121. 주간경향. (2012년 12월 4일). 새로운 모바일 결제 서비스 '스퀘어'. 주간경향.

122. 한국농촌경제연구원. (n.d.). 중소기업 전략기술로드맵 2019 - 2021: 스마트팜. 2025, https://library.krei.re.kr/pyxis-api/1/digital-files/605ba745-b51f-2a94-e054-b09928988b3c

123. 한국스마트그리드협회. (n.d.). 스마트그리드 소개. 2025, https://ksga.org/web/info/smartGrid.do

찾아보기

영문

국문

ㅅ

ㅇ

ㅈ

저자 약력

윤철호(carlyoon@mokpo.ac.kr)

현재 국립목포대학교 경영학부 교수로 경영정보시스템, 비즈니스 IT, ERP실무, 빅데이터분석 등의 과목을 강의하고 있다. Information & Management, Journal of Computer Information Systems, Journal of Business Ethics, Electronic Commerce Research and Applications, Computers in Human Behavior, Behaviour & Information Technology, Journal of Organizational Computing and Electronic Commerce, Journal of Information Systems Education, Information Technology & People, Information Technology and Management 등 수십여 편의 국제 저명학술지와 경영학연구, Asia Pacific Journal of Information Systems, 한국경영과학회지, 경영과학, Information Systems Reviews 등의 국내학술지에 다수의 논문을 게재한 바 있으며, SAP ERP를 중심으로 한 ERP개론(생능출판사), R을 이용한 통계분석(비엔엠북스), 빅데이터분석과 R 활용(생능출판사), 클라우드 사회과학연구 자동화를 이용한 사회과학 논문 작성하기(도서출판 정독) 등의 저서가 있다.

비즈니스 IT의 이해

초판 발행 2026년 1월 5일

지은이 윤철호
펴낸이 김중용
편 집 심성보
펴낸곳 도서출판 정독
경기도 고양시 일산서구 하이파크로 113, 102-204
등록 제406-2014-000093호

전 화 031)924-7203 팩 스 031)935-0345
홈페이지 www.jeongdok.co.kr 이메일 admin@jeongdok.co.kr
ISBN 979-11-6858-413-6 93320

정 가 22,000원